NINA HORACZEK
CLAUDIA REITERER

HC STRACHE

SEIN AUFSTIEG
SEINE HINTERMÄNNER
SEINE FEINDE

UEBERREUTER

Sämtliche Informationen beruhen auf den angeführten Quellen.
Angaben von Dritten konnten nicht durchgängig überprüft werden
und geben den derzeitigen Kenntnisstand wieder.

ISBN 978-3-8000-7417-4
Covergestaltung: Martin Gubo, Wien
Coverfoto: Christian Müller; www. scoopix.at
Copyright © 2009 by Verlag Carl Ueberreuter, Wien
Gedruckt in Österreich auf Salzer Papier
7 6 5 4 3 2 1
Ueberreuter im Internet: www.ueberreuter.at

Eine Wiedervereinigung wird es erst geben,
wenn der Strache oder ich nicht mehr sind.
Jörg Haider am 2. Oktober 2008

Er mag im jugendlichen Wallen
vielleicht ein bisserl weit rechts gestanden haben.
Otto Scrinzi über HC Strache

Du bist noch lange kein Haider
Ewald Stadler zu HC Strache

Ich lege für ihn meine Hand ins Feuer.
Norbert Hofer über HC Strache

Wir sind die Nadelstreif-Rechten.
Johann Gudenus über die FPÖ

Der Herr Verteidigungsminister ist derzeit auch Sportminister.
Also wenn man es genau nimmt, ist er der oberste
Wehrsportler.
Lutz Weinzinger über HC Straches Paintballspiele

Den Messias haben wir schon gehabt.
Jetzt haben wir einen guten Kameraden.
Andreas Mölzer über HC Strache

INHALT

VORWORT

Warum ausgerechnet ein Buch über HC Strache? Wäre das nicht der gleiche Fehler wie einst bei Jörg Haider, nämlich einem umstrittenen Rechtspopulisten ein Podium zu bieten, das er nicht verdient?

Es gibt eine Vielzahl an Gründen, sich mit Heinz-Christian Strache zu beschäftigen. Er ist seit zwanzig Jahren Politiker. 2005 hat er nach der Abspaltung des BZÖ den freiheitlichen Scherbenhaufen übernommen. Zahlreiche Kommentatoren gaben der FPÖ damals kaum eine Überlebenschance.

Drei Jahre später entschied sich bereits jeder sechste Österreicher, der zur Nationalratswahl ging, wieder für die FPÖ. Bei den Jungwählern war sie die klare Nummer eins. Wie und von wem wurde Strache politisch sozialisiert? Wie tief war der heutige Parteichef und »Flügelstürmer rechts außen« im FC Nationalrat in der Vergangenheit in der rechtsextremen Szene verankert? Und wie hält es die FPÖ heute mit dem Rechtsextremismus?

Dieses Buch zeichnet nicht nur Straches Aufstieg, sondern auch den Bruderkrieg im dritten Lager nach. Dafür wurden mit über 40 Wegbegleitern und erbitterten Gegnern des Wiener Politikers intensive Gespräche geführt, mehrmals auch mit Strache selbst.

Seit Jörg Haiders Unfalltod beansprucht Strache vehement dessen Erbe. Was unterscheidet ihn von seinem Vorgänger? Noch wenige Tage vor seinem Tod sprach Haider in einem ausführlichen letzten Interview für dieses Buch über sein Verhältnis zu Strache und die Chancen einer Wiedervereinigung zwischen FPÖ und BZÖ. Dieses Buch liefert daher erstmals ein kritisches Gesamtbild des FPÖ-Chefs und seiner Partei.

»DER DR. HAIDER HAT UNS VERRATEN«

Ein bekanntes Geräusch ertönt im Schlafzimmer. Ein SMS um 5 Uhr früh. HC Straches Lebensgefährtin weckt den FPÖ-Chef auf und reicht ihm das Telefon weiter. Auf dem Display steht »Jörg Haider ist tot«. Sein erster Gedanke? »Ein Schock, weil man das nicht für möglich hält.«[1] Er dreht den Fernseher auf, liest im Halbschlaf Teletext und denkt an sein letztes Gespräch mit Haider, nur wenige Tage vor dessen Tod.

Die Geschichte von Heinz-Christian Strache und Jörg Haider beginnt im Jahr 1991. Strache steht am Viktor-Adler-Markt in Favoriten, als Haider vorbeikommt und ihm beim Flugblattverteilen hilft. Die Wiener Gemeinderatswahl steht kurz bevor. Haider denkt sich über Strache, »eine sympathische Erscheinung«[2]. Strache kennt den FPÖ-Chef bis zu diesem Zeitpunkt nur aus dem Fernsehen.

Der damalige FPÖ-Bezirksfunktionär, bei seiner ersten Begegnung mit Haider erst 22 Jahre alt, sollte sein Idol lange nicht mehr treffen. Das hindert ihn nicht, einen anderen Weg zu finden, um bei Haider nicht ganz in Vergessenheit zu geraten. Der Kärntner Landeshauptmann erinnert sich an »zahlreiche Briefe, seitenweise«[3], die Strache ihm und auch Haiders Ehefrau Claudia geschrieben habe, adressiert an die Bärentaler Heimatadresse. »Ich habe bisher nur von zwei meiner Jungen Briefe bekommen«, sagt Haider.[4] Der eine ist Karl-Heinz Grasser, der ehemalige Finanzminister der FPÖ. Grassers privatem Brief ist ein Zerwürfnis mit dem »freiheitlichen Übervater Haider« im Jahr 1998 vorausgegangen. Etwa ein »halbes, drei viertel Jahr später« habe dieser laut Haider erkannt, dass er einen »Fehler gemacht hat und das nicht fair war, da hat er mir einen langen Brief geschrieben, wo er sich dann entschuldigt hat«[5]. Der andere ist Strache. War der Inhalt der Schreiben privat oder politisch? Strache »hat uns immer wieder ermuntert weiterzumachen«, sagt Haider. Für ihn gibt es zwei Deutungsmöglichkeiten für diesen Briefverkehr: »Er hat keinen Vater gehabt und ich war ein bisschen Vaterersatz für ihn. Ein Vorbild, zu dem man aufschauen kann, von dem man sagt, so möchte ich einmal werden. Das andere kann sein, also die negativere Variante, dass er sich gezielt, strategisch seine Zukunft aufgebaut hat.«[6]

Strache dürfte sein ganzes Leben lang politische Ziehväter gesucht und gefunden haben. Den Rechtsextremisten Norbert Burger, den langjährigen FPÖ-Chef Jörg Haider, den damaligen Wiener FPÖ-Vorsitzenden Rainer Pawkowicz.

Nach und nach baut Haider zu Strache ein Vertrauensverhältnis auf. Am 25. Juli 2002 darf die junge FPÖ-Hoffnung gemeinsam mit ihm Vertreter des belgischen Vlaams Blok und der Lega Nord in Kärnten begrüßen.[7] Das mediale Echo auf dieses rechte Treffen ist groß, »ein Riesenskandal«, erinnert sich Haider und kritisiert die Medien. Heute würde Strache von ihnen »verhätschelt«, wenn er sich mit denselben Europa-Rechten trifft, »aber bei uns wird alles auf die Goldwaage gelegt«. Warum das so sei? »Strache gilt als Leichtgewicht, als nicht wirklich gefährlich für die Mächtigen.«[8]

Trotz seiner Begeisterung für Haider wird Strache in all den Jahren nie Teil von dessen sogenannter »Buberlpartie«. Für den innersten Machtkreis braucht der »Guru« eine »kleine Gruppe handverlesener Getreuer«[9]. Haider hat sie persönlich ausgesucht, am Anfang stand Gernot Rumpold, dann kommen Gerald Mikscha und Peter Westenthaler dazu. Westenthaler sorgt dafür, dass Strache nicht so nah wie er an Haider herankommt, er sei zu »rechts«, meint der Haider-Vertraute. Haider nimmt das nicht ernst, »weil das eine Eifersüchtelei der Jungmandatare war, wo jeder näher beim Chef sein wollte. Ich hab nichts Anstößiges bei Strache gefunden«.[10]

Haider weiß, dass Strache in der finanzstarken Wiener Partei am aufsteigenden Ast sitzt, und ruft ihn deshalb auch in der Knittelfeld-Ära 2002 persönlich an, um ihn zu bitten, einen Sonderparteitag und damit Haiders Rückkehr als FPÖ-Parteichef zu unterstützen. Strache ist zu diesem Zeitpunkt in der Nähe von Nizza auf Urlaub. Haider sagt Strache am Telefon, »er wäre wieder bereit, die Parteispitze zu übernehmen, und ich soll ihm bitte helfen, auch über den Wiener Bereich Unterschriften für den Sonderparteitag zu sammeln«[11]. Strache stimmt zu.

Haider wird nicht, wie versprochen, Parteichef, aber er kann sich ein Jahr später in einem *profil*-Interview plötzlich Strache in dieser Führungsrolle vorstellen: »Der Kärntner Landeshauptmann glaubt nun sogar, dass

Strache, der mitgeholfen hat, die ›Knittelfelder Rebellen‹ zu organisieren, ein ›erfolgreicher Parteichef‹ sein könnte.«[12]

Strache zählt im März 2003 zu jenen Freiheitlichen, die statt zur traditionellen Aschermittwochs-Veranstaltung der Bundes-FPÖ nach Ried in Oberösterreich zu Haiders neu eingeführtem Kärntner Aschermittwoch nach Althofen pilgern. Die Gegenveranstaltung des FPÖ-Altobmanns ist ein Stelldichein der prominenten Mitglieder des kurz zuvor gegründeten *Club Jörg*. »Haider darf nicht ignoriert werden«, lautet der Tenor der Haiderianer in der FPÖ.[13] Auch Strache dokumentiert seine Freundschaft zu Haider schriftlich. Am 2. April 2003 unterschreibt er seinen Beitrittsantrag in den »Club der Freunde Jörg Haiders«. Der Verein löst sich am 4. Oktober 2004 allerdings wieder auf. Der Grund: Das Vereinsziel – Jörg Haider als FPÖ Chef – wird nicht erreicht.

Strache fühlt sich ab diesem Zeitpunkt von Haider verraten. »Das nationale Lager der Freiheitlichen wurde von ihm genutzt nach dem Motto: ›Wenn ich's brauch, dann hol ich's mir.‹ Dann gehe ich hin und sag, ihr seid Kameraden, keine Kriegsverbrecher. Und wenn ich sie nicht brauch, sag ich, das sind Idioten – das war doch immer so ein Hin und Her bei ihm, sagt Strache.«[14]

Im März 2004, nur wenige Tage nach seiner Wahl zum Wiener Landesparteichef, legt sich Strache zum ersten Mal direkt mit seinem früheren Idol an. Als seine »Schlüsselerlebnisse« mit Haider nennt er die EU-Wahl und die Türkei-Frage. Der neue Wiener Landeschef will den langjährigen FPÖ-Chefideologen Andreas Mölzer als Spitzenkandidaten für die EU-Wahl. Haider setzt aber Hans Kronberger als Nummer eins durch, obwohl der zu diesem Zeitpunkt nicht einmal Parteimitglied ist. Strache will die freiheitlichen Grundsätze wiederbeleben, vergleicht seine Partei in einer Vorstandssitzung mit Coca-Cola. »Classic« schmecke den Leuten immer besser als »Light«. Haiders Replik: »Die Marke FPÖ ist tot.« Und die Türkei müsse Mitglied der Europäischen Union werden. Strache antwortet: »Lieber Jörg, nicht die Marke FPÖ ist tot, die Personen, die diese Marke nicht repräsentieren, die sind in Wirklichkeit politisch tot.«[15]

Haider versucht immer wieder, Strache doch noch in sein Boot zu holen. Im Juni 2004 bietet er seinem neuen Gegenspieler ein Regierungsamt an. »Ich habe dem Strache immer gesagt, geh hinein und mache den

Staatssekretär für Sport. Du kannst damit in Wien berühmt werden.«[16] Strache lehnt ab, weil er sich, wie er sagt, »nicht kaufen lässt«[17]. »Haider hat Strache nicht unterschätzt, sonst hätte er nicht versucht, ihn immer wieder rüberzuziehen. Ich glaube, er hätte ihn dann schon umgebracht, wenn er ihn herüben gehabt hätte«[18], meint der Liberale Norbert Steger, der 1986 von Haider politisch abgesägt und von Strache wieder zu den Freiheitlichen geholt wurde.

Am 13. Juni 2004 richtet Strache seinem einstigen Idol über die Austria Presse Agentur aus, er könne sich einen »völligen Neubeginn« und eine »totale Regeneration« der FPÖ vorstellen. Dies könne »bis zu einer Neugründung gehen«[19]. Haider droht ebenfalls: »Das Statut der Kärntner FPÖ erlaube, »zu jedem Zeitpunkt eine eigene Partei zu gründen und mit ihr bundesweit anzutreten. Wenn die FPÖ standfest bleibt, dann ist das eine gute Basis. Wenn nicht, muss man sich etwas Neues überlegen«.[20]

Das »Neue« kommt im Jahr 2005. Im April verlässt Haider mit seinen Getreuen die Partei und gründet das BZÖ (siehe Kapitel 7). Kurz vor seinem Tod gibt er Strache die Hauptschuld an der Spaltung des dritten Lagers (siehe Kapitel 12).

Nach der Spaltung bekämpfen sich die beiden einstigen Verbündeten anfangs nur über die Medien. Erst am 4. Februar 2006 treffen sie wieder persönlich aufeinander. Die Klagenfurter Messe-Arena ist in Orange getaucht. Das Motto der jährlichen Redoute lautet »Spanische Nacht«. »Historisch war das immer der Ball der FPÖ«[21], findet Strache und provoziert die Haiderianer durch seinen Besuch, flankiert von Mitgliedern des FP-Bundesvorstands. Diese Redoute heißt aber »Ball des Landeshauptmanns Haider«. Dieser nimmt die blaue Visite gelassen, wechselt mit Strache aber kein Wort.

Für Haider hat Strache auch zwei Jahre nach ihrem letzten persönlichen Treffen auf der Kärntner Redoute nur Häme übrig. Er »nutzt die eigene Partei für eigene Interessen« aus und behandelt alle wie »Marionetten und Schachfiguren«, sagt Strache im Juli 2008. Haider sei »ein Chamäleon, ein Mensch, der sich verstellt und wahrscheinlich vier unterschiedliche Leben lebt«[22].

Es ist das Jahr vorgezogener Nationalratswahlen. Gespannt wird auf das erste Fernsehduell zwischen Haider und Strache im ORF gewartet.

Die Nervosität ist auf beiden Seiten groß. Haider und Strache kommen am 22. August 2008 ins ORF-Zentrum. Strache wird von einer großen, organisierten Fan-Gemeinde bejubelt. Haider wird bloß von seinem Pressesprecher Stefan Petzner begleitet. Der Kärntner Landeshauptmann geht kurz vor der Sendung konzentriert und allein am Platz vor dem ORF-Zentrum auf und ab. Niemand darf ihn stören, darauf achtet sein engster Mitarbeiter Petzner. Strache studiert gleichzeitig etliche Zettel, auf denen mit Textmarker die wesentlichen Stellen angezeichnet sind. Haider und Petzner sind angespannt, weil beide wussten, »wenn das Duell schief geht, ist der Wahlkampf schon wieder vorbei, dann sind wir hin, keine Chance. Wenn es gut geht, dann ist das unsere Zündrakete«.[23]

Haider hat bei diesem TV-Duell einen Vorteil. Er kann sich darauf einstellen, dass Strache ihm live das Du-Wort entziehen wird. »Das haben wir gewusst, aus dem Freiheitlichen Klub heraus. So dicht sind die auch nicht, wie sie immer tun. Wir haben es bewusst darauf angelegt, weil das bei den freiheitlichen Wählern und der Basis nicht ankommt«[24], erzählt Petzner. Strache macht in der Sendung genau das, was Haider erwartet. Schon nach wenigen Minuten sagt er:»Aber Herr Haider, ich pflege mit Ihnen seit dem Jahr 2005 das vertrauliche Du-Wort nicht, und das hat einen guten Grund, auch wenn Sie sich nicht daran halten wollen, aber ich denke schon, Sie sollten das respektieren.« Im Atrium des ORF klatschen Petzner und seine Begleiter, die später hinzukamen, in die Hände. Straches Runde, allen voran FPÖ-Generalsekretär Herbert Kickl, bleibt stumm.

Kein Bild, kein Dokument erinnert in Straches Büro an sein früheres großes Vorbild, als sich die beiden zehn Tage nach der Wahl zu einem letzten persönlichen Gespräch treffen. Die Nationalratswahl 2008 ging nicht ganz so aus, wie Strache es sich erhoffte. Die FPÖ hat die 20-Prozent-Latte nicht übersprungen, zu viele im dritten Lager sinnieren laut oder leise über eine Wiedervereinigung. Jörg Haider hat das BZÖ hingegen mit 10,7 Prozent der Wählerstimmen und dem Überholen der Grünen überraschend erneut als bundespolitischen Faktor und ernsten Gegenspieler der Freiheitlichen etabliert.

Das Wahlergebnis zwingt die FPÖ, das Verhältnis zum BZÖ neu zu regeln. Straches harte Attacken gegen das BZÖ und vor allem gegen den Erzfeind Haider müssen einer neuen Strategie weichen. Viele freiheitliche Funktionäre streichen wieder die Verdienste Haiders seit 1986 für das dritte Lager hervor. Haider kündigt an, mit allen Parteichefs Gespräche führen zu wollen. Strache ist aber wichtig, dass er Haider zu Gesprächen einlädt und nicht umgekehrt. Also will nun auch Strache mit allen Parteichefs Gespräche führen. Der Erste, der auf diese Einladung reagiert, ist Haider. Sein Sprecher Petzner ruft FPÖ-Generalsekretär Kickl an, um Details des heiklen Treffens zu vereinbaren: die Teilnehmer, die mediale Darstellung des Treffens in getrennten Pressekonferenzen und natürlich den Ort. Petzner sagt Kickl, dass er es »kindisch« findet, dass die FPÖ so darauf beharre, die Einladung zum Gespräch als erste ausgesprochen zu haben. Strache sei es vor allem darum gegangen, dass »er die Linie vorgibt und damit über dem Haider steht, dass er die Hand reicht, nicht der Haider als Erster auf ihn zugeht, sondern er geht auf den Haider zu«, sagt Petzner später.[25]

Am 8. Oktober 2008 kommen Haider und Petzner zum Gespräch in den freiheitlichen Parlamentsklub. Im Foyer sind nur zwei Sekretärinnen zu sehen. Die restlichen Mitarbeiter durften laut Petzner ihre Büros nicht verlassen, wohl um »Jubelszenen oder Wiedervereinigungspossen«[26] zu verhindern.

Als Haider in sein ehemaliges Büro kommt, nimmt ihn Strache als »Spitzbub trotz seines hohen Alters«[27] wahr. Haider fällt auf, dass die schweren, schwarzen Ledermöbel aus der Zeit, als er als FPÖ-Chef hier residierte, verschwunden sind.

Das Quartett nimmt Platz, Strache am Kopfende des Couchtisches, Haider neben ihm. Stefan Petzner sitzt anfangs vis-à-vis von Strache (nur für das bisher unveröffentlichte Foto des Quartetts wechselt er kurz an Straches Seite [siehe Bildteil]), Kickl sitzt neben Haider. Petzner gehen die Zigaretten aus, er darf von Strache Marlboro Light nehmen. Eine Stunde und fünfundvierzig Minuten sollte das »schicksalhafte Gespräch«, wie Strache es bezeichnet[28], dauern.

Strache hat das Gefühl, dass Haider ein »Binkerl« mit sich trägt, »ein schlechtes Gewissen hat«[29]. Er wertet das Treffen als »korrekte Aussprache«[30]. Damit meint er den Versuch Haiders, die FPÖ »im Interesse der ÖVP politisch umzubringen«[31]. Entschuldigung gibt es von beiden Seiten keine. Niemand will Schwäche zeigen. Strache meint: »Wenn unsere beiden Parteien in fünf Jahren über 30 Prozent machen, dann werde ich

Kanzler!« Haider habe daraufhin erwidert: »Du bist der Jüngere, ich hab mehr Erfahrung, da lässt du mir den Vortritt«, erzählt der FPÖ-Chef.[32]

Man trennt sich und kommentiert das Ergebnis wie vereinbart in zwei getrennten Pressekonferenzen.

Beide berichten, dass sie sich auf eine Zusammenarbeit auf Expertenebene in Wirtschaftsfragen geeinigt hätten. Eine weitere von Haider und Strache geplante Maßnahme ist die Gründung einer überparteilichen Plattform »SOS Demokratie«. Persönlichkeiten aus allen politischen Lagern seien eingeladen, für einen Ausbau der direkten Demokratie sowie der Minderheitenrechte einzutreten.

Über das Treffen der beiden politischen Rivalen sagt Strache: »Es ist atmosphärisch korrekt und ordentlich abgelaufen. Nicht mehr und nicht weniger ist der Fall.«[33] Persönliche Animositäten mit Haider spielt Strache nach dem Treffen runter. »Das ist ein Unsinn, den wir heute in diesem Gespräch auch widerlegt haben.« Zwar sei die Gründung des BZÖ ein Anschlag auf die FPÖ gewesen, »die man nicht einfach von der Festplatte löschen kann«. Trotzdem gebe es in vielen Bereichen Gemeinsamkeiten.[34]

»Versöhnung war das sicher keine«[35], sagt Petzner über das Gespräch. Als er mit Haider den freiheitlichen Klub verlässt, freuen sich beide. Sie meinen, Strache mit diesem Treffen zu einer Kurskorrektur gegenüber dem BZÖ gezwungen zu haben. Zwei Tage später ist von Versöhnung aber keine Spur mehr zu sehen. Im *Standard* greift Strache den Kärntner Landeshauptmann frontal an: »Manchmal hat man den Eindruck, das ist wie Stalking. Er biedert sich allen an. Und wenn jemand für alles offen ist, sagt man nicht umsonst, der kann nicht ganz dicht sein.«[36] Mit Anbiedern spielt er auf die damals vom BZÖ favorisierte rot-orange-grüne Regierungsvariante an, die Haider für reizvoll hält.[37]

Einen Tag später ist Jörg Haider tot. Am 11. Oktober 2008 fährt er alkoholisiert und mit überhöhter Geschwindigkeit seinen VW Phaeton und verunglückt tödlich. Gleich darauf meldet FPÖ-Chef Strache seinen Anspruch auf das Erbe Haiders an, macht dem BZÖ ein Angebot zur Rückkehr ins »freiheitliche Haus«. Ein großer Teil der BZÖ-Wähler würde nach »diesem tragischen Unglück erkennen, dass ich dieses Erbe des dritten Lagers der Freiheitlichen Partei in Wirklichkeit mit meinem Amt als Obmann 2005 gerettet habe. Viele der Wähler, die von der Persönlichkeit Haider fasziniert waren, sagen heute sehr wohl, im Grunde gibt's doch den Heinz-Christian Strache, und das ist der, der genau diesen inhaltlichen Weg auch sicherstellen wird«.[38]

Das BZÖ wehrt sich gegen diese feindliche Umarmung. Unmittelbar nach Haiders Tod beschließt es auf Petzners Antrag einstimmig, dass es keine Wiedervereinigung mit der FPÖ geben wird.

Die FPÖ merkt, dass der vorschnelle Anspruch auf Haiders »Erbe« als pietätlos und als politischer und moralischer Missbrauch von Haiders Tod aufgefasst wird, auch innerhalb der eigenen Reihen. Strache schwenkt von »Wir sind die Erben« auf »Wir sind betroffen«. Eine eigene freiheitliche Delegation unter seiner Führung reist zu Haiders Verabschiedung nach Klagenfurt. Mit dabei sind unter anderem Hilmar Kabas, Herbert Kickl, Johann Gudenus und Franz Schwager. Das Grüppchen fährt auch in Begleitung eines Fotografen zum Unfallort, zündet Kerzen an. Bei den offiziellen Trauerfeierlichkeiten sitzt Strache in der dritten Reihe. Am Mittwoch, dem 15. Oktober, lädt Strache Journalisten zu einem »FPÖ-Bundesparteipräsidium infolge des Ablebens von Landeshauptmann Dr. Jörg Haider«[39]. Im Eingangsbereich der FPÖ-Bundesparteizentrale stehen ein gerahmtes Bild des Kärntner Landeshauptmanns und eine brennende Kerze. Strache bittet die Journalisten, an der kurzen Trauerfeierlichkeit teilzunehmen. Er lobt Jörg Haiders Leistungen für die Freiheitliche Partei. Die gesamte FPÖ-Spitze, alle Landesparteichefs und auch Ehrenobmann Hilmar Kabas erheben sich von ihren Sitzen und halten schweigend eine Trauerminute ab. Danach werden die Journalisten aus dem Saal gebeten. Die interne Sitzung beginnt, wo es vor allem darum geht, welche Konsequenzen Haiders Tod für die FPÖ hat.

Wenige Wochen später ist die freiheitliche Trauerphase abgeschlossen. Kurz vor Weihnachten 2008 richtet Strache Haiders Witwe Claudia über die Medien aus, dass er sie sich als überparteiliche Landtagspräsidentin wünscht. Natürlich nur, wenn die FPÖ in Kärnten den Landeshauptmann stellt. Das BZÖ findet Straches Ansinnen »peinlich«[40], Claudia Haider lässt ausrichten, dass sie so etwas nicht einmal kommentieren möchte. Die FPÖ schickt stattdessen Mario Canori ins Rennen. Der ist zwar nicht mit Haider verwandt, aber zumindest war der Kärntner Landeshauptmann sein Trauzeuge. Mit dem ehemaligen BZÖ-Kommunalpolitiker Canori, Chef des von Haider gegründeten Fußballvereins SK Austria Kärnten, möchte Strache wieder einmal »ein freiheitliches Haus erbauen«. Eine Wiedervereinigung? Jörg Haider sagt acht Tage vor seinem Tod: »Eine Wiedervereinigung wird es erst geben, wenn der Strache oder ich nicht mehr sind.«[41]

Ein Baustein für die Wiedervereinigung steht nun in Straches Büro: der Händedruck von Strache und Haider nach ihrem letzten Gespräch, festgehalten auf einem Foto und in Gold gerahmt (siehe Bildteil). Das Strache-Büro hat für dieses letzte Treffen der beiden Rivalen extra einen Fotografen organisiert. *Nach* Haiders Tod hat es einen festen Platz im Büro des FPÖ-Chefs. Es steht so prominent neben einer rot-weiß-roten Fahne, dass der Blick von Besuchern schon beim Betreten des Büros automatisch darauf fällt. »Das Foto steht nicht dort, weil er Haider nachtrauert, sondern weil es für Strache politisch wichtig ist«[42], glaubt Petzner. Auch innerhalb der FPÖ ist klar, dass Haiders Tod weniger Belastung denn Befreiung für den FPÖ-Chef ist. So sagt ein Berater des FPÖ-Chefs noch am Todestag von Jörg Haider: »Ein Himmelsgeschenk für Strache. Jetzt kann er wieder ruhig schlafen.«

»BUMSTI WAR MEIN ERSTER SPITZNAME«

Die Keinergasse im dritten Bezirk zählt nicht unbedingt zu den schönsten Gegenden Wiens. Im Jahr 1991 schenkte die Stadtverwaltung dem kleinen Gässchen zwar einen eigenen U-Bahn-Aufgang von der U3-Station Kardinal-Nagl-Platz, auch der riesige, hellgrün gestrichene Gemeindebau erhielt kürzlich eine neue Thermofassade.

Ansonsten ist die zwischen Landstraßer Hauptstraße und Erdbergstraße eingeklemmte Keinergasse, mit der U-Bahn nur fünf Minuten vom Stephansplatz entfernt, keine Vorzeigegasse, auf die das rote Wien stolz sein kann. Nur wenige Zinshäuser wurden in den letzten Jahren frisch renoviert und bieten nun schicke Lofts samt Terrasse am Dach zum Verkauf an. Die meisten der Altbauten sind schmutzig-grau, der Putz bröckelt auf die Gehsteige, die Hinterhöfe mit den geziegelten Hinterhofwerkstätten sind zugeparkt, dreckig, zum Teil nicht einmal asphaltiert.

Wer mit der U-Bahn in die Keinergasse kommt, sieht als Erstes die türkische Bäckerei, in der eine junge Frau mit Kopftuch Apfelstrudel und Baklava verkauft. Gleich daneben am Eck gibt es »Sultans Kuchl«. Die Speisetafel verspricht »levantinische Spezialitäten«. Wenige Schritte weiter, im muslimischen Frisörsalon, steht ein Mann mit langem, schwarzem Bart, der laut Werbeständer vor der Tür nur Männern und Kindern die Haare schneidet. Frauen müssen zum alteingesessenen »Salon Maria« auf der anderen Straßenseite ausweichen. Der türkische Greißler nebenan hat sein Obst und Gemüse in Steigen vor seinem Geschäftslokal gestapelt. Als er klein war, erzählt Strache, habe dort noch der österreichische Greißler sein Gemüse verkauft.

Die Mutter ist Drogistin, der Vater Künstler und Weltenbummler. Familie, das bedeutet für Strache, der am 12. Juni 1969 in der Wiener Semmelweis-Klinik zur Welt kommt, vor allem Mutter und Kind, unterstützt von den Großeltern. Der Vater hat am französischen Lycée maturiert, ein Welthandelsstudium abgebrochen und ist später als

Reiseleiter durch die Welt gezogen. Mit eineinhalb Jahren kommt der Bub in die Kinderkrippe, als er drei ist, verlässt der Vater die Familie. Damals ist der kleine Strache noch der »Bumsti«, benannt nach dem gleichnamigen Zwerg. »Das war mein Spitzname als Kleinkind«[1], erzählt er.

An die drei gemeinsamen Jahre mit Heinz Roland Strache kann sich der Sohn heute kaum noch erinnern. Nachdem der Vater die Familie verlässt, gibt es äußerst spärlichen Kontakt. Nur die Großeltern und die Tante väterlicherseits kümmern sich »ausgesprochen liebevoll«[2] um das Kind. »Einen Vater in dem Sinne gab es für mich nicht«, sagt Strache heute.[3]

Während seiner Kindheit verbringt die Familie die Sommer- und Winterferien in einer gepachteten Hütte im steirischen St. Kathrein am Hauenstein, der Waldheimat des Dichters Peter Rosegger, woher auch ein Teil der Familie Strache stammt. »Dort haben mich alle, meine Onkeln, Tanten und Cousins, nur ›den HC‹ genannt«, erinnert sich Strache.[4] Viele Jahre später wird das HC reaktiviert. Als Erstes taucht die Abkürzung 2004 in einer Pressemeldung des »Rings Freiheitlicher Jugendlicher« auf: »Der Wiener Landesparteiobmann HC Strache richtete Grußworte in Vertretung der geschäftsführenden Bundesobfrau Ursula Haubner an den Bundesjugendtag.«[5]

Bis heute hört Strache auf viele Namen: Die Mutter ruft ihn »Heinz-Christian«, seine Fans skandieren »HC! HC! HC!«, die Lebensgefährtin sagt »Christian«, für seine Parteikollegen ist er immer noch der »Heinzi« oder »Heinz«. In seiner pennalen Burschenschaft Vandalia trägt er den Couleurnamen »Heinrich«.

Erst ab 1996 treffen Heinz Roland Strache und sein Sohn einander öfter – wenn auch nur für einen kurzen Zeitraum. Als Strache 27 Jahre alt ist, sucht er Kontakt zu seinem Vater, möchte verstehen, warum dieser nie Zeit für ihn hatte, das schwierige Verhältnis zwischen den beiden aufarbeiten. »Das hat mich einfach interessiert«, sagt er. Drei Jahre später sterben beide Großeltern und der Vater beendet die Treffen abrupt. Seit 1999, sagt Strache, haben er und sein Vater einander nicht mehr getroffen, obwohl dieser nach wie vor in Wien lebt.

Die Mutter wohnt noch immer in der Keinergasse, Zimmer – Kuchl – Kabinett, wie sie ihre Wohnung in einem Zeitungsinterview beschreibt.[6]

Wenige Häuser neben dem Strache-Wohnhaus hat sich mittlerweile die »Haci Bayram Moschee« in ein Gassenlokal eingemietet. Ein kleiner Tee-raum, ein Zimmer für die rituellen Waschungen und ein mit Teppichen ausgelegter Gebetsraum. Auf den Wänden kleben Suren aus dem Koran, an den Fenstern ein Brief in Deutsch, geschrieben mit Unterstützung der für Integrationsangelegenheiten zuständigen Magistratsabteilung 17. Die Besucher der Moschee bitten die Anrainer um Verständnis, dass im mus-limischen Fastenmonat Ramadan mehr Gäste zum traditionellen Gebet kommen werden.

Neben der Moschee kämpft das »Caféhaus Ali Baba« mit der Café-Konditorei »Carmen« gegenüber um Kundschaft. Neben dem scharfen Thai-Imbiss bietet der kleine Fleischhauer auf Kreidetafeln hausge-machtes Bratlfett und Grammeln an. Nur die »Keiner Stuben« im frisch sanierten Gemeindebau am anderen Ende der Straße mit ihrer Haus-mannskost, die sieht aus, als wäre sie schon immer da gewesen.

Denkt HC Strache nach, was ihn in jungen Jahren im weitesten Sin-ne politisch bewegte, fällt ihm als Erstes die Keinergasse ein. Sicherlich, in der Volksschule taucht der Name Kreisky auf. Aber das war für ihn nur ein Name, weder positiv noch negativ besetzt. Emotional bewegt hat ihn etwas anderes.

Zuerst ist es nur ein Geruch, an den er sich erinnern kann, sagt der FPÖ-Parteichef: »Dass dort neue Leute zuziehen, dass da auch, wenn man so will, jetzt vermehrt Knoblauchgerüche der Fall sind. Dass man mehr Lärm gehört hat und dann Lautstärke und Pegel ein anderer geworden sind. Auch die Müllsituation in der Straße ist, wenn man so will, eine an-dere geworden.«[7] Es ist die Zeit des Wirtschafts- und Arbeitswunders, als Gastarbeiter aus fernen Ländern zügeweise nach Österreich gebracht wer-den. Per Inserat werben die österreichischen Behörden in türkischen Städ-ten und Dörfern Arbeitskräfte an. Wenig später holten viele der meist jun-gen Männer, von denen man dachte, sie kämen nur kurz, um zu arbeiten, auch ihre Familien nach Österreich. Da habe das kleine Volksschulkind gemerkt, »da wandern Menschen zu, die anders aussehen, die vielleicht andere Kulturen und Verhaltensmuster an den Tag legen«[8].

»Wo vorher österreichische Gasthäuser waren, mieten sich türkische Kebablokale ein«, erzählt Strache. »Und man nimmt wahr: Es ist anders als vorher.«[9]

22

Väterlicherseits sind die Verwandten Sudetendeutsche, die Familie stammt aus Reichenberg, »jener Stadt, bei der die österreichischen Schisprung-Reporter geschichtsloserweise nur Liberec sagen«[10], wie Strache kritisiert. Im Büro des heutigen FPÖ-Chefs im freiheitlichen Klub im Parlament hängt ein gerahmter Zeitungsausschnitt aus der Tageszeitung *Die Presse* aus dem Revolutionsjahr 1848. Ein »Strache, Abgeordneter aus Wien«, fordert damals beim »Kongress der Deutschböhmen« im tschechischen Teplitz in einem Antrag das, was Heinz-Christian Strache heute wohl auch unterschreiben würde: »Die Deutschen in Böhmen lehnen unbedingt jede Solidarität und Verschmelzung mit den Czechen in die Provincialvertretung ab.«[11] Wie Heinz-Christian Strache mit jenem Strache aus dem Revolutionsjahr verwandt ist, weiß er nicht, aber irgendwie seien die Straches aus dem Sudetenland alle näher oder entfernter miteinander verwandt.

Sudetendeutsche heißen die deutschsprachigen Minderheiten in den tschechischen Gebieten Böhmen, Mähren und Schlesien. Die Parole der Sudetendeutschen Partei unter Konrad Henlein lautete »heim ins Reich«, ihre Politik lehnte sich an jener Adolf Hitlers an. Mit dem Münchner Abkommen von 1938 wurden die überwiegend von Deutschen bewohnten Randgebiete in Tschechien und der Slowakei als »Reichsgau Sudetenland« und als »Reichsgau Niederdonau« an das »Deutsche Reich« angeschlossen. Im März 1939 besetzten Hitlers Truppen den restlichen tschechischen Boden und errichteten das »Reichsprotektorat Böhmen und Mähren«. Zahlreiche Juden und Regimegegner wurden in Konzentrationslagern interniert und zum Teil ermordet, die tschechische Zivilbevölkerung zur Zwangsarbeit in der Kriegsindustrie gezwungen. Die Nationalsozialisten wüteten unbarmherzig unter der tschechischen Zivilbevölkerung. 1945, als die Tschechoslowakei als selbstständiger Staat wiedergegründet wurde, wurden zwischen 2,5 und mehr als 3 Millionen Deutsche von den tschechischen Behörden enteignet und vertrieben.

Die Urgroßeltern studieren noch an der Prager Universität. »Meine Familie hat durch Fleiß viel erreicht und durch Krieg, Zerstörung und Vertreibung alles verloren«, sagt Strache einmal in einem Interview.[12] Die Familie flüchtet nach Wien, der Urgroßvater Dipl.-Ing. Heinrich Strache, Soldat der Wehrmacht, stirbt irgendwann zwischen 1945 und 1947 als Zwangsarbeiter in Wien an einem Herzinfarkt. »Er ist im Zuge dieses

Zwangsarbeitsdienstes unter der russischen Aufsicht offenbar so schlecht behandelt worden, dass er das nicht überlebt hat«[13], sagt Strache.

Es gibt aber auch andere politische Strömungen in seiner Familie. Der Urgroßvater väterlicherseits ist, so erzählt man es sich zumindest in der Familie, Gründungsmitglied der Sozialdemokratischen Partei in Österreich wie auch der Gewerkschaft und nebenbei noch Armenrat in Favoriten gewesen. Molnar, Freismuth, Kohlross oder Horvath habe er geheißen, so stehe es zumindest in Straches »Familienbüchl«.[14] Das ist schwer nachzuprüfen, da die Teilnehmer am Gründungsparteitag der »Sozialdemokratischen Arbeiterpartei Österreichs« zum Jahreswechsel 1888/89 im niederösterreichischen Hainfeld aus Angst vor Repressionen weder ein Protokoll noch Mitgliederlisten anlegten. Schließlich war die Bewegung damals noch illegal.

Die Familie von Straches Mutter ist deutsch-österreichisch. Ein Familienschicksal, das ihn von klein auf prägt. Sein Großvater Erich Wild stammt aus Heidelberg und kommt im März 1938 als Soldat Hitlers bei dem von den Österreichern bejubelten Einmarsch der Nationalsozialisten nach Österreich. Später schließt er sich der Waffen-SS an, jener Organisation, die 1946 wegen ihrer Beteiligung am Holocaust und an Kriegsverbrechen zur verbrecherischen Organisation erklärt wird. Später, als FPÖ-Chef, sagt Strache, auf die Waffen-SS angesprochen, er »lehne es ab, Menschen pauschal abzuurteilen oder ein ganzes Volk zu kriminalisieren«[15].

Im niederösterreichischen Neunkirchen lernt der Großvater ein Mädchen aus einer Bauersfamilie kennen. Während eines Fronturlaubs wird geheiratet, 1944 kommt Straches Mutter zur Welt. 1945 stirbt der Großvater. »Er ist nach Kriegsende, nachdem er die Waffen niedergelegt hatte, auf dem Heimmarsch ohne Prozess exekutiert worden. Das war ein Kriegsverbrechen«, erklärt Strache in einem Interview mit dem *profil*.[16] Im persönlichen Gespräch meint er später, er möchte klarstellen, wie es wirklich gewesen sei, und schildert den Tod seines Großvaters etwas anders: »Im März 1945 ist er bei Trier gefallen, dort ist auch ein Soldatenfriedhof, wo er begraben ist.«[17]

Marion Strache, knapp ein Jahr alt, als ihr Vater erschossen wird, verliert zehn Jahre später auch die Mutter, die an Krebs stirbt, und wächst in Wien bei ihrer Tante auf.

Eine Verwandte von Strache ist eine Freiheitliche, die andere interessiert sich gar nicht für Politik. Ein Onkel ist als Christlichsozialer in der ÖVP aktiv. Später verlässt er die Volkspartei, weil diese in seinen Augen zuvor das Christliche verlassen habe. Ein weiterer entfernter Verwandter ist der mittlerweile verstorbene Wiener Politiker Gerhard Bauer. Er saß von 1999 bis 2002 für die FPÖ im Nationalrat und wechselte später zum BZÖ.

Straches Mutter ist laut Strache lange Zeit apolitisch, der Vater war ebenfalls nie in einer Partei aktiv. Trotzdem wird im Hause Strache viel über das tagespolitische Geschehen diskutiert. Nur nicht über Parteipolitik. »Es war eher ich selbst, der dann später diese Gespräche in die Familie gebracht hat«, sagt Strache.[18] Durch viele Diskussionen habe er erreicht, dass mittlerweile die gesamte Familie freiheitlich ist.[19]

Seine Mutter überzeugt er viele Jahre später auch davon, selbst in der FPÖ aktiv zu werden. Bei den Bezirksvertretungswahlen 2001 kandidiert die Drogistin in Straches Bezirksgruppe, den Freiheitlichen in Wien-Landstraße, wenn auch nur symbolisch auf 37. Stelle auf der Bezirksliste. »Ich hab eigentlich Kreisky bewundert, trotzdem habe ich ÖVP gewählt, wegen meinen Schwiegerltern. Der Vater meines Ex-Mannes war Anwalt, ein Ehrenmann! Erst später, als mein Sohn zur FPÖ kam, habe ich blau gewählt«, sagt Marion Strache in einem Interview mit dem *Kurier*[20].

Vier Jahre nachdem Marion Strache für die FPÖ antrat, ist ihr Sohn selbst Parteichef. Auf dem kleinen Couchtisch im Eingangsbereich des freiheitlichen Parlamentsklubs liegt die rechte Wochenzeitung *Zur Zeit*, deren Herausgeber der freiheitliche EU-Abgeordnete Andreas Mölzer ist. Daneben ein Exemplar der Monatszeitschrift *Aula*, vom Dokumentationsarchiv des österreichischen Widerstandes als »Brücke von der FPÖ zu allen außerparlamentarischen Strömungen des Rechtsextremismus und Deutschnationalismus« charakterisiert.[21] Jemand hat auch eine Kopie eines Zeitungsartikels auf den Tisch gelegt. Es ist ein kurzer Text über einen alten Mann, dem beim Treffen der Kameradschaft IV bei einem Heurigen die Geldbörse gestohlen wurde. Wie könne man jene, die im Krieg für uns kämpften, auch noch bestehlen?, steht darin zu lesen. Die Kameradschaft IV ist eine Vereinigung ehemaliger Mitglieder der Waffen-SS, während des Naziregimes der militärisch bewaffnete Teil der nationalsozialistischen Parteitruppe SS. Auch Straches Großvater diente in der Waffen-SS.

HC Strache sitzt derweil in seinem Büro, hinter sich die rot-weiß-rote Fahne, und erklärt wortreich, wie sehr er jegliche Form von Extremismus ablehnt.[22] »Ich finde es überhaupt entsetzlich, dass man mit diesen Totschlagskeulen ausländerfeindlich, Rechtsextremismus, Neonazi und solchen Begrifflichkeiten so blöd, dumpf und unverantwortlich um sich schmeißt«, sagt er. Er sei kein Menschenfeind, also könne er auch kein Ausländerfeind sein. Mit solchen Vorwürfen werde eine große Breite der Gesellschaft verunglimpft. »Da erlebt man schon, dass man, wenn man heute ein patriotisch-heimatbewusst denkender Mensch ist, mit diesen Dingen immer wieder konfrontiert wird.«[23]

Trotzdem klingen die Gedanken aus der Keinergasse mehr als dreißig Jahre später irgendwie ähnlich – wenn auch schärfer formuliert. »Willst du den Islam, les ihn doch daham«[24], »Heimreise statt Einreise«, »Deutsch statt nix verstehen«[25] lauten die Slogans des freiheitlichen Parteichefs[26]. Das österreichische Sozialsystem ziehe die Ausländer an »wie die Motten das Licht«[27]. »Wisst's, was eine Maul- und Klauenseuche ist? Wenn osteuropäische Arbeiter im Westen arbeiten müssen, dann maulen sie. Und wenn sie nicht arbeiten, dann klauen sie.«[28]

Und was vor vielen, vielen Jahren ein noch uneinordenbares, seltsames Gefühl von fremdem Knoblauchgeruch war und einer Gasse, die sich verändert hatte, wird heute zur politischen Botschaft: »Willst du eine soziale Wohnung haben, musst du nur ein Kopftuch tragen!«[29]

»ICH WAR NIE EIN NEONAZI«

Mit sechs Jahren zieht Heinz-Christian Strache von zu Hause aus. Zumindest nennt er das heute, aus mehr als dreißig Jahren Distanz, gerne scherzhaft so. Jeden Sonntag Mittag packt die Mutter eine Naschdose mit Süßigkeiten und fährt mit dem Buben auf den Laaer Berg in Favoriten. Erst am Samstag darauf wird sie wieder vor dem Schultor auf ihn warten. Die Zuckerldose ist Straches neue Währung. Die Kinder, mit denen er ab nun zusammen wohnen wird, tauschen Süßes gegen Süßes oder Spielsachen. Weil Straches Naschdose immer randvoll gefüllt ist, wird er zum gefragten Tauschpartner.

Im Herbst 1975 kommt Strache in das Internat der Neulandschule, einer katholischen Privatschule in Favoriten. Nur an den Wochenenden darf der Sechsjährige zu seiner Mutter. Vier Jahre später wechselt er ins Internat der katholischen Schulbrüder nach Strebersdorf, wo er die Hauptschule besucht. Die alleinerziehende Mutter gibt etwa ein Drittel ihres Gehalts dafür aus, dass der Bub in eine gute Schule gehen kann.

Im Internat herrscht ein strenges Regiment. Die Buben schlafen in Vier- bis Acht-Bett-Zimmern, schon die Kleinsten müssen ihr Bett selber machen und den Kasten in Ordnung halten. Wie beim Bundesheer wird kontrolliert, ob die Kleidungsstücke ordentlich zusammengelegt sind. Mit Ordnung hat Strache kein Problem. Bereits als Volksschüler habe sich der kleine Heinz-Christian täglich die Schuhe geputzt und fesch gekampelt, das war ihm ganz wichtig, erzählt seine Mutter.[1] Werden die Kinder im Internat nachts bei Polsterschlachten erwischt, müssen sie im Pyjama ins Klassenzimmer gehen, wo sie zur Strafe Gedichte mit bis zu sechs Strophen auswendig lernen müssen. Wer sein Gedicht frei aufsagen kann, darf ins Bett zurück.

In Strebersdorf erlebt Strache neue Bestrafungsformen, zum Beispiel das nächtliche Gangstehen. Da werden die schlimmen Buben aus ihren Betten geholt und müssen Bücher auf ihren ausgestreckten Armen balancieren, »und wenn der Erzieher besonders liberal war, dann durfte man auch noch, wenn es kalt war, eine Decke über der Schulter tragen«[2]. Die schlimmste Sanktion ist aber die Wochenendsperre. Einmal schafft es Strache sogar auf drei Wochenenden Hausarrest im Internat hintereinander. »Ich war nicht immer brav. War damals auch ein Lauser und Rebell und auch nicht unbedingt der fleißigste Schüler.«[3] Zu Hause anrufen dürfen die Schulkinder nur selten. Also schreibt Strache seiner Mutter Briefe, verziert mit roten Herzen: »Liebe Mutschki, ich schick dir tausend Bussi. Und bitte schick du mir Nascherein.«[4]

Natürlich habe er es als Sechsjähriger nicht verstehen können, wieso er nicht wie andere Kinder zu Hause wohnen darf. Sicherlich habe er sich oft gedacht, wie schön es wäre, nach der Schule nach Hause gehen zu können. Trotzdem ist Strache seiner Mutter heute »dankbar und verbunden« für ihre Entscheidung, den Sohn ins Internat zu geben. Es sei zwar eine harte Schule gewesen, »aber man lernt dort sehr jung, mit sechs Jahren beginnend, selbstständiger zu werden«[5]. Alle, die gemeinsam mit ihm im Internat waren, hätten ihr Leben positiv gemeistert, während von jenen Mitschülern, die nach dem Unterricht nach Hause gehen durften, so mancher im späteren Leben gescheitert sei. »Denn was einen nicht umbringt, macht einen nur härter«, sagt er. Auch seine Mutter sagt über die Internatszeit: »Ich denke nicht, dass es ihm geschadet hat.«[6]

Während der Ferien muss die Mutter meist arbeiten. Strache verbringt die Sommer in Jugendlagern der Caritas, in Pernegg im niederösterreichischen Waldviertel oder in Unterdellach bei Maria Wörth am Wörthersee. Jedes Jahr gibt es auch zwei Ferienwochen bei den Eltern seines Vaters in Purkersdorf.

Manchmal fährt Marion Strache aber im Sommer mit dem Sohn, ihrer Cousine und deren Sohn ans Meer, nach Grado in Italien. Diesen Sohn seiner Tante zweiten Grades nennt der FPÖ-Parteichef heute einen wichtigen Grund, wieso er in die Politik gegangen ist. Der Cousin, einige Jahre älter als Strache, ist spastisch behindert und halbseitig gelähmt. Der Cousin ist bei den Urlauben immer dabei. Im Winter fährt er mit Strache am Schibob die Pisten hinunter, im Sommer bekommt er einen großen Autoreifen um den Bauch und Flossen auf die Füße und schwimmt mit Strache ins Meer hinaus. Diese Erfahrungen hätten dazu beigetragen, dass sich Strache später im Sozialbereich und als Behindertensprecher seiner Wiener Landespartei engagiert, »weil mir einfach auch wichtig war, dass wir barrierefreies Bauen und all diese Bereiche forcieren, dass wir einfach auch mit Menschen, die eine Behinderung haben, völlig normal umgehen«[7].

Außerhalb der Urlaubszeit bleiben Strache und seiner Mutter nur die Wochenenden. Da gibt es zwar keinen Vater, aber eine andere männliche Bezugsperson, die dem Schulbuben imponiert: der Nachbar. »Wir hatten einen sehr feschen, adretten Polizisten mit einem großen Schäferhund im Block wohnen«, erinnert sich Straches Mutter. »Der hat ihm gefallen.«[8] Strache freundet sich mit dem deutschen Schäferhund und dessen Besitzer an und hat ab nun einen Berufswunsch: Er will Polizist werden. »Recht und Ordnung, das lag ihm von klein auf am Herzen«, sagt seine Mutter[9].

Als Teenager ist Sport das Wichtigste in Straches Leben. Wenn er am Wochenende zu Hause ist, schnappt sich Strache sein Fahrrad und radelt zum Fußballspielen in den Prater. Noch heute ist er stolz auf seine sportlichen Erfolge: »Ich war mit zwölf Jahren Zweiter in Wien im Schach, ich war Vierter bei der Judoschülerligameisterschaft in Wien, ich war fußballerisch in der Schülerliga erfolgreich, habe Tennis gespielt und bin geschwommen und im Tischtennis war ich Siebenter von Wien.«[10]

Der ehemalige Austria-Spieler Rudi Rappel, Ehemann von Straches Wahltante und der besten Freundin seiner Mutter, bringt Strache zur Austria. Später wechselt er zum Wiener Sportklub, wo er in der Jugendmannschaft spielt und bald zu Rapid verkauft werden sollte. Doch für eine Fußballkarriere hat Strache zu wenig Zeit. Beim Sportklub kann er im Prater trainieren, der Rapid-Trainingsplatz ist in Hütteldorf und damit zu weit weg. Rapid-Anhänger ist Strache aber geblieben, und das, obwohl Onkel Rappel heute noch im Verwaltungsrat der Austria sitzt. Vorsitzender dieses Austria-Verwaltungsrates ist übrigens der Sozialdemokrat Karl Blecha.

Die Hauptschulzeit ist vorbei, Strache schnappt sich seinen Tramperrucksack und steigt mit einem Freund ins Flugzeug. Vierzehn Tage ziehen die beiden durch Ibiza, eine Insel, auf der Strache bis heute gerne seine Urlaube verbringt. Die Burschen mieten sich in Pensionen ein oder schlafen einfach am Strand.

Die Familie schmiedet derweil Pläne, wie es mit dem Buben weitergehen soll. Straches Großeltern wollen, dass er die Militärakademie besucht. Das Bundesheer reizt ihn zwar, aber die Militärakademie ist wieder ein Internat. »Da habe ich meiner Familie gesagt, jetzt bitte, bei aller Wertschätzung, jetzt will ich wirklich nicht mehr.«[11] Acht Jahre Internat reichen dem damals 14-Jährigen. Das Bundesheer lässt Strache trotzdem nicht ganz aus: Einige Jahre später absolviert er den Präsenzdienst, macht eine Ausbildung zum Sanitäts- und Stationsgehilfen, wird Korporal und meldet sich freiwillig als Milizsoldat.

Zuerst geht er aber in die Handelsschule Weiss im 3. Bezirk. Er würde zwar lieber die Matura machen, »aber es war einfach eine Situation da, wo ich gesagt habe: Ich kann nicht auf Dauer vom Gehalt meiner Mutter leben. Das geht nicht«.[12] Also sucht er nach einer Lehrstelle, blättert in einem Berufsbuch und entdeckt den Beruf des Zahntechnikers. »Der hat mich interessiert, und so habe ich begonnen, mich vorzustellen.« Zahntechnik habe nämlich auch eine kreativ-künstlerische Komponente. Straches Mutter hat eine pragmatischere Erklärung für die Berufswahl ihres Sohnes: »Zähne braucht jeder Mensch, wenn du tüchtig bist, hab ich ihm gesagt, ist das ein guter Job.«[13]

Nach vielen Bewerbungsbriefen ist ein Lehrplatz gefunden, das Einstiegsgehalt im 1. Lehrjahr ist mit damals 1500 Schilling (etwa 110 Euro) das niedrigste in allen Lehrberufen. Zusätzlich besucht er die Abendschule, versucht neben der Lehre die Matura nachzuholen.

Ungefähr während dieser Zeit muss Strache auch mit Drogen in Berührung gekommen sein. Einmal habe er, wie er kurz vor der Nationalratswahl 2008 im ORF beichtet, als Jugendlicher Cannabis probiert – allerdings, wie der ehemalige amerikanische Präsident Bill Clinton, »gepafft, nicht inhaliert«[14]: »Ich war 16 Jahre alt und bin in einer Gruppe von Jugendlichen zusammengesessen. Ich konnte erleben, wie sich da eine Gruppendynamik entwickelt. Manche haben das Cannabis-Rauchen damals regelrecht zelebriert und den Joint herumgereicht.«[15] Dieses Erlebnis habe ihn in seiner Anti-Drogen-Politik bestärkt und zeige, wieso Haschisch für ihn eine harte Droge ist.

An seinem heutigen Kampf gegen Drogen sei ebenfalls ein Cousin schuld, meint Strache. Eines Tages ruft ihn die Tante, die in Hamburg lebt, an und bittet ihn, nach dem Cousin zu schauen. Der Teenager wohnt alleine in Wien. Strache fährt in dessen Wohnung. »Mich hat der Schlag getroffen! Dort hat alles ausgeschaut in der Wohnung, die völlige Verwahrlosung, der war also bereits drogenabhängig.«[16] Strache geht mit dem Cousin zu Drogenberatungsstellen, dieser bricht die Therapien wieder ab. Schließlich schickt die Tante den Cousin in eine Schweizer Klinik. Wer dort einen Entzug machen will, muss beim Aufnahmegespräch eine Zustimmungserklärung unterschreiben und ist danach die gesamte Therapie hindurch wie im Gefängnis einkaserniert. Kein Patient darf das Areal ohne Therapeuten verlassen. Dem Cousin habe dieser Zwang geholfen, sagt Strache. Seitdem ist er für die Zwangstherapie von Drogensüchtigen, auch gegen deren Willen. »Wenn jemand so eine schwere Suchtkrankheit hat, dass er sich selbst nicht mehr helfen kann, dann muss man ihm zwangsweise helfen.«[17]

Als Teenager ist Strache, damals Popper und später Mod, auch in die Jugendzentren des roten Wien unterwegs, knüpft erste Kontakte zu den Sozialdemokraten. Manch einer seiner Gefährten von damals bleibt bei den Roten hängen, ein enger Freund ist bis heute SPÖ-Bezirksrat in der Leopoldstadt. Über seinen Jugendfreund Strache möchte der Bezirksrat aber nicht reden, dafür sei ihm die Freundschaft zu wichtig, sagt er.

Obwohl ihn die SPÖ als Jugendlicher kurz beeindruckt, wie es auch die ÖVP eine Zeit lang tut, hält es ihn weder bei den Sozialdemokraten noch bei der Volkspartei. Das, was die SPÖ der Jugend anbot, sei ihm zu oberflächlich gewesen: »Man macht ein bisschen Musik für die Jugendlichen, man macht ein bisschen Party für die Jugendlichen, und das war's.«[18]

In der Abendschule findet Strache die politische Richtung, die ihm imponiert. Ein Mitschüler nimmt ihn mit auf die Bude der pennalen Mittelschulverbindung »Vandalia« und Strache ist gleich begeistert.

Burschenschaften (Abkürzung B!), auch Korporationen genannt, sind rechte Studentenverbindungen. Sie unterteilten sich in die »Aktivitas«, also die Studierenden, und die »Alten Herren«, die ihr Studium bereits abgeschlossen haben. Da die Burschenschaft als Lebensbund gilt, bleiben ihre Mitglieder der Verbindung auch nach dem Studium treu.

Die Deutschen Burschenschaften unterscheiden sich von den Mitgliedern des katholischen Cartellverbands durch ihr Bekenntnis zum Deutschtum und durch die Pflichtmensur, also das Fechten mit blanken Säbeln, das immer wieder zu Verletzungen führt. Deutschnationale Mittelschülerverbindungen nennen sich Pennalien. Das Spektrum der einzelnen Korporation reicht von national-liberal bis rechtsextremistisch.

Der Leitspruch von Straches Bruderschaft lautet »Deutsch, einig, treu – ohne Scheu«, die Verbindungsfarben sind Schwarz-Hochrot-Hellblau auf Kornblumenblau, die Farbe des »Deckels«, der burschenschaftlichen Kopfbedeckung, ist ebenfalls der Kornblume nachempfunden. Gegrüßt wird mit »Heil Vandalia!«.[19] Das »Bundeslied« der Vandalia lautet:

> »Wo Mut und Kraft in deutscher Seele flammen,
> Fehlt nie das blanke Schwert beim Becherklang.
> Wir stehen fest und halten treu zusammen
> Und rufen's laut mit feurigem Gesang:
> Ob Fels, ob Eichen splitten!
> Wir werden nicht erzittern!
> Vandalen, greift zum Schwert mit Sturmeswehen
> Für unsern Bund in Kampf und Tod zu gehen!«

In der Vandalia habe er viel gelernt, es sei eine wunderschöne Zeit gewesen als »Aktiver«, sagt Strache heute. Die Mutter ist anfangs weniger begeistert. »Ich hab in meiner Jugend immer von meinen Eltern gehört: ›Hüte dich vor den Gezeichneten.‹ Gott sei Dank ist der Heinz-Christian nie getroffen worden.«[20] Strache macht das Fechten Spaß. Er schlägt in seiner aktiven Zeit sechs Mensuren und ist lange Zeit Fechtwart seiner Verbindung, also zuständig für die Organisation des Fechtbetriebs. Er übt mit den Neuen das Fechten, vereinbart für seine Burschenschaft die Mensuren mit anderen Verbindungen und kümmert sich um die Fechtausrüstung.[21] In Straches Mittelschulverbindung wird nur mit Gesichtsschutz gefochten. Klassische »Schmisse«, also jene Narben im Gesicht, die im freiheitlichen Parlamentsklub so manchen Abgeordneten zeichnen, kann er sich gar keine einfangen. Später verliert auch die Mutter ihre Zweifel, schließlich seien die Vandalen »alles höfliche junge Männer, nett erzogen, die wenigstens Bitte und Danke gesagt haben«[22].

Mit 15 Jahren[23] tritt Strache der Vandalia bei und ist seitdem im Burschenschafter-Milieu unterwegs.[24] Der Erste, der ihn in dieser Phase geprägt habe, sei ein Bursche bei der Vandalia gewesen, der heute in Niederösterreich Arzt und Besitzer eines Weingutes sei. Dieser habe in der Vandalia die sogenannten »Fuchsenstunden« abgehalten, also den Jungen die Regeln und die Geschichte der Burschenschaft beigebracht.

Strache sorgt dafür, dass es der Vandalia nicht an Nachwuchs mangelt. Er holt so manchen Weggefährten in seine Verbindung, zum Beispiel im Jahr 1998 Johann Gudenus, Couleurname Wotan. Der langjährige Vorsitzende des Rings Freiheitlicher Jugend und nun FPÖ-Gemeinderat in Wien sucht sich Strache als Leibburschen, eine Art Mentor, aus. Der Ältere, Erfahrenere führt den frisch in die Verbindung aufgenommenen »Fuchs« in die Burschenschaft ein, steht ihm zur Seite und spricht für seinen Leibfuchs bei den sogenannten »Convents«, den Mitgliederversammlungen. Das Verhältnis zwischen Leibfuchs und Leibbursch ist im burschenschaftlichen Ideal Grundlage einer lebenslangen, engen Freundschaft – was bei Gudenus und Strache auch der Fall ist.

Strache ist in dieser Phase sehr umtriebig. Am 4. November 1988 stellt er sich in der langen Schlange im Burgtheater an und besorgt sich eine Stehplatzkarte für eine Premiere. Thomas Bernhards *Heldenplatz* steht auf dem Spielplan. Das Stück, das den Umgang Österreichs mit dem Nationalsozialismus thematisiert, löst schon vor der Premiere einen Skandal aus. Strache steht weit oben auf dem Rang, schimpft, schreit »Buh« und wirkt auf einem Videomitschnitt der Premiere richtig außer sich. »Ja, da war ich wütend. Ich habe ordentlich gepfiffen und geschrien. Es war schockierend, weil es so einseitig war. Der Österreicher wurde pauschal abgeurteilt und eine ganze Generation als Kriegsverbrecher abgestempelt.«[25]

Ein paar Monate später, am 1. April 1989, steht Strache gemeinsam mit vielen anderen Österreichern am Stephansplatz, begleitet inmitten einer langen Demonstration einen Sarg bis zur letzten Ruhestätte. Es ist das Begräbnis von Zita von Bourbon-Parma, Österreichs letzter Kaiserin.[26]

Über seine Burschenschaft entstehen erste Kontakte zu einigen, deren Chef er heute in seinem freiheitlichen Parlamentsklub ist. Einer davon ist Harald Stefan. Irgendwann zwischen 1988 und 1989 lernen Strache und Stefan einander auf einer Bude kennen. »Er war immer ein sehr sprühender, euphorischer Typ, sehr freundlich, quirlig und voller Tatendrang.«[27] Damals denkt sich der damals 24-jährige Stefan, der eben sein Jusstudium abgeschlossen hatte und bereits zu den »Alten Herren« zählt, über den 19-Jährigen: »Ein lieber Bua.«[28]

Stefan ist seit den Achtzigerjahren Mitglied der einschlägig bekannten Burschenschaft Olympia. 1961 wurde sie behördlich aufgelöst, weil einige ihrer Mitglieder in Sprengstoffanschläge in Südtirol verwickelt waren und die Olympia ihre Mitglieder zu einer Spende für einen in Italien verhafteten Olympen verpflichtete. Nach dem Verbot kamen die Mitglieder der Olympia in der pennalen Burschenschaft Vandalia unter[29], 1973 konnte sich die Olympia wiedergründen. Doch auch danach gibt es rege Kontakte zwischen Olympia und Vandalia.

Die Olympia, bei der Strache bis heute immer wieder zu Gast ist, fällt gerne durch rechtsextremistische Provokationen auf: Auf der Olympia-Bude in Wien trifft sich das »Who is Who« des Rechtsextremismus, unter anderem der NPD-Barde Frank Rennicke, Gründungsmitglied des »Vereins zur Rehabilitierung der wegen Bestreiten des Holocausts Verfolgten«, zu dessen musikalischem Repertoire Lieder wie »Ohne Adolf geht nichts mehr« oder »Mit Rudolf Heß[30] ist uns ein Held geboren« zählen. Ihre Mitglieder wirbt die Olympia mit Sprüchen wie: »Bist du hässlich, fett, krank oder fremd im Lande, bist du von Sorgenfalten, Weltschmerz oder linksliberaler Gesinnung gepeinigt, (...) hast du den Wehrdienst verweigert oder eine Freundin mit, die weder schön noch still ist, kurz: Bist du auf irgendeine Weise abnormal oder unfröhlich, dann bleib lieber zu Hause, du würdest sowieso nicht eingelassen werden.«[31]

Der Zweite, dem Strache auf der Bude über den Weg läuft, ist Lutz Weinzinger, heute Nationalratsabgeordneter und Chef der Freiheitlichen in Oberösterreich. Im Kommersbuch von Weinzingers Mittelschulverbindung Scardonia zu Schärding findet sich im Frühjahr 1989 zum 25. Stiftungsfest auch der Eintrag »Heinz-Christian Strache vulgo Heinrich der Glückliche« samt Vandalenzirkel, dem Zeichen seiner Verbindung. Weinzinger lernt Strache bereits zwei, drei Jahre früher auf einem Stiftungsfest der Vandalia in Wien kennen. Damals herrscht Streit zwischen der Vandalia und anderen pennalen Burschenschaften, unter anderem auch Weinzingers Wiener Verbindung »Franko-Cherusker«. Andere Burschenschaften werfen den Vandalen vor, zu rechtslastig zu sein, »weil sie ein paar Jungs dabei gehabt haben, die sehr markige Sprüche von sich gegeben haben. Das war vielen zu steil, das ist nicht die Art, wie wir auftreten wollen«, sagt Weinzinger.[32] Deshalb wird das »Paukverhältnis« mit der Vandalia für längere Zeit aufgehoben, die anderen Verbindungen weigern sich also, mit den Vandalen Mensuren zu fechten. Weinzinger und der junge Strache besprechen die Probleme zwischen Vandalen und Franko-Cherusker bei einem Seidel Bier. Weinzinger merkt sich den jungen Mann, »weil er ein sehr starkes Auftreten hatte, damals schon«. Selbstbewusst, selbstsicher und stark habe Strache schon in jungen Jahren gewirkt.

Über seine Freunde bei der Vandalia gelangt Strache ins rechtsextreme Milieu. Wann genau diese Kontakte mit verschiedenen rechtsextremen Gruppierungen und Einzelpersonen stattfanden, ist zwanzig Jahre später nur schwer anhand genauer Daten festzumachen. Fest steht aber, dass Strache in etwa zwischen 1985 und 1992 in dieser Szene verkehrte. »Vom Strache glaube ich, dass er im Grunde ein Nationaler aus Überzeugung ist«, sagt auch der langjährige FPÖ-Rechtsaußen Otto Scrinzi, »er mag im jugendlichen und noch pubertären Wallen vielleicht sogar ein bisserl weit rechts gestanden haben.«[33]

Mit sechzehn oder siebzehn Jahren, also irgendwann zwischen 1985 und 1986, fährt Strache über Vermittlung von Burschenschafter-Freunden auf »Zeltlager« in Kärnten. Zweimal habe er an diesen Lagern teilgenommen, erinnert er sich.[34] Wer ihn dort hingebracht hat und wo diese Lager genau stattfanden, daran könne er sich nicht mehr erinnern, sagt er: »Es war dann so, dass wir alle möglichen Kneipen, alle anderen möglichen Verbindungen besucht haben, da lernt man dann Leute kennen. Ich wurde angesprochen, ob ich da bei diesem Familienkreis nicht bei dem Lager teilnehmen möchte. Da gibt's in Kärnten oben eine Möglichkeit, wo Zeltlager stattfinden, und ob ich da mitmachen möchte. Da bin ich dann einmal mitgefahren, oder zweimal sogar, glaube ich.«[35] Wie die Familie, die diese Lager organisierte, heißt, wisse er aber nicht mehr.

In Kärnten zeltete auch die rechtsextreme Wiking-Jugend. Karl Kirchmayer, Waldbesitzer in Zweikirchen, wo Strache später »Paintball« spielte, sagte 2008 vor Gericht aus, dass er der Wiking-Jugend die Erlaubnis erteilt hatte, auf seinem Grund ein Lager abzuhalten. Laut Kirchmayer fand das Zeltlager vor etwa 25 Jahren statt, »aber ich weiß nicht einmal, wann das war, ich glaube in den Achtzigerjahren«.[36]

Die 1952 gegründete Wiking-Jugend, die 1994 wegen ihrer Ähnlichkeit zur Hitler-Jugend verboten wird, ist die älteste rechtsextremistische Jugendorganisation Deutschlands. Neben ihrer extremen Ausländerfeindlichkeit ist es vor allem die »Nordland«-Ideologie, die diese Vereinigung prägt: »Nordland: Das ist der geschlossene Lebensraum der Völker germanischer Herkunft in Nord- und Mitteleuropa.«[37] »Die

Grundorientierung war immer neonazistisch«, sagt Bernd Wagner von der Gesellschaft demokratischer Kultur-ZDK, »das heißt, man hat sich den rassistisch-völkischen Grundideen des Nationalsozialismus verpflichtet gefühlt, hat auch das Militärische, Bündische sehr wichtig gefunden«.[38] 1999 urteilt das Bundesverwaltungsgericht in Berlin, »die Wiking-Jugend verwende Symbole und Begriffe, die dem Nationalsozialismus zuzuordnen seien, und vermittle eine positive Erinnerung an maßgebliche Repräsentanten des Hitlerregimes. Sie sei rassistisch und antisemitisch ausgerichtet«[39].

Bald wird Norbert Burger die zentrale Person, die Strache prägt. Dieser ist damals einer der bekanntesten Rechtsextremisten des Landes. 1929 geboren, war Burger gegen Ende des Zweiten Weltkriegs als Jugendlicher freiwillig an der Front, wo er nach eigenen Angaben an Hinrichtungen beteiligt war. Nach dem Krieg trat er als Student der Burschenschaft Olympia bei. 1953 wurde er Bundesvorsitzender des »Ringes Freiheitlicher Studenten« (RFS). Burger war auch Mitbegründer des »Befreiungsausschusses Südtirol«, einer terroristischen Organisation, die Anschläge auf staatliche Symbole in Italien verübte, mit dem Ziel, die Rückkehr Südtirols zu Österreich und ein vereinigtes Tirol zu erreichen. In Italien wird der Rechtsextremist gleich zweimal in Abwesenheit verurteilt, einmal zu lebenslänglich und einmal zu 28 Jahren Haft. Die Südtirol-Terroristen, die zahlreiche Strommasten und faschistische Denkmäler sprengten, wurden in der Bevölkerung wegen ihrer Bombenanschläge auch »Bumser« genannt. Burger wird 1961 in Klagenfurt verhaftet, leitet danach von München und Augsburg aus illegale Aktionen in Südtirol, wird aber 1963 in München verhaftet und aus Deutschland ausgewiesen. Im selben Jahr tritt er aus der FPÖ aus und gründet 1967 die Nationaldemokratische Partei (NDP). Die NDP setzt sich für einen Anschluss Österreichs an Deutschland ein, fordert die Wiedereinführung der Todesstrafe und kämpft mit Slogans wie »Fremdarbeiter raus!« gegen die »Überfremdung« des Landes durch Gastarbeiter. 1978 wird Burger auch Mitglied des Förderkreises der »Aktion Neue Rechte« (ANR) und ist 1980 deren Kandidat bei der Bundespräsidentenwahl. Damals wählen 140.000 Österreicher den Rechtsextremisten mit dem Wahlkampfslogan »Gegen Überfremdung – für ein deutsches Österreich«, das entspricht etwa 3,2 Prozent der Wähler.

Im Frühjahr 1989 feiert die Burschenschaft Olympia Burgers 60. Geburtstag mit einem Festkommers in Niederösterreich. Auch Strache fährt mit seinen Verbindungsbrüdern zur Burg Kranichberg nahe Gloggnitz, um mit Burger zu feiern. Bei diesem Kommers habe er Burger und vor allem dessen Tochter Gudrun kennengelernt, erzählt der FPÖ-Chef. Strache verliebt sich in die Burger-Tochter, die beiden werden ein Paar, ziehen zusammen, zuerst in Wiener Neustadt, später in Ottakring, und verbringen die nächsten sieben Jahre miteinander.[40] Heute sagt Strache: »Ich habe nie ein Geheimnis daraus gemacht, dass ich im Alter von 18 bis 21, also von Ende 1987 bis 1991, aufgrund meiner damaligen Jugendliebe diverse Veranstaltungen von Vereinen und Gruppierungen besucht habe und mit Personen aus deutschnationalem und rechtem Umfeld in Kontakt gekommen bin.«[41]

Irgendwas kann an dieser Darstellung nicht ganz stimmen. Der Festkommers zu Burgers Ehren fand nicht im Jahr 1987, sondern 1989 statt. Die nationalen »Zeltlager«, die Strache als Jugendlicher in Kärnten besucht, waren aber schon in den Jahren 1985 oder 1986.

Im Prozess, den der Holocaustleugner Gerd Honsik gegen die Tageszeitung *Österreich* angestrengt hatte, nachdem *Österreich* spekuliert hatte, Honsik hätte Wehrsport-Fotos von Strache zur Veröffentlichung »freigegeben«, weil er mit der politischen Linie der FPÖ nicht einverstanden gewesen sei, sagte Strache als Zeuge aus, er habe Burger »1987 kennengelernt«[42]. Entweder hat Strache Burger also schon vor 1989 getroffen oder er hatte über seine Mittelschulverbindung zuerst Kontakte zu Rechtsextremisten und lernte Burger erst über diese Kontakte kennen.

Strache ist aber nicht bloß mit Gudrun Burger liiert, sondern gehört auch in Norbert Burgers Haus in Kirchberg am Wechsel bald zur Familie, verbringt zahlreiche Wochenenden mit Burger und dessen vier Töchtern.[43] Über Burger sagt Strache heute: »Er war eine Art Vaterersatz.«[44] Er habe vor allem »den Menschen« Burger kennengelernt. »Und wenn ich dann oftmals Dinge, die in der Zeitung gestanden sind, versucht habe, mit dem Menschen in Verbindung zu bringen, habe ich erst für mich durch das persönliche Kennen wahrnehmen können, dass das, was da in der Zeitung steht, gar nicht der Mensch ist, den ich da kenne. Das ist dann schon etwas, wo man sagt, wie gibt es denn das, wie kann man so unfair, so einseitig schreiben?«[45]

Im November 1989 tritt der britische Holocaust-Leugner David Irving im Wiener Parkhotel Schönbrunn auf. Die Veranstaltung wird kurz nach Beginn von der Polizei aufgelöst. *profil* berichtet 2007 von einem Foto von der Irving-Veranstaltung: »Im Hintergrund: ein Mann, der Heinz-Christian Strache stark ähnelt.«[46] Auch Heribert Schiedel vom Dokumentationsarchiv des österreichischen Widerstandes schreibt, dass Irving 1989 nach Vorträgen »in Leoben und Wien – hier schaute auch Strache vorbei – zur Fahndung ausgeschrieben«[47] wurde.

Mit seiner Freundin Gudrun Burger fährt Strache zum Jahreswechsel 1989/90 nach Fulda in Deutschland zum Winterlager der neonazistischen Wiking-Jugend. Den Kontakt zur Wiking-Jugend bekommt Strache über die Zeltlager in Kärnten, die er als Jugendlicher besucht. Dort seien, so erzählt es der FPÖ-Parteichef heute, auch ein paar Teilnehmer gewesen, die zur Wiking-Jugend Kontakt hatten. Da habe »der eine oder andere gesagt hat, fahrt's da mit rauf. Und so bin ich damals mit meiner Verlobten und mit dem Neffen meiner Verlobten mit dem Zug da hinaufgefahren und habe an diesem Silvesterlager teilgenommen«. Wer ihm zu diesem Ausflug geraten hat, weiß Strache heute nicht mehr. »Da gab es einen Familienkreis, der das organisiert hat. Wie das genau war, weiß ich nicht mehr. Ich weiß nur, dass es damals Personen gab, die bei dem Lager dabei waren, die auch ich über den Bereich der Mittelschülerverbindung kannte, die gesagt haben, da gibt es in Deutschland immer wieder einmal im Jahr Veranstaltungen und Demonstrationen, wo man gegen diese Unrechtsgrenze DDR – BRD demonstriert. Da gibt es auch eine Jugendherberge, das ist a gute Sach' und das kost was. Und da war ich dann oben und hab mir das angeschaut.«[48]

Wenn Strache vom Winterlager der Wiking-Jugend erzählt, klingt das, als wäre er auf Schulschiwoche gewesen. Er und seine damalige Freundin packen die Faschingskostüme in die Rucksäcke, steigen in den Zug nach Fulda und feiern gemeinsam mit anderen jungen, fröhlichen Menschen in einer Jugendherberge. Es habe ein Faschingsfest gegeben, Volkstanz, Kinder wuselten durch die Gegend, »und das Ganze war so wie bei den Pfadfindern«[49]. Es ist aber eine Art braune Pfadfindertruppe, der sich Strache in jener Silvesternacht anschließt. Die Wiking-Jugend-Mitglieder tragen graue Hemden, es gibt einen Morgen- und einen Fahnenappell und es wird versucht, der Jugend »Heimat- und Traditionsbewusstsein« zu vermitteln. Bei der Wiking-Jugend stehen Zeltlager, Wandern, Schilager, Fahrten zu Kriegsgräbern, Erntedank- und Sonnwendfeiern, Volkstanz und Ähnliches auf dem Programm. Als prägendes Element der Lagererziehung gelten politische Indoktrination und paramilitärische Ausbildung.[50] Strache meint hingegen: »Das ist Heimatkunde. Da sind Leute, die Antikommunisten sind, die Traditionen pflegen.«[51]

Ganz so harmlos wie ein Pfadfinderlager ist das Ganze nicht abgelaufen. »Natürlich hat's dort den einen oder anderen gegeben, den du nicht unbedingt persönlich näher kennenlernen wolltest«, sagt Strache.[52] Es seien Aktivisten dabei gewesen, »wo man sich dann schon gedacht hat, das sind jetzt echt Herrschaften, mit denen ich eigentlich nicht anstreifen möchte«[53].

Bei Pfadfinderlagern werden üblicherweise auch keine Gegendemonstrationen abgehalten. Als Strache nach Fulda kommt, gibt es sehr wohl heftige Proteste gegen das rechtsextreme Treffen. Kein Wunder: Der Wiking-Jugend-Aufmarsch war schließlich von den Behörden untersagt.

Zu dem, was Strache als Tanz in Faschingskostümen beschreibt, zitiert die Tageszeitung *Österreich* einen Journalisten, der zu dieser Zeit bei einer Lokalzeitung in Fulda arbeitete: Die Veranstaltung sei als »Volkstreues Fest« angekündigt, unter dem Titel »Zum Teufel mit der 1945-Demarkationslinie!«. »Am 29. Dezember wurde das als Neonazi-Aufmarsch der Wiking-Jugend angesagte Treffen vom Landrat in Fulda offiziell verboten. Begründung des Verbots der Veranstaltung: ›das Gewaltpotenzial, das die Wiking-Jugend verkörpert‹, und ›die Gefahr der neonazistischen Wiederbetätigung‹. Trotz des klaren Verbots begann schon am Vormittag des 31. Dezember der Aufmarsch der Neonazis in Fulda. Die ersten acht Neonazis aus Süddeutschland wurden bereits zu Mittag festgenommen, als sie die jüdische Synagoge stürmen wollten. Daraufhin zog die Wiking-Jugend nach Hilders weiter, wo weitere 21 Rechtsextremisten laut Polizeiprotokoll in Verwahrung genommen wurden.«[54]

Auch Strache marschiert mit der Wiking-Jugend zur Grenzmauer zwischen Ost- und Westdeutschland, einer »Schandgrenze«, wie er sie nennt. Er weiß, dass die Demo von der Polizei untersagt ist. Und marschiert trotzdem mit. Der Fall des Kommunismus und der Fall der innerdeutschen Grenze, so sagt er heute, sei ihm eben ein Herzensanliegen gewesen. An der DDR-Grenze singt er mit anderen »Deutschland,

Deutschland, über alles, über alles in der Welt«. Ein Gesang, der Strache immer wieder gut gefällt. »Es gehört zum traditionellen burschenschaftlichen Liedgut.«[55] Fotos zeigen junge, zum Teil maskierte Menschen, die nachts mit Fackeln im Freien stehen und anscheinend von Polizisten aufgehalten werden. Auf einem Bild ist die »Odal«-Rune zu sehen, die einst von der Hitlerjugend verwendet wurde.[56]

Strache spricht hingegen von Faschingskostümen und von »Care-Paketen«[57], die sie den notleidenden Bürgern in der DDR über die Mauer geworfen haben, dann wieder davon, dass mit DDR-Bürgern Treffpunkte vereinbart wurden, wo er und seine Mitdemonstranten auf der West-Seite »Rucksäcke hinübergeworfen haben, wo Sekt drinnen war, andere G'schichtln drinnen waren, wo wir gemeinsam auch Silvester feiern wollten«[58]. Auf der anderen Seite des Zauns seien zwanzig DDR-Bürger gestanden, darunter auch der Bürgermeister eines Ortes, die die Geschenke aus dem Westen entgegennahmen.[59]

Abgesehen davon, dass es wohl nicht die beste Idee ist, Sektflaschen über einen 3,2 Meter hohen Zaun zu schmeißen, erinnert sich auch Thomas Brehl, einer der bekanntesten Neonazis Deutschlands und Begründer der »Wehrsportgruppe Fulda«, an etwas andere Feierlichkeiten. Brehl war lange Zeit hindurch Stellvertreter des Neonazi-Führers Michael Kühnen in der »Aktionsfront Nationaler Sozialisten« sowie Mitbegründer des »Komitees zur Vorbereitung der Feierlichkeiten Adolf Hitlers«, einem Bündnis von Neonazis, das die europaweiten Festivitäten anlässlich Hitlers 100. Geburtstag koordinieren wollte[60], und ist in den Achtzigerjahren Stammgast bei den Silvesterfeiern der Wiking-Jugend. In seinen unter dem Titel »Bewegte Zeiten« im Internet veröffentlichten Lebenserinnerungen schreibt Brehl, wie es bei den Silvesterfeiern der Wiking-Jugend, an denen er teilnahm, zuging:

»Seit es die Wehrsportgruppe gab, nahmen wir an den alljährlichen Mahnfeuern der völkischen Jugendorganisation in der Rhön teil. An Silvester gab es immer eine große Kundgebung in Hilders, begleitet von den obligatorischen Gegendemonstrationen, wobei damals noch der DGB federführend war. Anschließend zogen wir mit Fahnen, Trommeln, Fanfaren und Fackeln an die eigentliche Zonengrenze, um dort das Mahnfeuer zur deutschen Einheit zu entzünden. Während die Redner auf dem Marktplatz in Hilders wegen der Medienpräsenz und der anwesenden Öffentlichkeit noch ein gerüt-

telt Maß an Vorsicht walten lassen mussten, sprach Wolfgang Nahrath, der Bundesführer der Wiking-Jugend, in den eiskalten Nächten in der Hochrhön dankenswerterweise Klartext. Hier sah man keine Gegendemonstranten, denn die Salon-Antifaschisten hatten natürlich keine Lust, ihre Silvesterfeier ausfallen zu lassen, um mit bzw. gegen uns bei zweistelligen Minusgraden den Unbilden der Natur zu trotzen, um ein Zeichen zu setzen. Ich werde nie vergessen, wie Wolfgang Nahrath feierlich ausrief: ›Wir werden an dieser Schandgrenze so lange antreten, bis sie gefallen sein wird!‹«[61]

Die innerdeutsche Grenze, gegen die Strache zu Jahreswechsel 1998/99 demonstriert, gibt es zu diesem Zeitpunkt gar nicht mehr. So schreibt die *Fuldaer Zeitung* im Herbst 1989:

»Am Wochenende 18./19. November wurde der Übergang bei Rasdorf geöffnet, den zahlreiche Neugierige aus Thüringen nutzten, um mit ihren Wartburgs und Trabis in den Kreis Fulda zu kommen. Die DDR-Bürger wollten nicht Hunderte von Kilometern fahren, um in den Westen zu kommen. Sie forderten eine größere Durchlässigkeit. (…) Sie mussten nicht mehr lange warten, bis sie ganz offiziell in den Westen fahren oder laufen durften. Bis zum Jahresende wurden weitere Grenzübergänge im Kreis Fulda geschaffen – unter anderem Theobaldshof/Andenhausen, Günthers/Motzlar und Rasdorf/Geisa.«[62]

Beim Grenzzaun reicht es der Polizei. Gegen 21 Uhr packt sie die Wiking-Jugend-Demonstranten am Grenzzaun in ihre Polizeiwagen und fährt mit ihnen auf die Polizeistation. Strache bestreitet, dass er verhaftet wurde, »weil der Bus war offen und wir sind dann vor dem Bus dort draußen gestanden und haben gewartet, bis unsere Identität aufgenommen wird. Also es war keine Verhaftung und keine Festnahme«, sagt er.[63] Der Neonazi Andreas Thierry, der damals mit Strache in Fulda war, sagt hingegen als Zeuge vor Gericht: »Sämtliche Teilnehmer haben den Jahreswechsel in Polizeigewahrsam verbracht, auch Strache.«[64]

1990 besucht Strache, damals schon Bezirksrat der FPÖ in Wien-Landstraße, gemeinsam mit Norbert Burger eine Veranstaltung der Deutschen Volksunion (DVU) in Passau. Die DVU ist eine rechtsextremistische deutsche Kleinpartei, die gleich nach ihrer Gründung im Jahr 1971 durch Kampagnen zur Rehabilitierung des Nationalsozialismus auffällt.[65]

Die deutsche Polizei nimmt Strache einen Schreckschussrevolver ab und er muss wegen des Verstoßes gegen das bayrische Versammlungsgesetz 8.000 Schilling (580 Euro) Strafe zahlen. Die Waffe hat er laut eigener Angabe dabei, weil er Angst hatte. Er sei nämlich knapp vor seinem 18. Geburtstag in der Nähe des Stephansplatzes von »Glatzköpfen« zusammengeschlagen worden, weil diese ihn für einen Popper hielten.[66] Die Tageszeitung *Österreich* zitiert aus einem Artikel einer Passauer Lokalzeitung, die über diese DVU-Veranstaltung berichtet habe, »von den 4000 Aktivisten bei der Großkundgebung wurden 11 festgenommen – wegen Waffenbesitz oder demonstrativen Hitlergrußes«[67]. *Österreich* spekuliert, dass auch Strache sich unter diesen »polizeiauffälligen Demonstranten« befunden habe, was Strache jedoch kategorisch verneint. Er sei »in Passau nicht festgenommen, sondern nur aufs Wachzimmer mitgenommen worden, wo die Polizei meine Identität festgestellt hat«[68].

Trotz der gemeinsamen Ausflüge habe es aber auch, was Politik betrifft, Unstimmigkeiten zwischen Burger und Strache gegeben: »Er hat nicht verstanden, dass sich ein junger Mensch wie ich bei der Freiheitlichen Partei engagiert, und er hat auch eine viel konservative, rückwärtsgewandtere politische Meinung als ich vertreten.«[69] Die Beziehung zu Burger bleibt aber bis zu dessen Tod eng. Anfang der Neunzigerjahre erkrankt Burger an einem Gehirntumor. Trotz zweier Operationen stirbt der NDP-Gründer am 27. September 1992 in seinem Haus in Kirchberg am Wechsel. Strache ist bis zu dessen Tod an Burgers Seite. »Die Töchter haben ihm am Abend vor der Todesnacht Geschichten vorgelesen, und da gab es eine Geschichte, die davon handelte, dass, wenn jemand von dieser Welt geht und seine Seele den Körper verlässt, sich ein Schmetterling bilden und davonfliegen wird. Dies war dann insofern sehr berührend, weil in der Todesnacht um 3 Uhr in der Früh, als die Ehefrau uns geholt hat und wir zum Totenbett gekommen sind, wir in Folge einen großen Schmetterling Ende September in dem geschlossenen Raum gesehen haben – obwohl die Fenster zu waren. Das war ein Moment, in dem man sich Dinge nicht nur nicht erklären kann, sondern indem man einfach berührt ist.«[70]

Im Hause Burger geht nicht nur Strache aus und ein, auch der Holocaustleugner Gerd Honsik ist ein Freund der Familie. Strache sagt aber vor Gericht, »ich kenne Herrn Honsik nicht persönlich, wir haben noch nie ein Wort miteinander gewechselt«[71]. Auch Honsik, der momentan eine Haftstrafe wegen NS-Wiederbetätigung absitzt, erklärt, er könne ausschließen, dass Strache ihm im Hause Burger oder bei dessen Veranstaltungen vorgestellt wurde, »weil es bereits 1984 zu einem Zerwürfnis zwischen mir und Dr. Burger gekommen war. (…) Seit damals bin ich mit Dr. Burger niemals mehr zusammengetroffen (von einem Spitalsbesuch abgesehen, bei dem eine Aussöhnung stattfand). Herr Strache dürfte 1984 ca. 14 Jahre alt gewesen sein und hat Dr. Burger über dessen Tochter wohl erst viele Jahre später kennengelernt«.[72] Später ruft Honsik in seinen Schriften aber auf, die FPÖ unter Strache zu wählen: Er setzt Hoffnung in Strache, »dass er dem Bekenntnis zum deutsch-österreichischen Volksstamm nicht abschwört«[73].

Im Jahr 1993 findet die Polizei im Zuge eines Neonazi-Prozesses bei einer Hausdurchsuchung das Telefonverzeichnis des damals in der rechtsextremen Szene führenden Kaders Franz Radl[74]. Neben internationalen Stars des Rechtsextremismus findet sich im Telefonverzeichnis auch die Nummer von »Heinrich Strache«. Radl und Strache trafen einander in den Achtzigerjahren mehrmals pro Jahr. Ebenfalls in dem Verzeichnis finden sich die damaligen Telefonnummern des heutigen freiheitlichen Klubobmann-Stellvertreter im 15. Wiener Bezirk, Martin Hobek, des Wiener Landesparteisekretärs Hans-Jörg Jenewein, des FPÖ-Klubdirektors im Parlament, Norbert Nemeth, Straches Bezirksparteikollegen Andreas Reichhart, des FPÖ-Nationalrats Harald Stefan sowie von FPÖ-Generalsekretär Harald Vilimsky, der allerdings als »Vilinsky« notiert wurde. Im Telefonverzeichnis eines Neonazis aufzuscheinen muss nicht bedeuten, auch ein solcher gewesen zu sein. Aber es ist wohl ein Indiz dafür, dass es Kontakt zwischen Radl und diesen Personen gegeben hat.

Manche von ihnen kannte Radl aus der gemeinsamen Zeit in der 1990 von ihm gegründeten »Plattform Siegfriedskopf«, wo dieser »als Sprecher der Wiener Burschenschaften für den Verbleib des historisch belasteten Denkmals in der Aula der Universität«[75] kämpfte. Strache sagt, er habe Radl im Burschenschafter-Milieu kennengelernt. »Radl war Mitglied der akademischen Burschenschaft Teutonia und darüber hat man sich gesehen und auch gekannt.«[76] Auch mit dem früheren VAPO[77]-Chef sei der FPÖ-Parteiobmann in der Korporierten-Szene in Kontakt gekommen: »Der Herr Küssel war ja auch Mitglied irgendeiner Verbindung.«[78] Radl war auch derjenige, der in der Haft an Gottfried Küssel schrieb, ob nicht »unsere Leute gezielt in den RFJ einzuschleusen seien, wo sie

Infrastruktur und das Angebot an Rhetorik und Kursen nützen [...] könnten«.[79] Strache habe zu diesen Leuten »natürlich Berührungspunkte gehabt, wie jeder von uns, der in diesem nationalen Lager in Österreich aktiv ist«, sagt auch Andreas Mölzer.[80]

Viele Jahre später, im März 2003, klagt Strache das Nachrichten-magazin *profil* wegen eines Artikels[81], weil er meint, als Rechtsradika-ler beziehungsweise Nationalsozialist hingestellt worden zu sein. In ers-ter Instanz bekommt Strache recht, nach einer Berufung des Anwalts von *profil* entscheidet das Oberlandesgericht Wien allerdings, dass man Strache aufgrund seiner Vergangenheit eine »Nähe zum nationalsozia-listischen Gedankengut« nachsagen dürfe. Strache, in einem Interview darauf angesprochen, meint dazu: »Ja, weil ich familiäre Verbindun-gen zu diesem Lager hatte, das ist doch abstrus.«[82] In dem Urteil des Oberlandesgerichtes ist allerdings nichts über seine frühere Beziehung zu Gudrun Burger und dessen Vater zu lesen. Sondern von Straches di-versen fremdenfeindlichen Aussprüchen, davon, dass er »einmal offenbar rechtsradikal gesinnte Personen bei einer politischen Veranstaltung mit den Worten ›Hallo, schön, dass ihr da seid‹ begrüßt« und »von einer ›un-freien historischen Epoche Österreichs von 1934 bis 1955‹ gesprochen« habe. Obwohl richtig sei, dass Österreich auch in der Zeit von 1945 und 1955 unfrei, also besetzt war, »liegt der politische Sprengstoff dieser Wortmeldung darin, dass die Besetzung Österreichs durch die Alliierten, die letztlich zur Befreiung Österreichs führte, gleichgesetzt wird mit der Besetzung durch Nazideutschland, wodurch es zu einer Verharmlosung deren Kriegsverbrechen kommt«[83].

Anlass für den immer wiederkehrenden Vorwurf der Nähe zum Rechtsradikalismus ist auch weniger sein enges Verhältnis zu Burger oder seine diversen rechten Aussprüche. Es sind diverse Fotos aus Straches Vergangenheit, die in periodischen Abständen in den Medien auftau-chen. Über Freunde in verschiedenen Burschenschaften kommt Strache nach Kärnten, zu dem, was er selbst später als harmlose Paintballspiele bezeichnet. Das Wochenende im Kärntner Örtchen Zweikirchen nahe St. Veit an der Glan wird von einem Kärntner organisiert, wer das war, weiß Strache heute nicht mehr oder will es nicht wissen. Mit dabei sind jedenfalls unter anderem der Kärntner Andreas Thierry, Marcus Ullmann sowie Jürgen Hatzenbichler und Andreas Reichhart, heute Sektionschef im Verkehrsministerium und zumindest bis 2004 Bezirksrat in Wien-Landstraße, wo Strache Bezirksparteiobmann ist.[84]

Der Kärntner Rechtsextremist Andreas Thierry wird 1995 nach dem NS-Verbotsgesetz verurteilt und wandert später nach Deutschland aus, wo er heute für die rechtsextreme NPD aktiv ist. Über ihn schreibt das Dokumentationsarchiv des österreichischen Widerstandes: »Thierry war Ende der 1980er-Jahre auch Führungskader der neonazistischen *Volkstreuen Jugend Offensive* (VJO). Die VJO rund um den steirischen Neonazi und Honsik-Vertrauten Franz Radl jun. führte ebenfalls in Kärnten paramilitärische ›Wochenendlager‹ durch. Thierry galt damals auch als einer der österreichischen Verbindungsmänner zur 1992 in Deutschland verbotenen *Nationalistischen Front* (NF) Meinolf Schönborns.«[85] Thierry erzählte noch vor der Veröffentlichung der Bilder von diesen Kärntner »Spielen« in einem Interview mit dem *Jugend Echo*, der »Kampfschrift« des rechtsextremen »Bundes freier Jugend« (BfJ) in Österreich, er sei mit Strache »seit 1989 persönlich bekannt« und dieser habe »seine Wurzeln im nationalen Lager«.[86] Dies würde bedeuten, dass diese Paintball-Spiele nicht, wie Strache meint, 1987, sondern erst 1989 stattgefunden haben können. Damit würde es sich nicht um »Jugendtorheiten« handeln, wie der damalige Bundeskanzler Alfred Gusenbauer meinte, sondern um Kriegsspiele von Erwachsenen. Und obwohl Strache sagt, alle Teilnehmer an seinen Paintball-Spielen seien zu diesem Zeitpunkt unbescholtene Bürger gewesen, berichtet ein »Mitkämpfer« 1987 in einem Leserbrief von einer Geldstrafe und einer »bedingten Freiheitsstrafe von zwei Wochen«, weil er »nationalsozialistisches Gedankengut« verbreitet hatte. Er wurde in Kärnten beim Anbringen von Aufklebern mit Texten wie »2/3 unseres deutschen Volkes sind für AUSLÄNDER RAUS« und »Lasst Heß frei – sperrt Reagan ein« erwischt.[87] Dieser Paintballspieler war schon 1985/86 stellvertretender Führer von Gerd Honsiks »Nationaler Front« in Kärnten und habe auch an Wehrsportübungen teilgenomen.[88]

In welchen Kreisen Strache sich in seiner Vergangenheit herumtrieb, sei im freiheitlichen Gemeinderatsklub im Wiener Rathaus ein offenes Geheimnis gewesen, erinnert sich ein ehemaliger Parteikollege des heutigen FPÖ-Chefs. »Es gab immer Gerüchte über diese Fotos von Strache in Military Outfit mit Rechtsradikalen, die er selbst dann als Gotcha-Spielereien darstellte, genauso wie über jenes von dem Aufmarsch der

Wiking-Jugend in Fulda, schon in den Neunzigerjahren«, erzählt Günther Barnet, früher freiheitlicher Gemeinderat in Wien.[89]

Als Strache Mitte der Neunzigerjahre begann, sich mehr und mehr als künftiger Wiener FPÖ-Chef zu positionieren, hätten seine politischen Gegner versucht, diese Fotos aufzutreiben und an die Öffentlichkeit zu bringen. Aber die Person, die diese Fotos besaß, weigerte sich beharrlich, sie an Straches Widersacher herauszurücken, wohl wissend, was solche Bilder für die Karriere eines jungen Nachwuchspolitikers bedeuten können. Erst viele, viele Jahre später sollte der unbekannte Informant seine Meinung ändern.

»DER BEGRIFF WEHRSPORTÜBUNG IST HANEBÜCHEN«

»Oh Gott, was für eine Scheiße!« Das war der erste Gedanke eines ehemaligen Neonazis, als er Anfang 2007 die Zeitung aufschlug. Er »turnte« im Wald mit Strache und erzählt hier anonym seine Erinnerungen.

Ein damaliger Freund, Andreas Thierry, habe ihn eingeladen. Der Ort: Zweikirchen in Glantal. Strache habe er damals zum ersten Mal gesehen. »Ja, Andreas Thierry und Marcus Ullmann waren rechts außen und alle waren deutschnational, aber keine Neonazigrößen.«[1]

Sie »spielen« in einem Waldstück, wo sie auch ihre Zelte aufgeschlagen haben. Am ersten Tag gibt es drei Spielrunden mit ihren Splatmaster II. Wer von den Farbkugeln getroffen wird, »war aus dem Spiel draußen«. Das erste Spiel dauert »nur« zehn bis fünfzehn Minuten. Dann vergrößern sie das Feld und bilden zwei Teams mit gelben und roten Armbinden. »Anführer« habe es keinen gegeben. Der zweite Durchgang dauert zwischen eineinhalb und zwei Stunden, sie »verstecken« und »decken« sich. Es gibt noch einen »dritten Durchgang«, der etwa dreieinhalb Stunden dauert. Der Informant hat danach einen Hitzschlag, kotzt und fährt nach Hause. Aus diesem Grund ist er auf dem Gruppenfoto (siehe Bildteil), das auf der Burg Taggenbrunn bei St. Veit an der Glan entstanden ist, nicht zu sehen. Strache bleibt bis zum Schluss, drei volle Tage. Auf einem Bild sind die »Waldkämpfer« in Militärgewand vor einem Kriegerdenkmal für die Gefallenen des Ersten und Zweiten Weltkriegs zu sehen. Auf einer Seite des Denkmals ist eine Inschrift angebracht: »Unsere Helden 1939 bis 1945, jedes Heldengrab ist heilige Erde.«[2]

Strache weiß heute noch, dass er mit einem Freund die Ausrüstung »im 9. Bezirk, da gibt es Softguns und Softgun-Zubehör«[3], besorgt hat. Er erklärt, diese Waffen seien Originalnachbauten von Pistolen, Gewehren in Originalgröße und würden echten Waffen täuschend ähnlich sehen. Die Plastikkugeln gehen »etwa 20 bis 25 Meter weit«[4] und die Kugeln einer Softgun »tun nicht einmal so weh wie diese Paintball-Kugeln«[5], wenn sie aus nur drei bis vier Metern Entfernung auf den Körper treffen.

Zwanzig Jahre später muss sich der Politiker Strache mit den »Kriegsspielen im Wald« beschäftigen.

Wer hat wem und wann die Bilder gezeigt? Ist tatsächlich mit Geldangeboten in der rechten Szene danach gesucht worden? Warum ist der Bruderkrieg im dritten Lager so eskaliert? Sind Paintball-Spiele wirklich keine Wehrsportübungen? Und was hat Heinz-Christian Strache mit Gottfried Küssel im Wald gemacht? Versuch einer Chronologie:

Oktober 2006

Ewald Stadler kommt mit einem Forderungskatalog zu Strache: »Ich hätte unterschreiben sollen, dass ›seine‹ Akademie die Förderungen erhält und Kickl als Geschäftsführer zu entfernen sei.« Stadler habe außerdem die Zusage der Parteiakademie-Förderung auf einige Jahre verlangt.[6]

Zu dieser Zeit bricht gleichzeitig auch ein Konflikt zwischen der FPÖ und der rechtsextremen Szene, konkret zwischen Andreas Mölzer und Gerd Honsik, aus. Honsik verzeiht Mölzer nicht, dass er Verhandlungen mit der nationalkatholischen Liga Polnischer Familien zur Gründung eines ultra-rechten Bündnisses im EU-Parlament führt. Damit würde er die Oder-Neiße-Grenze zwischen Deutschland und Polen anerkennen. In der Zusammenarbeit mit Italiens Neofaschistin Alessandra Mussolini, der Enkelin des faschistischen Diktators Benito Mussolini, sahen Honsik und andere Rechtsextremisten wiederum die Anerkennung der Brenner-Grenze. Honsik[7] schreibt im Herbst 2006 in einem im Internet veröffentlichten Kommentar, Mölzer »verspottet das Völkerrecht! Null Toleranz für die Trojanischen Pferde der Haider-Bande in der FPÖ! Der Vielschwätzer in Straches Rücken sollte schleunigst entsorgt werden«.[8]

Mölzer antwortet in *Zur Zeit*, er rüttle nicht an der »Oder-Neiße-Linie«, aber es reagiere »der Narrensaum: Ein als Frührentner in Spanien domizilierender ehemaliger Nachtportier diagnostizierte messerscharf«.[9]

28. November 2006

Der FPÖ-Abgeordnete Ewald Stadler ist im Büro von Heinz-Christian Strache und habe angedeutet, er wisse, was sein Parteichef in Zweikirchen gemacht habe. Strache fragt: »Was soll das sein?« Strache empfindet dieses Verhalten von Stadler nach dem Motto: »Du hast ziemliche Probleme, du solltest jetzt genau wissen, was du tust«, damals schon als Drohung. Fotomaterial legt ihm Stadler aber nicht vor. Strache erwidert: »Ich lasse mich nicht erpressen, ich habe nichts verbrochen.«[10]

29. November 2006

Ewald Stadler ruft Hilmar Kabas an und verlangt, er solle mit Strache wegen Fotos, »die mich belasten«, reden, erzählt Strache.[11]

Ein ehemaliges FPÖ-Mitglied habe laut Strache an diesem Tag auch erzählt, dass Mitarbeiter aus Stadlers Umfeld nach belastendem Bildmaterial fragen.

Dezember 2006

Clemens Otten, einer der Organisatoren der Kundgebung gegen die Wehrmachtsausstellung am Wiener Heldenplatz im April 2002, kommt ins Parlament zu Ewald Stadler. Otten war früher in der Bezirksgruppe Landstraße aktiv.[12] Er zeigt ihm eine Kopie eines Fotos, das Strache bei einer Veranstaltung der Wiking-Jugend zeigt. Laut Stadler wollte Otten dafür »Geld und eine Jobzusage haben. Ich habe gesagt ›Nein, für Fotos zahlen wir kein Geld‹, und hab ihn wieder hinausgeschmissen«[13]. Das Foto habe Otten aus Deutschland gehabt und wieder mitgenommen.

8. Dezember 2006

Das Telefon des freiheitlichen Nationalratsabgeordneten Werner Neubauer klingelt. Stadler sagt: »Ich möchte dir was zeigen.«[14]

Neubauer ist damals noch ein enger Freund Stadlers. Sie treffen einander um 14 Uhr im Landhotel und Gasthof »Drei Eichen« in Eugendorf in Salzburg. An das exakte Datum kann sich Neubauer nicht erinnern. Auch der 16. Dezember scheint möglich. Es sind noch zwei andere Oberösterreicher dabei, ein FPÖ-Funktionär und ein ehemaliges Mitglied der NDP. Das Restaurant sperrt »extra für den Ewald auf«. Sie servieren Fisch, eine Speckplatte und Käse, »Ewald war wieder auf Diät, da isst er nur Fisch, wochenlang«[15].

Stadler legt eine schwarze Mappe auf den Tisch. Er habe gesagt: »Ihm ist vor zwei Wochen was zugespielt worden, das ist derart explosiv

[...] dass es der Bundesparteiobmann der FPÖ Heinz-Christian Strache politisch nicht überleben wird [...] das ist Wiederbetätigung im herkömmlichen Sinn.« Daraufhin meint Neubauer: »Um Gottes willen, was ist denn das?«[16] Stadler legt die Bilder auf den Tisch. Es waren sieben Bilder, »auch die angeblich nachträglich aufgetauchten *NEWS*-Bilder waren dabei. Also die hat er vielleicht zurückgehalten«, mutmaßt Neubauer. Er meint damit unter anderem das »Strache-Vermummungsfoto mit der Softgun«, das erst im Herbst 2008 an die Öffentlichkeit gelangt. Stadler nennt seine Lichtbild-Quelle nicht. Neubauer ist sicher, dass Stadler bei diesem Treffen alle »abtesten« wollte, »ob wir auch der Meinung sind, dass das zum Sturz des HC Strache führen kann«.[17]

Neubauer denkt, dass die Bilder als »Jugendtollerei« eingestuft werden könnten, die beiden anderen hätten gemeint, dass das »zum Sturz führen wird«[18]. Für Neubauer ist klar, Stadler will Strache mit »diesen Bildern abschießen«. Er habe bei diesem Treffen gesagt, »er gebe ihm (Strache) noch maximal eineinhalb Jahre Zeit«[19].

Stadler fragt, ob sie »Leute kennen, die auch Fotos haben könnten, ob sie eventuell eine Verbindung zur Wiking-Jugend oder so haben«[20]. Neubauer kennt die Szene in Oberösterreich und nennt Stadler »zwei Personen«, die sich »hie und da mit VAPO-Leuten getroffen haben, mit Schimanek junior« und anderen, sagt Neubauer. Einmal pro Monat hätten sie »harmlose Fahrtenlieder, bündische Lieder aus 1920 bis 1935 gesungen, sie haben nichts angestellt«. Neubauer will sich erinnern, dass »die hie und da den jungen Strache wahrgenommen haben«, bei der DDR-Geschichte oder in Wien. Bei diesen Treffen seien fast immer »Bilder gemacht« worden.[21]

Die Kontaktpersonen Neubauers werden angerufen mit den Worten: »Das soll euer Schaden nicht sein«.[22] Einer in Linz, der andere in Braunau und der dritte in Perg in Oberösterreich. Der Anrufer war laut Neubauer Robert Stelzl, damals Mitarbeiter von Stadler. Neubauers rechte Freunde ließen sich aber »trotz dezidierter hoher Lockgelder nicht locken«, sondern hätten gesagt, »für Verräter geben wir keine Fotos her«! Stelzl wiederum streitet vehement ab, jemals Geldangebote gemacht zu haben[23]. Auch Stadler sagt, er habe kein Geld geboten, »das stimmt nicht«[24]. Warum wird Stadlers Mitarbeiter dann nicht wegen versuchter Bestechung angezeigt? Weil Verhandlungen »immer peinlich« seien und die Betroffenen mitten im Berufsleben stehen, meint Neubauer. Keiner möchte heute offen dafür einstehen, vor rund 20 Jahren in einer rechten und aus ihrer Sicht »harmlosen« Szene Mitglied gewesen zu sein[25].

16. Dezember 2006

John Gudenus liebt den Kuchen von Frau Stadler. Er ist wieder einmal zur Jause eingeladen. Die beiden Familien waren lange befreundet. Gudenus ist der Taufpate der jüngsten Tochter Stadlers. »Da begann das mit diesen Fotos.« Stadler sagt Gudenus, er habe Fotos von Strache: »Na, wenn die rauskommen, der wird sich anschauen!«[26] »Hat der Strache denn auf der Kärntner Straße einen Pfarrer vernascht, oder was?«[27], fragt Gudenus. Stadler zeigt die Fotos nicht her.

21. Dezember 2006

Ein ehemaliger FPÖ-Mitarbeiter meldet sich wieder bei Strache und erzählt, dass Stadler Material habe und angekündigt habe, es auch zu verwenden.[28] An diesem Tag landet auch eine SMS-Meldung nach der anderen auf dem Handy von Johann Gudenus, dem Sohn von John Gudenus. Ewald Stadler lässt Gudenus über seinen Assistenten Stelzl ausrichten, er möge ins Parlament kommen, sofort. Gudenus hat keine Zeit für ein Treffen. »Wir hatten am nächsten Tag eine Weihnachtsfeier in der Firma, also hab ich ihm abgesagt«[29], erinnert sich Gudenus.

22. Dezember 2006

Die »Stadler-Akademie« hat parteiintern und vor Gericht schlechte Karten. Im Streit mit dem Kanzleramt droht eine Klagsabweisung.

Das Bundeskanzleramt hat im März 2006 1,44 Millionen Euro an Fördermitteln für die »Freiheitliche Akademie« unter der Leitung Stadlers gestrichen. Ein »Freiheitliches Bildungsinstitut« wird von Strache parallel gegründet.

Stadlers rechte Hand, Stelzl, lässt nicht locker. Am 22. Dezember in der Früh hat Gudenus schon wieder ein SMS von ihm auf seinem Handy. Die Firmenfeier ist Stadler und Stelzl egal. »Kurz vor zwölf Uhr Mittag standen die beiden wirklich auf der Straße vor meinem Büro im 3. Bezirk. Da wusste ich, wenn der Stadler selbst zu einem kommt, muss es etwas Wichtiges sein.«[30]

Es folgt eine Lokalsuche. »Zuerst sind wir zum Stadtwirt, aber dort war dem Stadler zu viel los, also sind wir weiter zum Chinesen ums Eck.« Stadler legt die Fotos auf den Tisch. Was dann passiert, hat Gudenus in einer notariell beglaubigten eidesstattlichen Erklärung festgehalten:

»Die beiden forderten mich auf, Herrn Heinz-Christian Strache auszurichten, dass bis 15.00 Uhr desselben Tages eine OTS-Erklärung von Heinz-Christian Strache mit dem sinngemäßen Inhalt – ›HC Strache erklärt, dass er die aktuelle Situation noch einmal überdacht hätte und die Freiheitliche Akademie doch als förderungswürdig von Seiten der FPÖ für 2007 erklärt‹ – herausgegeben werden sollte. Darüber hinaus, so forderten die Herren Mag. Ewald Stadler und Mag. Robert Stelzl, solle Herr Heinz-Christian Strache bis zum folgenden Tag bei der Sitzung der Freiheitlichen Akademie eine diesbezügliche schriftliche, von ihm unterfertigte, an das Bundeskanzleramt gerichtete Erklärung vorlegen.

Sollten diese beiden Forderungen nicht erfüllt werden, so würden ab den Feiertagen bzw. im neuen Jahr Fotos, auf denen Heinz-Christian Strache im Alter von 18 Jahren in Kärnten mit anderen Mitgliedern des Österreichischen Pennälerrings im Rahmen eines ›Gotcha-Spiels‹ zu sehen sei, über Medien lanciert werden: Das könnte Herrn Strache politisch das Genick brechen.

Als Beleg zeigten sie mir dann ein paar Fotos, wo offenbar Herr Heinz-Christian Strache und andere jugendliche Personen mit ›Gotchaspielzeug‹ zu sehen waren. Genau diese Fotos tauchten in der Folge dann auch in den Medien auf.

Die Herren Mag. Ewald Stadler und Mag. Robert Stelzl bekräftigten nochmals ihre Ankündigung, diese Unterlagen und Behauptungen gezielt in den Weihnachtsfeiertagen und im neuen Jahr 2007 den diversen Medien zu zu spielen, um Herrn Heinz-Christian Strache massiv zu schaden und diesen in der Folge auch dadurch zum Rücktritt zu bewegen, falls er nicht auf die vorangeführten Forderungen eingehen würde.«[31]

Stadler habe während dieses Gesprächs »noch andere wirre Geschichten über Parteikollegen erzählt, etwa über den Peter Fichtenbauer«. Was genau, daran könne er sich nicht mehr erinnern. Die Fotos habe Stadler Gudenus nur gezeigt, nicht mitgegeben.[32]

Gudenus löffelt seine chinesische Suppe aus, springt ins Taxi, fährt zu Strache ins Rathaus. Dort beruft der Parteichef sofort einen Krisenstab ein, mit Parteianwalt Peter Fichtenbauer und Ehrenobmann Hilmar

Kabas. »Dort haben dann sowohl Kabas als auch Strache gesagt, Stadler soll ruhig kommen, es gebe nichts zu verbergen«[33], sagt Gudenus.

Auch FPÖ-Generalsekretär Herbert Kickl wird ins Büro gerufen, wo ihm Johann Gudenus von dem Treffen mit Stelzl, dem »Schick-Bursch vom Stadler«[34], und Stadler erzählt. Kickl fragt sich, wie man mit dieser Situation umgehen soll, »man muss ja eine Sicherungsmaßnahme treffen, weil was machen wir, wenn es zu keinem Einvernehmen mit Stadler (in Sachen Parteiakademie, Anm.) kommt?«[35].

Kickl findet: »Ich weiß nicht, als was das der Jurist und ehemalige Volksanwalt Ewald Stadler bezeichnet, aber ich mit meinem naiven juristischen Zugang würde so was als erpresserischen Akt bezeichnen.«[36]

Ein Notariatsakt wird an diesem Tag von Heinz-Christian Strache, Harald Stefan, Hilmar Kabas und Peter Fichtenbauer angelegt.

24. Dezember 2006

Robert Stelzl habe laut Notariatsakt gegenüber Michael G. erklärt, »es wird eine ›Atombombe‹ gegen Strache zum Einsatz kommen«.[37] G. ist der Vormieter der Räumlichkeiten des Bildungsinstitutes der FPÖ.

25./26. Dezember 2006

Stadler bleibt dabei, dass er die Fotos *nach* Weihnachten erhalten habe: »Das war am 25. oder 26. Dezember. Das weiß ich deswegen so genau, weil ich die Begebenheit weiß, wo ich sie bekommen habe.« Auf die Frage, ob er die Fotos Johann Gudenus vor Weihnachten gezeigt hat, sagt Stadler: »Nein.«[38] Auch im Prozess Strache gegen *Österreich* sagt Stadler als Zeuge: »Ich habe nach Weihnachten Fotos bekommen, welche zumindest nach meiner Interpretation darauf hingedeutet haben, dass es sich um irgendwelche Wehrsportübungen handeln könnte.«[39]

27. Dezember 2006

Stadler schreibt FPÖ-Bürgeranwalt und Ombudsmann Hilmar Kabas folgenden Brief aus seinem Heimatort Grafenegg, den er aber nicht gleich abschickt.

Sehr geehrter Herr Volksanwalt,
lieber Hilmar!

Ich wende mich heute – nach rund zweitägiger Überlegung – an Dich in Deiner Eigenschaft als Ehrenobmann der FPÖ und als Bürgeranwalt. Vor allem in dieser letztgenannten Funktion obliegt Dir die Überwachung der Einhaltung bestimmter Prinzipien und Offenbarungspflichten gegenüber der Partei.

Mir wurde, vermutlich infolge der Berichterstattung über die Vorgänge im Zusammenhang mit der Neugründung eines Freiheitlichen Bildungsinstitutes in den Medien, Fotomaterial anonym zugespielt, welches ich Dir in der Beilage zu Deiner Bewertung und Verwendung durch Boten als Verschlusssache zukommen lasse.

Die Brisanz dieses Materials kann meines Erachtens gar nicht überschätzt werden!

Mir ist schleierhaft, wie sich jemand im Wissen um seine dermaßen problematische Vergangenheit um höchste Partei- und Staatsämter bewerben kann, ohne zumindest den Versuch einer Offenlegung und Aufarbeitung getätigt zu haben. War Strache wirklich der Meinung, daß er an der Spitze der Partei nicht auch hinsichtlich seiner »Kriegsspielereien« in einem ideologisch mehr als bedenklichen Umfeld durchleuchtet werden würde? Die auf den Bildern erkennbaren Personen stammen eindeutig aus einem rechtsextremistischen und neonazistischen Umfeld und sind mit Sicherheit der Staatspolizei zum Teil einschlägig bekannt.

Dies ist weder Ort noch Modus, um langwierig Überlegungen anzustellen, welches ungeheuerliche Ausmaß an Schaden für die FPÖ angerichtet werden kann, wenn sich herausstellt, in welchem Umfeld sich der Bundesparteiobmann vor Jahren bewegt hat. Ich überlasse es Deiner Phantasie, in welchen Kontext dies alles gestellt werden wird, wenn dieses Bildmaterial öffentlich bekannt wird, was mir nach allen Erfahrungen der vergangenen zwei Jahrzehnte praktisch unvermeidlich erscheint.

In nunmehriger Kenntnis des beiliegenden Bildmaterials wird mir manche rätselhafte Personalentscheidung der vergangenen Wochen erklärbarer, wie mir auch der Hintergrund der mir schon früher zugegangenen »Ehrenerklärung« des oberösterreichischen Landesparteiobmannes vom 4. Oktober 2006 für eine Führungsgestalt der rechtsextremen Szene deutlicher wird. Aber gerade dieser Aktualitätsbezug birgt meines Erachtens zusätzliche ungeheuerliche Brisanz!

Mir ist nicht bekannt, wie Dein Wissensstand über die Vergangenheit des Heinz-Christian Strache war oder ist, jedoch habe ich die schwerwiegende Vermutung, dass viele der seinerzeitigen Unterstützer seiner Kandidatur nicht die geringste Ahnung über diese hochproblematische Seite seiner Vergangenheit und das unerträgliche ideologische Umfeld hatten. Ich kann auch nicht einschätzen, welchen brisanten Wahrheitsgehalt die z.T. reichlich vorhandenen Gerüchte, die sich sodann bedauerlicherweise teilweise zur gesicherten Information verdichtet haben, noch haben. Jedenfalls ist das beiliegende Fotomaterial derart erschütternd plastisch, daß nicht ausgeschlossen werden kann, daß sich noch andere Informationen ähnlich zu konkretisieren drohen. Ich hege zudem die Befürchtung, daß noch längst nicht alle Informationen ungeschönt und ungeschminkt auf dem Tisch liegen.

Unabhängig davon sind die vorhandenen Belege meines Erachtens derart schwerwiegend, daß ich für mich jedenfalls festhalten möchte, daß ich einen Mann mit dieser Vergangenheit niemals wissentlich in eine führende FPÖ-Funktion gewählt hätte und ihn niemals für Partei- und Staatsämter unterstützt hätte. Dessen Verbleib wird massive Schäden für die Gesinnungsgemeinschaft und das gesamte dritte Lager nach sich ziehen.

Das beiliegende Bildmaterial mit einer Kopie der oben erwähnten »Ehrenerklärung« übermittle ich Dir auch, um von vornherein jedem Verdacht, dieses mit Vertuschungsabsicht gezielt verschwiegen zu haben oder gar missbräuchliche Absichten zu verbinden, prophylaktisch und präventiv entgegenzuwirken.

Ich bitte Dich um Verständnis dafür, daß ich die Angelegenheit Dir vorlege und nicht in den Gremien zur Sprache bringe. Dies hat vor allem seinen Grund darin, daß ich nunmehr weder dem Bundesparteivorstand noch der Bundesparteileitung angehöre, weil diese beiden Funktionen an die Qualität der Freiheitlichen Akademie als die von der Partei bezeichnete Bildungseinrichtung gebunden sind. Aufgrund der Satzungslage bin ich mit der Neubezeichnung einer anderen Bildungseinrichtung aus beiden Gremien ausgeschieden.

Ich ersuche Dich dringend, Deinen Einfluß auf den Bundesparteiobmann dazu zu nutzen, Schaden von der Gesinnungsgemeinschaft abzuwenden und sie nicht in eine existentielle Skandal-Krise schlittern zu lassen.

Dabei muß ich Dich wohl kaum auf das spektakuläre Verfahren gegen ei-
nen Sohn eines früheren freiheitlichen Landesrates Mitte der Neunzigerjahre
verweisen, welches mit einer Verurteilung und einer achtjährigen Haftstrafe
endete.

Mit freiheitlichen Grüßen Ewald Stadler

Johann Gudenus glaubt, dass Stadler den Brief an Kabas geschrieben hat, weil »der Kabas mag so rechtsextreme Auswüchse überhaupt nicht, vielleicht gelingt es ihm, den Kabas vom Heinzi abzuspalten«[40].

Wie ist es zu der im Brief erwähnten »Ehrenerklärung« von Oberösterreichs Landeschef Lutz Weinzinger an »eine Führungsgestalt der rechtsextremen Szene«, gemeint ist Gottfried Küssel, gekommen? Im August 2006 veranstaltet Weinzinger in Braunau »eine sehr schöne Feier, die dadurch unschön war, dass seitens des Sicherheitsapparates so getan wurde, als täten wir dort das Dritte Reich ausrufen«. Der stellvertretende Sicherheitsdirektor von Oberösterreich kommt zu Weinzinger und sagt: »Sie wissen eh, dass der Herr Küssel dabei ist.« Weinzinger sagt: »Der Küssel? Den kenne ich nicht.« Der Sicherheitsdirektor: »Na, Sie wissen doch, *der* Küssel.« »Jessas! Der vor der Universität gestanden ist und Sieg Heil geschrien hat? Wieso ist der da? Ich habe geglaubt, der sitzt?« Der Sicherheitsdirektor: »Der ist schon lange wieder frei.«[41] Küssel steht in einer Gruppe von etwa sechs Männern, alle haben Lederhosen an. Weinzinger entschließt sich, ihn zu »ignorieren«, es sollte jedoch ein »Blödsinn« sein. Die Tageszeitung *Österreich* bringt ein Foto der Veranstaltung. »Freiheitlicher Landesparteiobmann von Oberösterreich feiert Nazifeier mit Küssel in Braunau.«[42] Im Interview mit *Österreich* sagt Weinzinger: »Was kann ich dafür, wenn der Idiot da einfach auftaucht?« Küssel fühlt sich beleidigt und schickt einen »Vertreter«, wie das unter Waffenstudenten in Ehrenangelegenheiten üblich ist, der Weinzinger ausrichtet, dass Küssel eine »Aussprache« will. »Ich habe mich also mit ihm zu einem Vieraugengespräch getroffen. Und mich bei ihm entschuldigt.«[43] Weinzinger nimmt den »Idioten mit dem Ausdruck des Bedauerns« auch schriftlich zurück. Im persönlichen Gespräch schneidet Küssel auch das Foto-Thema an und habe gesagt: »Man ist schon an mich herangetreten, dass ich eventuell auch solche Bilder zur Verfügung stelle. Aber ich habe erstens keine zur Verfügung gestellt und zweitens habe ich auch keine in der Art.«[44]

Wer Küssel gefragt hat, verrät er aber nicht.[45]

28. /29. Dezember 2006

Barbara Rosenkranz besucht Stadler. Er zeigt ihr den Brief und die Fotos. »Sie ist am 28. oder 29. bei mir daheim vorbeigekommen. ›Du, ich bin am Überlegen, was ich damit tun soll. Da, schau dir das an, ich habe vor, diesen Brief zu schreiben.‹ Ich habe ihr vorher alles gezeigt[46].« Wie reagiert Rosenkranz auf die Bilder? Sie findet sie laut Stadler »nicht so arg«.[47] Man könne sie so und so deuten. Stadler schickt den Brief und die Fotos an Hilmar Kabas. Aufgebracht sagt Stadler: »Ich habe es satt, von dem Burli dauernd angelogen zu werden. Kabas soll eine ordentliche Untersuchung durchführen.«[48] Barbara Rosenkranz kann sich zwar an den Besuch erinnern. Über den Inhalt des Gesprächs schweigt sie.[49]

9. Jänner 2007

Kabas hat »abgeklopft«, was das für Fotos sein sollen und ob sie in die »Nähe von Wehrsportübungen«[50] zu bringen seien. Kabas lässt sich von Strache erklären, dass er darauf »Gotcha spiele«. Kabas habe »nicht gewusst, dass es das (Gotcha) gibt«. Stadler habe die Bilder in die »Richtung von Wehrsportübungen« bringen wollen, auch »zum Schimanek«[51]. Genau das findet Kabas »skurril«, weil Stadler »den Schimanek immer verteidigt hat, es war ja nicht so, dass man sagen kann, dass Stadler immer schon ein echter antifaschistischer Kämpfer war«[52].

Hilmar Kabas schreibt Ewald Stadler:

Sehr geehrter Herr Abgeordneter!
Lieber Ewald!

Unter Bezug auf Dein Schreiben vom 27. 12. 2006 darf ich Folgendes antworten:

Ich habe das von Dir übermittelte »Material« überprüft, Nachforschungen hinsichtlich der betroffenen Personen angestellt und bin im Besitze folgender Informationen:

Bei den Fotos handelt es sich um die Aufnahmen von Mitspielern eines sogenannten Gotcha-Spiels, das im Kreise von Jugendlichen vor ca. 20 Jahren stattgefunden hat. Dieses Gotcha-Spiel, das wie ersichtlich mit Schutzbrillen und uniformartigen Bekleidungsstücken (damals aus zusammengestoppelten ausrangierten Bundeswehr- bzw. Bundesheerstücken, die in jedem Armyshop gekauft werden können) gespielt wurde, ist mittlerweile ein etablierter Sport mit entsprechenden Sportstätten, Wettbewerben, Meisterschaften etc. geworden und stand damals im Anfangsstadium.

Das Ziel des Spiels besteht darin, die anderen Mitspieler mit aus einer Art von Luftdruckgewehren zu verschießenden Farbkugeln zu markieren. Der mit den meisten Markierungen hat verloren, der mit den wenigsten hat gewonnen.

Die von Dir dargestellte »Vergangenheit« des BPO Heinz-Christian Strache ist also aus dem übermittelten »Material« in keiner Weise ableitbar. Die neben Heinz-Christian Strache auf den Fotos wiedergegebenen Mitspieler waren völlig unbescholtene Jugendliche, die für Heinz-Christian Strache ein in keiner Form vorwerfbares »Umfeld« dargestellt haben.

Welche weiteren biografischen Wege die damals handelnden Personen eingeschlagen haben, ist mir nicht im Einzelnen bekannt. Es dürfte wohl auch unstrittig sein, daß diese Frage für die Beurteilung des seinerzeitigen »Umfeldes« ohne Bedeutung ist. Soweit mir einzelne Persönlichkeitskarrieren bekannt sind, gibt es dabei durchaus beachtenswerte und renommierte berufliche Entwicklungen.

Abgesehen davon, daß die pauschalen Behauptungen eines »rechtsextremistischen und neonazistischen Umfeldes« im vorgelegten »Material« daher in keiner Weise gedeckt sind, erscheinen sie – gelinde gesagt – schon prinzipiell völlig unverständlich.

Der Versuch, durch angedrohtes Schwingen der »Faschismuskeule«, die sich noch dazu auf völlig untaugliches »Material« stützt, den eigenen Parteiobmann (bzw. die Partei) zu Handlungen zu nötigen, richtet sich von selbst.

Du wirst verstehen, daß ich dieser Haltung nicht das geringste Positive abgewinnen kann, sondern sie für äußerst verurteilenswert betrachten muß.

Auf Grund deines Vorgehens kann ich als Bürgeranwalt der FPÖ Deinem Ersuchen, gegenüber Heinz-Christian Strache Schritte einzuleiten, nicht entsprechen. Ich werde aber selbstverständlich den Bundesparteivorstand der FPÖ über unseren Schriftwechsel informieren.

Mit freiheitlichem Gruß Hilmar Kabas

58

Lutz Weinzingers Mobiltelefon läutet. Der FPÖ-Abgeordnete Manfred Haimbuchner, sein Nachfolger als Landesparteiobmann in Oberösterreich, ist am Apparat und völlig außer sich. Stadler habe ihn am Rande eines Untersuchungsausschusses in sein Büro gebeten. Dort zeigte er Haimbuchner einige Bilder: »Du, Lutz, ich sitz mit dem Ewald im Untersuchungsausschuss und da hat mir der Ewald Fotos gezeigt, fürchterlich, fürchterlich, ich sage dir was, das ist ganz entsetzlich«, sagt Haimbuchner am Telefon.[53] Haimbuchner ist sich mehr als zwei Jahre später nicht absolut sicher, ob das Datum der 9. Jänner oder der 11. Jänner war, es sei zu Jahresbeginn gewesen und die Ausschusstagungen fanden jeweils dienstags und donnerstags statt. Jedenfalls habe ihm Stadler die Bilder gezeigt, bevor sie in die Medien kamen.[54] Weinzinger sagt: »Bring die Fotos herauf, schauen wir uns das an.« – »Nein«, meint Haimbuchner, »weil Stadler sie im Bundesparteivorstand zeigen will.«[55] Weinzinger ruft sofort Strache an, um ihn zu informieren. Strache erzählt Weinzinger, dass er schon Bescheid wisse und dass es um ein Paintball-Spiel gehe.

11. Jänner 2007
Es folgt ein zweiter Brief von Stadler an Kabas:

Sehr geehrter Herr Volksanwalt,
lieber Hilmar!

Ich bestätige den heutigen Erhalt Deines Schreibens vom 9. Jänner 2007 und bedaure, Dir in Deiner Eigenschaft als Ehrenparteiobmann und Bürgeranwalt in Ergänzung meines Schreibens vom 27. 12. 2006 leider weitere schlechte Nachrichten mitteilen zu müssen:

Deine Nachforschungen über die auf den Fotodokumenten abgelichteten Personen können nicht wirklich gründlich gewesen sein. Ich bin davon ausgegangen, dass Du schon seit Monaten entsprechenden Hinweisen nachgehst, zumal ich schon vor Längerem erfahren habe, dass Dir unser Parteifreund Nikolaus Amhof einschlägiges Bildmaterial über einen Wiener Jugendfunktionär zur Kenntnis gebracht hätte.

Es handelt sich bei den mit Heinz-Christian Strache abgelichteten Personen keineswegs um »völlig unbescholtene Jugendliche«, die »ein in keiner Form vorwerfbares Umfeld dargestellt haben«, wie Du dies in Deinem

Schreiben ausdrückst. Zudem sind die Fotos nicht ca. 20 Jahre alt, sondern wurden maximal vor 16 Jahren aufgenommen.

Als erstes Beispiel für die unhaltbare Unbedenklichkeit nenne ich Dir den einschlägig seit vielen Jahren tätigen Herrn Andreas Thierry, über den es im Internet sehr eindeutige Dokumente gibt, wovon ich Dir in der Beilage einen Auszug in Kopie mitübersende. Dieser Herr Thierry ist Heinz-Christian Strache nicht nur seit 1989 – nach seinen Angaben – »persönlich bekannt« (was Deine oben erwähnte Behauptung von ca. 20-jährigen Aufnahmen bereits widerlegt), sondern wurde mit ihm gemeinsam zu Silvester 1989/90 im Dreiländereck zwischen Hessen, Thüringen und Bayern in der Rhön vom Bundesgrenzschutz festgenommen.

Die Verhaftung erfolgte im Zuge der Auflösung einer Silvesterkundgebung der eindeutig neonazistischen »Wiking-Jugend«, die 1994 von den deutschen Behörden aufgelöst wurde. Zeugen bestätigen jedenfalls, dass Heinz-Christian Strache damals in der »Wiking-Jugend« tätig war.

Der oben erwähnte Thierry ist auf einem der Dir übermittelten Fotos in der Gruppe mit Heinz-Christian Strache abgelichtet. Er wurde nach APA-Meldungen 1994 nach dem Verbotsgesetz angeklagt und 1995 rechtskräftig verurteilt.

Auf den bereits erwähnten Gruppenfotos ist als weiteres Beispiel für die unhaltbare Unbedenklichkeit auch mehrfach neben Heinz-Christian Strache ein gewisser Marcus Ullmann abgebildet, welcher Aktivist der VAPO des Gottfried Küssel war. Diese Organisation wurde Anfang der 90er-Jahre behördlich verboten. Ullmann war ganz eindeutig zum Zeitpunkt der Aufnahmen der fraglichen Fotos bereits in der VAPO tätig. Seine Gattin gehört zwischenzeitlich zu den Mitarbeitern des Parlamentsklubs.

Ullmann pflegt gute Kontakte zu einer führenden Mitarbeiterin des Klubobmannes des Parlamentsklubs, die selbst dem engsten Küssel-Umfeld zuzurechnen ist, was ich persönlich vor wenigen Tagen in der Parlamentscafeteria beobachten musste.

Über die anderen auf den Fotos identifizierbaren Personen möchte ich mich hier nicht weiter äußern. Aber ich würde keineswegs eine pauschale Unbedenklichkeit behaupten.

Deine Ausführungen zum »Gotcha-Spiel« als mittlerweile »etablierten Sport« sind zwar grundsätzlich interessant, aber von mir in meiner Zuschrift gar nicht relegiert worden. Mich interessiert weder diese Sportart noch die Art und Gefährlichkeit oder Harmlosigkeit der abgelichteten Waffen. Vielmehr ist für mich der abgelichtete Personenkreis und der ideologische Kontext bedeutsam. Und dieser ist wahrlich nicht als »völlig unbescholten« qualifizierbar und keineswegs »ohne Bedeutung«!

Im Übrigen vertragen sich Deine Ausführungen zum »Gotcha-Spiel« kaum mit den abgelichteten Schlagstöcken und wehrsportlichen Nahkampf-Szenen.

In Deine Ausführungen bist Du allerdings mit keiner Silbe auf die ebenso problematische »Ehrenerklärung« des oberösterreichischen Landesparteiobmannes für Gottfried Küssel eingegangen. In Ergänzung zu meinen Ausführungen vom 27. 12. 2006 teile ich Dir mit, dass offenkundig der linksgerichtete »Kulturverein-Infoladen Wels« schon seit Wochen Kenntnis von dieser Erklärung hat, was aus dessen Presseaussendung vom 10. 12. 2006 mit einer auszugsweisen Zitierung hervorgeht. Ich lege Dir eine Kopie der Presseaussendung bei.

Dies belegt meine Befürchtung, dass alle diese unappetitlichen Dinge zum Schaden der gesamten Partei und der Gesinnungsgemeinschaft früher oder später das Licht der Öffentlichkeit erblicken.

In aller Schärfe muß ich Deine Unterstellung zurückweisen, ich hätte »durch angedrohtes Schwingen der Faschismus-Keule ... den eigenen Parteiobmann (bzw. die Partei) zu Handlungen zu nötigen« versucht. Dies ist schon alleine deswegen nicht der Fall, weil ich als einziges Handlungsanliegen an Dich das Ersuchen gerichtet habe, Deinen Einfluß auf den Bundesparteiobmann dazu zu nutzen, Schaden von der Gesinnungsgemeinschaft abzuwenden und diese nicht in eine existenzielle Skandal-Krise schlittern zu lassen.

Ich muß Dir als Volksanwalt wohl kaum erläutern, dass der Vorwurf eines Nötigungsversuches den Vorwurf einer strafbaren Handlung darstellt, welcher den Tatbestand der üblen Nachrede nach § 111 StGB verwirklicht. Es ist nicht meine Absicht, unbegründet Parteifreunden gerichtliche Schritte anzudrohen. Aber ich bitte Dich zu akzeptieren, dass ich mir keinesfalls strafbare Handlungen unterstellen lasse, ohne mich geeignet zur Wehr zu setzen.

Deine Ankündigung, über unseren Schriftwechsel den Bundesparteivorstand zu informieren, habe ich zur Kenntnis genommen. In diesem Zusammenhang teile ich Dir mit, dass ich am kommenden Samstag selbst an den Beratungen des Vorstandes teilnehmen werde, da ich nach Prüfung der aktuellen Satzungslage zu dem Ergebnis gekommen bin, dass ich dem Bundes-

parteivorstand jedenfalls so lange als Präsident der Freiheitlichen Akademie angehöre, als dieser nicht den Beschluß fasst, den Vorfeldstatus der Freiheitlichen Akademie abzuerkennen.

Lieber Hilmar, es ist unserer Partei keineswegs gedient, Dinge zu beschönigen und zu verharmlosen, die für die Partei mit ungeheurem Schaden verbunden sein können, wenn sie von politischen Gegnern – und dann womöglich zur Unzeit – für mediale Kampagnen genutzt werden. Abgesehen davon, dass ich nach wie vor befürchte, dass noch immer nicht alles auf dem Tisch ist, bekräftige ich meine Ansicht, wonach Heinz-Christian Strache uns über seine Vergangenheit hätte informieren müssen, bevor er Bundesparteiobmann wurde. Es liegt nunmehr an der Partei und nicht an mir, für eine allgemein akzeptierbare Lösung des Problems zu sorgen. Meine Bestürzung und Betroffenheit wird mich nicht daran hindern, im Interesse des gesamten Lagers auf diese Problemlösung hinzuwirken.

Mit freiheitlichen Grüßen
Ewald Stadler

Stadler wirft Kabas in dem Brief vor, nicht gründlich zu recherchieren, auch wegen Hinweise des damaligen RFJ-Geschäftsführers Nikolaus Amhof bezüglich »einschlägigem« Bildmaterial über einen Wiener Jugendfunktionär. Stadler meint damit ein Handyfoto, auf dem ein parlamentarischer Mitarbeiter angeblich in SA-ähnlicher Uniform zu sehen sei. Ein hellbraunes Hemd, Lederriemen quer darüber und eine entsprechende Hose, erzählt uns jemand, der das Foto bereits 2006 gesehen hat und nicht genannt werden will. Amhof selbst verneint die Existenz eines solchen Fotos.[56]

12. Jänner 2007
Stadler habe laut Strache an diesem Tag einem ÖVP-Abgeordneten erzählt, »er sei der kommende Mann in der FPÖ, den Strache wird es nicht mehr lange geben«.[57]

13. Jänner 2007
Eine Marathonsitzung im Hotel Favorita im 10. Bezirk beginnt. Acht Stunden lang werden wegen der Strache-Fotos heftige Wortgefechte ge-

führt. Kabas breitet die sieben Bilder auf einem Tisch aus. Die Sitzungsteilnehmer müssen extra aufstehen, um sie sich anzusehen. Nicht alle tun das, »es wollten sich manche wohl nicht verdächtig machen«, glaubt Stadler.[58]

Stadler und Stelzl werden wie »Hochverräter« behandelt, meinen sie. »Der Aufdecker ist wieder einmal der Täter geworden«[59], ärgert sich Stadler, dabei habe doch »der eigentliche Täter eine unglaublich dämliche Lügengeschichte dahergebracht«[60]. Damit meint er Straches Verteidigung, alles sei nur eine »harmlose Jugendspielerei« gewesen.

Die Wortmeldungen gehen in zwei Richtungen, erzählen Teilnehmer. Die einen hätten gesagt, »was ist jetzt mit den depperten Bildern?«[61], die anderen nur darüber diskutiert, dass Stadler nicht mehr hinter Strache stehe. Zwei Sitzungsteilnehmer schreiben jedes Wort mit. Neubauer fragt einen davon, wieso er so eifrig dokumentiere. Dieser erwidert: »Weil mir das schon zweimal das politische Leben gerettet hat.«[62]

Neubauer »traut seinen Ohren nicht, als Stadler sagt, dass ihm die Bilder frühestens am 26. Dezember 2006 zugespielt«[63] worden wären. Es kommt zu wilden Wortgefechten. Stadler bestreitet, dass er Johann Gudenus die Bilder bereits vor Weihnachten gezeigt hat, und will auch nichts von Forderungen in Bezug auf die Parteiakademie wissen. »Da hat sich der Ewald rausgeredet und gesagt, er hat ihm (Johann Gudenus) die Bilder nur beschrieben und deshalb kann er sie schildern, gezeigt hat er sie ihm nicht. Das war schlau von ihm«[64], sagt Neubauer. Warum sagt Neubauer nicht in der Sitzung, dass Stadler auch ihm die Fotos schon viel früher gezeigt hat? »Weil ich warten wollte, inwieweit der Ewald dezidiert lügt. Ich habe es aber dem Strache und dem Kickl gesagt, für den Fall der Fälle«[65], erklärt Neubauer sein damaliges Schweigen.

In der Sitzung wird auch diskutiert, ob Robert Stelzl Leute bewusst kontaktiert habe, um einschlägige Bilder zu finden. Einer davon soll Nikolaus Amhof gewesen sein, Stelzl würde für Bilder »auch gut zahlen«. Stelzl bezeichnet laut Neubauer diesen Vorwurf in der Sitzung als »Lüge«[66].

Stadler wiederum gibt nicht auf und erzählt in der Sitzung, dass Strache bei einer Wiking-Jugend-Aktion an der innerdeutschen Grenze dabei war (siehe Kapitel 3). Strache habe daraufhin dem Parteivorstand »die blöde, hanebüchene, dämliche Argumentation dahergebracht, sie hätten Brotkörbe in die DDR geschmissen und Sekt. Das haben die dort alle gefressen, das war für die Erklärung genug! Das ist ja ein Parteivorstand der Hirnamputierten«[67], schimpft er.

Kabas will Stadler »noch« nicht verurteilen. Ein Bericht wird erstellt, er liegt im Kabas-Tresor. Der damalige BZÖ-Chef Peter Westenthaler weiß noch am Abend über alles Bescheid, »weil dieser Vorstand ist heute löchriger wie Käse«.[68]

14. Jänner 2007

Strache nimmt in seiner Rede am Neujahrsempfang der FPÖ indirekt Bezug auf die Foto-Causa und Stadler: »Wir müssen ehrlich zueinander sein, wir müssen uns den Rücken stärken und wir müssen aufpassen, dass wir nicht das Geschäft der politischen Gegner erfüllen, und das sind wichtige Voraussetzungen. Wenn wir das auch wirklich verinnerlichen und gerade die Gemeinschaft und die Kameradschaft vor die eigene Befindlichkeit stellen, dann kann uns nichts passieren.«[69]

18. Jänner 2007

Strache wird vom ORF-Journalisten Sascha Schrems angerufen und als Studiogast in die Zeit im Bild 2 eingeladen: »Sie können Stellung zu den Fotos beziehen und sie auch gleich mitbringen.«[70] Sie erscheinen zu dritt mit fünf bereits bearbeiteten (anonymisierte Gesichter etc.) Fotos im ORF-Zentrum: »Strache ist gemeinsam mit seinem Pressesprecher Karl-Heinz Grünsteidl und mit Herbert Kickl zu unserer Foto-Stelle gegangen. Strache hat Schrems seine Abzüge nur kurz übergeben, um sie abfotografieren zu lassen. Danach hat er die Abzüge sofort wieder an sich genommen. Wir haben nie andere Fotos gehabt als diese und sie völlig unverändert in der ZIB 2 gesendet.«[71]

Stadler behauptet, dass Strache »Teile weggeschnitten« hat, »dort, wo man nämlich sieht, dass es keine Gotcha-Waffen sind«[72]. Er meint das Foto, auf dem Strache aussähe wie ein »Terrorist aus dem Gazastreifen, vermummt, mit einer Puffen in der Hand«[73], wie Stadler es ausdrückt. Auch wenn die Gesichter der anderen Teilnehmer beim Paintball-Spiel unkenntlich gemacht worden sind, ergeben Recherchen der Zeit im Bild, dass darunter mindestens drei den Behörden als rechtsextreme Aktivisten bekannte Personen sind. Einer von ihnen ist die Schlüsselfigur der

64

rechten Szene, Andreas Thierry. Er schreibt in einer Erklärung, dass er sich nicht an der »Treibjagd« gegen Strache beteiligen will, und kritisiert das Verbotsgesetz: »Der eigentliche Skandal an der ganzen Angelegenheit sind mit Sicherheit nicht ein paar alte Fotos, sondern die Tatsache, dass in Österreich seit 1945 ein weltweit und vielleicht auch weltgeschichtlich einmaliges [...] Instrumentarium zur Verfolgung missliebiger Meinungen und deren Vertreter vorhanden ist.« Die FPÖ solle »Partei für die Verfolgten« ergreifen.[74]

Auf den unbearbeiteten Fotos (siehe Bildteil) sieht man deutlich einen orangen Farbfleck auf den Haaren und der Kleidung eines Teilnehmers und auf einem anderen (siehe Bildteil) die Schutzbrillen. Es gibt aber auch eine für Gotcha unübliche Szene mit einem Schlagstock. Und ein weiteres Foto, auf dem drei Personen, Strache in der Mitte (siehe Bildteil), nach unten sehen. Es gibt Gerüchte in der Szene, dass Hinrichtungsszenen nachgestellt worden seien. Strache dementiert, kann sich nur an »Blödheiten erinnern, wo der eine oder andere sich auf den anderen draufgekniet hat und blöde gestellte Fotos gemacht wurden«[75].

23. Jänner 2007
Strache ist wieder im Fernsehen. ZIB-2-Moderator Armin Wolf fragt ihn: »Könnte es sein, dass Fotos von Ihnen existieren, auf denen Sie die rechte Hand zum Hitlergruß erheben?« Der FPÖ-Chef antwortet: »Also das ist etwas, was ich mir nicht vorstellen kann. Also wenn, kann es sich hier sozusagen um eine dumme Provokation handeln. Aber ich kann mir das nicht vorstellen. Ich kann mir auch kein Bild davon machen. Ich weiß nicht, was hier an Sequenzen sozusagen dargestellt wird. Ich auf alle Fälle habe kein Gedankengut, wenn Sie das mir unterstellen wollen, das irgendwie in die Nähe eines Nationalsozialismus kommen würde.«[76]

26. Jänner 2007
Die Tageszeitung *Österreich* hat ein neues Foto.

Wolfgang Fellner erzählt, dass zwei ehemalige »Freunde vom Strache und Aussteiger aus der Burschenschafts-Szene« ihm dieses Foto persönlich angeboten hätten, die sagten, »sie waren dabei, als der Herr Strache den Radl mit dem Neonazi-Gruß gegrüßt hat, sie haben ein Bild davon«[77].

Gemacht wurde es am Rande des Innsbrucker Freiheitskommers 1994.

Bevor die FPÖ das Bild kennt, startet schon deren Interpretationswettlauf von »Südtiroler Schwurhand« bis »Südtirol-Gruß«.

Österreich schreibt aber, es handle sich um den in rechtsextremen Kreisen üblichen Kühnen-Gruß. In Deutschland ist dieser Gruß verboten, in Österreich nicht. Hier wurde der Kühnen-Gruß von Neonazigruppen, die Anfang der Achtzigerjahre eng mit der deutschen Szene zusammenarbeiteten, übernommen, auch von der VAPO.

Radl hat im Prozess Strache gegen die Tageszeitung *Österreich* ausgesagt, er könne »dezidiert ausschließen, dass Strache mich grüßt oder einen Gruß zurückgibt«. Radl räumte ein, dass drei grußartig abgespreizte Finger der rechten Hand »auch in nationalistischen Kreisen zu Hause sind. In dem, was in der Öffentlichkeit gemeinhin als rechtsextrem bezeichnet wird«. Küssel und seine Gesinnungsgenossen hätten diese Begrüßung verwendet. Strache sei auf dem inkriminierten Foto aber keinesfalls beim Kühnen-Gruß zu sehen, »weil der Arm nicht gestreckt ist«[78].

Der ORF-Journalist Rainer Hazivar fasst im Ö1-Abendjournal die neuerliche Aufregung zusammen und meint am Anfang seines Beitrags lapidar: »Wenn es irgendjemand wäre, dann würde man meinen, die Person bestellt einfach drei Bier.«[79] Zufall oder nicht, aber genauso argumentiert Strache wenige Stunden später in der ZIB 2: »Das ist eine ganz lustige simple Darstellung, was auch immer das sein mag. Wahrscheinlich wird man gefragt: ›Wie viel Bier oder wie viel weiße Spritzer willst du noch?‹ Und der lächelnde Herr neben mir sagt: ›Ich will keines mehr.‹ Und ich sage dann: ›Drei!‹«[80] Inzwischen hat Strache noch andere Deutungen: »Das ist in Wirklichkeit die Heilige Dreifaltigkeit bei den Serben. In Mitteleuropa ist das die Schwurhand. Das hat nichts mit Nazismus zu tun«, auch die Schweizer Bundesregierung würde bei der Angelobung den Schwur in dieser Form leisten.[81]

Ewald Stadler wird später darauf hinweisen, dass auf diesem Foto auf Straches Krawatte die Reichskriegsfahne zu sehen sei. Vor Gericht sagt Stadler, dass dieses Emblem »ideologisch konnotiert« und »in der Szene damals sehr beliebt« gewesen sei.[82] Vilimsky bezeichnet diese Aussagen als »absurd«. Die deutsche Fahne aus dem Ersten Weltkrieg, die auf der Krawatte zu sehen sei, habe definitiv nichts mit »irgendwelcher verbotener Symbolik« zu tun. Krawatten mit diesem Motiv seien »in ganz Deutschland erhältlich und nicht verboten«.[83] Die Reichskriegsfahne war die offizielle Kriegsflagge der Streitkräfte des Deutschen Reichs und später der Wehrmacht. In Deutschland ist die Darstellung und Verbreitung mit dem Hakenkreuz strafbar. Die Reichskriegsflagge gilt als beliebtes Symbol in der Neo-Nazi-Szene.[84]

29. Jänner 2007

Der sichtlich angeschlagene Strache muss eine Grundsatzerklärung abgeben: »Ich war nie ein Neonazi und werde nie ein Neonazi sein«, und: »Ja, ich distanziere mich von allen verbrecherischen und totalitären Regimen und verurteile diese. Ja, ich distanziere mich in aller Klarheit von den Verbrechen des Nationalsozialismus und verurteile diese.«[85]

Hinter der Foto-Affäre, die er als Putschversuch gegen ihn wertet, könnten sowohl »Heckenschützen« aus der eigenen Partei als auch die ÖVP stecken, die sich eine Wiedervereinigung von FPÖ und BZÖ wünschen würden, meint Strache.[86] Dass die Fotos vom bekannten Neonazi Gottfried Küssel stammen, wie dies der FPÖ-Abgeordnete Lutz Weinzinger vermutet hatte, schließt Strache aus, da dieser keinen Zugang zu seinen Jugendbildern gehabt haben könne.

8. März 2007

Der inzwischen umfangreiche Notariatsakt dient dem Juristen und ehemaligen FPÖ-Nationalratspräsidenten Wilhelm Brauneder als Grundlage für ein Rechtsgutachten. Er kommt zum Schluss, dass »der dringende Verdacht der Verwirklichung des Tatbestandes ›schwere Nötigung‹ gegeben zu sein scheint, Strafandrohung 6 Monate bis 5 Jahre Freiheitsstrafe«, zitiert Strache aus dem Gutachten vom 8. März 2007.[87] Es braucht dem Bundesparteivorstand aber nicht mehr vorgelegt werden, weil Stadler laut Strache dem »Parteiausschluss aus diesem Grund zuvorkommt und seine Mitgliedschaft niederlegt«.[88] Kabas schreibt seinen Schlussbericht in der Foto-Causa. Er liegt seitdem in seinem Tresor. Strache will Stadler aber trotzdem nicht klagen, es »bringt ja nichts«.[89]

Stadler ärgert sich, dass Strache bisher nur fünf von sieben Fotos herzeigt. Strache behauptet in einem ZIB-2-Interview weiterhin, dass das »alle Fotos« waren, die er von Kabas erhalten und »dem ORF übergeben«

habe, man müsse »am besten den Herrn Magister Stadler fragen, ob er noch weitere Fotos hat und ob er nicht alle Fotos an Magister Kabas weitergeschickt hat«.[90] Etliche freiheitliche Vorstandsmitglieder wie Neubauer bestätigen, dass bei der Vorstandssitzung im Jänner aber sieben Fotos auf einem Tisch aufgebreitet waren.

21. August 2007

Im ORF-Sommergespräch legt *Österreich*-Chef Wolfgang Fellner Strache ein anderes Foto vor, auf dem dieser bei einer Wiking-Jugend-Veranstaltung zu sehen ist. Auf der Armbinde eines anderen Mannes sieht man deutlich die Odal-Rune, das mittlerweile verbotene Zeichen der Wiking-Jugend.

Fellner hat das Bild von einem »Leser«[91] erhalten. Es ist das gleiche wie das, von dem Stadler behauptet, Clemens Otten habe es ihm schon 2006 angeboten. Zwei Tage nach dem Sommergespräch sagt Strache vor Gericht aus: »Ja, es ist richtig, dass ich auch Kontakt hatte zur Wiking-Jugend, aber nicht Mitglied war.«[92]

September 2008

Das Wochenmagazin *NEWS* veröffentlicht erstmals alle sieben Bilder, die Stadler Kabas übergeben hat. Eines zeigt Strache vermummt mit zwei Waffen, »auf den Fotos sieht man die Softgun-Gewehre. Man sieht die Softgun-Pistole und das Softgun-Gewehr«[93]. Dass dieses Foto auftauchen würde, das hat Strache schon ein Jahr zuvor in einem *Falter-Interview* angekündigt: »Das schaut kriegerisch aus, weil es optisch einer echten Waffe gleicht.«[94] Den Eindruck, dass es sich nicht um Paintball-Spiele, sondern um Wehrsport handeln könnte, wischt er erneut vom Tisch: »Wehrsportübungen finden mit echten Waffen statt. Bei uns war das nicht der Fall und es hat keinerlei NS-Symbolik gegeben.«[95]

Bruderkrieg Stadler – Strache

Begonnen hat der Streit mit der Listenerstellung für die Nationalratswahl 2006. »In Feldkirchen in Kärnten treffen einander Barbara Rosenkranz, Andreas Mölzer, die frühere Kärntner Landtagspräsidentin Kriemhild

Trattnig und Ewald Stadler. Offiziell besprechen sie die Listenerstellung für die Nationalratswahl, inoffiziell den Führungsstil von Strache. Er werde ›wie einst Jörg Haider die Partei an die Wand fahren‹. In Pörtschach kommt es zur konstruktiven Aussprache zwischen Partei und Obmann. Strache gelobt Besserung. Das ist die Wahrheit nach Ewald Stadler. Straches Wahrheit bedeutet hingegen, dass sich bei der Unterredung in Pörtschach manche Kritiker zerknirscht gaben und sich auf ›Missverständnisse‹ und Ewald Stadler ausredeten.«[96]

Ewald Stadler gesteht seinem damaligen Parteiakademie-Geschäftsführer Kickl bei einem Abendessen, dass er auf Platz 3 kandidieren möchte. Das sei laut Stadler längst ausgemacht gewesen, dass Kickl Nummer drei wird. Stadler fühlt sich von Kickl »ausgehorcht« und zum »Narren«[97] gehalten. Das hat »sein Ego wohl sehr gekränkt«[98], meint Kickl.

In der entscheidenden Vorstandssitzung am 9. August 2006 verlangt Stadler eine Sitzungsunterbrechung. Er geht mit Strache in den Hof und warnt ihn: »Du wirst wirklich mit mir einen ausgemachten Megagnatsch haben, wenn du glaubst, du kannst mich so zum Narren halten.«[99]

Strache erinnert sich, dass Stadler in seinem »Tobsuchtsanfall« gesagt habe: »Das ist für mich zu minder, Platz zwei wäre angemessen gewesen.«[100]

Stadler wiederum meint, Strache habe »alle Eide geschworen« und gemeint, »es sei alles ein Missverständnis«.[101]

Kurz darauf gibt es das nächste »Missverständnis«: Strache und Kickl sehen Stadler als »katholischen Mullah«, der seine Position als Leiter der Freiheitlichen Akademie missbrauche und sie in eine Vorfeldorganisation der Piusbruderschaft verwandeln wolle. Strache fordert Stadler auf, sein Verhalten zu ändern. Gleichzeitig wird bei den zuständigen Behörden ein neuer Verein, das »Freiheitliche Bildungsinstitut«, eingerichtet.[102] »Hinter meinem Rücken«[103] ist die neue Parteiakademie mit Kabas als Chef gegründet worden, ärgert Stadler sich. Strache arbeite »mit den Mitteln der Lüge, man kann ihm kein Wort trauen«, schimpft Stadler. »Wenn Strache den Mund aufmacht, vier Sätze redet, sind fünf davon verlogen.«[104]

Mölzer wiederum erzählt, dass Stadler in den Vorstand der Parteiakademie nur Leute aufgenommen habe, die »halt immer eine Mehrheit dort gegen die Partei gesichert hätten«[105].

Kurz darauf gibt es die nächste Ohrfeige für Stadler: Er erfährt aus dem ORF-Teletext, dass die FPÖ den Grünen Peter Pilz zum Vorsitzenden des Eurofighter-Untersuchungsausschusses wählen wird. Stadler schreit Strache am Telefon an: »So was hat Haider sich nicht einmal getraut, mein Lieber, da brauchst du es dir umso weniger herauszunehmen, du bist noch lange kein Haider. Haider hätte mir niemals über den Teletext mitgeteilt, dass ich einen alten Marxisten wählen soll.«[106] Am Telefon habe Strache laut Stadler den Grund für die Wahl von Pilz verraten: »Das Krönungsargument war, Josef Cap will das so. Cap verlangt das.«[107]

»Blödsinn«, sagt Strache. Es sei zwischen FPÖ, SPÖ und Grünen vereinbart worden, dass sie gemeinsam für einen Eurofighter-U-Ausschuss unter der Vorsitzführung eines Grünen und für einen Banken-U-Ausschuss unter der Vorsitzführung eines Freiheitlichen stimmen. Wer es wird, würden die Parteien selbst bestimmen, »auch wenn uns gegenseitig die Personen nicht schmecken«. Die Grünen stimmen damals für den Freiheitlichen Martin Graf, obwohl »der Stadler wollte«. Für Strache habe Stadler mit diesen »Intrigen« seine »Glaubwürdigkeit und Verhandlungsebene« zu konterkarieren versucht.[108]

Bei der konstituierenden Ausschusssitzung stimmen ÖVP, BZÖ und Ewald Stadler gegen Pilz, der mit nur einer Stimme Mehrheit von den Grünen, SPÖ und FPÖ gewählt wird.

Versöhnungsversuch Strache – Stadler

»Männer sind in ihren Bündnissen sehr flexibel« sagt Barbara Rosenkranz. Sie hätte den Streit zwischen den beiden »so gerne ausgeglichen«![109]

Es gelingt ihr nicht. Auch Andreas Mölzer und Lutz Weinzinger versuchen es. Am Rande der Parteiklausur in Waidhofen an der Ybbs treffen sich Strache, Stadler und Mölzer bei einer Flasche Mineralwasser. Strache reicht die Hand zur Versöhnung. Der »wehrhafte Christ« Stadler soll sich um die katholische Wählergruppe in der Bildungseinrichtung der FPÖ kümmern. Der Frieden hält gerade einmal 48 Stunden. Dann habe FPÖ-Klubdirektor Norbert Nemeth Stadler gebeten, »freiwillig aus der Partei auszuscheiden, aber unbedingt im Klub zu bleiben«[110]. Diese Bitte ist nachvollziehbar, denn die FPÖ hat zu diesem Zeitpunkt 21 Mandate im Nationalrat, eines weniger, und der Freiheitliche Klub hätte etwa 400.000

Euro an Förderungen verloren. Nemeth habe ihn um noch etwas gebeten, erzählt Stadler: »Der Heinz-Christian ist mental so fertig, wenn du in seiner Nähe bist. Der kann kaum mehr reden, der ist eine andere Persönlichkeit, wenn du den Raum betrittst. Er ist psychisch so gehemmt. Ich bitte dich, bleib im Klub, aber komm zu keinen Sitzungen.«[111] Stadler geht auf den Deal ein, tritt am 7. März 2007 aus der Partei aus, bleibt aber im Klub. Eine Entscheidung, die er nicht bereut: »Ich habe ja nichts gegen die Partei, aber ich habe was gegen diesen Trottel, wörtlich Trottel. Es ist schade, dass die Partei so einen Trottel an der Spitze hat.«[112]

Stadler wechselt zum BZÖ

Kickl ahnte laut Petzner schon, dass Stadler beim BZÖ auftauchen würde: »Er hat gesagt, wenn ihr den Stadler bringt's, ich rede kein Wort mehr mit dir!« Als es dann am 16. August 2008 offiziell wird, sei Kickl »total sauer, schockiert und angefressen«[113] gewesen.

Stadler und Haider treffen einander nach der BZÖ-Abspaltung das erste Mal am 18. April 2007 im Eurofighter-Untersuchungsausschuss im Parlament wieder. Petzner gibt Haider einen »Schupfer« in Richtung Stadler, sagt: »Geh doch hin und red mit ihm.«[114] Stadler erinnert sich, »da ist Haider auf mich zugekommen und hat gesagt, können wir einmal miteinander reden«? Sie treffen sich am selben Abend. Es war der »Katholik« in Stadler, der Haider »verziehen«[115] hat.

Lutz Weinzinger ist enttäuscht: »Ein Mann, der noch vor wenigen Monaten zum Frühstück zwei BZÖler gefressen hat, dass der dann auf einmal sich dem BZÖ anbiedert und sagt, gebt's mir ein Mandat, für euch tue ich alles, ist enttäuschend.«[116]

Werner Neubauer versteht Stadlers Bruderkrieg mit Strache nicht, weil »man dem Stadler die Leitung der Freiheitlichen Partei angeboten hatte, er aber das abgelehnt hat«[117]. Das streitet Stadler vehement ab: »Ich wollte nie Parteiobmann werden. Ich halte von Parteien nicht so viel«[118], sagt er. John Gudenus erinnert sich daran, dass Stadler schon 2003 »oftmals von Unzufriedenen in der FPÖ gebeten worden war, die Partei zu übernehmen. Stadler glaubte anscheinend, er könne sich mit Strache einen Hampelmann halten, den er dirigiert«[119].

Vielleicht wollte Stadler nicht sich, sondern »jemand anderen an die Spitze der Partei hieven«, vermutet Neubauer, und meint, »vielleicht ja eh schon den Haider«[120]. Das ist aber nur eine »Vermutung«, betont Neubauer.

Stadler hatte einen anderen Favoriten für die Parteispitze: »Es wäre im Grunde nur die Rosenkranz in Frage gekommen.«[121]

Stadler glaubt, dass Kickl, Vilimsky und Fichtenbauer ihn loswerden wollten: »Die haben immer gesagt, solange der Stadler ist, kann der Strache nie ruhig schlafen.«[122]

Was steckt hinter dieser Auseinandersetzung?

Wie geht die FPÖ mit Straches »Gotcha-Spielereien« und seinen früheren Kontakten zu Rechtsextremen um? Strache selbst gibt die nationale Ausrichtung dieser Waldlager zu: »Ich habe das eher so empfunden wie die Pfadfinder oder die Roten Falken, nur auf einer patriotischeren, nationaleren Ausrichtung. Aber jetzt nicht im Sinne eines Extremismus, dass das jetzt irgendwelche verkappten Nazis gewesen wären.«[123]

Seine Parteifreunde sind vor allem überrascht, dass »intern« die »Faschismuskeule«[124] von Menschen wie Stadler geschwungen wird, »die selber immer wieder unter diesen Verdacht gestellt wurden. Das sei eine neue Dimension und alles andere als erfreulich. Nicht, weil es so gefährlich gewesen wäre, aber weil's so schäbig ist«, ärgert sich Mölzer. Er erinnert daran, dass Ende der Achtzigerjahre noch der Kalte Krieg tobte, und »wer hätte da jungen Männern einen Vorwurf machen wollen, dass sie in Auwäldern Soldaten spielten, um – naiv-romantische Vorstellung – im Fall des Falles für das Vaterland eintreten zu können«.[125]

Strache redet mit seinen Vertrauensleuten über die Causa. Der ehemalige SA-Sturmführer und ehemalige FPÖ-Parlamentarier Otto Scrinzi rät ihm: »Lieber Freund, nicht ob Du da im Wald mit oder ohne Waffen und aus welchen Gründen marschiert bist, interessiert die Leute. Du bist gefährlich, weil Du jetzt offenbar eine Partei wieder in Position bringst, die man nicht mag. Und daher wird man Dich bei jeder Gelegenheit prügeln. Und mit jedem Versuch, den Kopf einzuziehen, wirst Du wieder eins aufs Haupt kriegen.«[126] Scrinzi habe »persönlich zwei, drei Zeugen vernommen«, die erzählen, dass Stadler »zu diesem Zweck bei Anwälten alte Strafakte ausheben hat lassen und Belastungsmaterial gesucht hat«[127].

Scrinzi redet auch auf Stadler ein: »Herr Stadler, Sie sind doch erfahren genug, Sie kennen doch die Mentalität in Österreich, diese Bilder werden dem Strache nicht schaden, sondern nützen.«[128]

Der freiheitliche Ex-Vizekanzler Norbert Steger erzählt: »Ich habe zum Strache wörtlich gesagt: Der Friedrich Peter war bei der SS, dann hat er bewiesen, dass er ein Demokrat ist, und wie er gebraucht worden ist, ist er freigesprochen worden. Du wirst derzeit überhaupt nicht gebraucht. Zeige einmal, dass Du Demokrat bist, und wenn du gebraucht wirst, wirst dann auch freigesprochen.«[129]

Der Rechtsextremist Franz Radl erklärt in einem Interview mit Andreas Mölzer 2007: »Auch bei dem jüngsten Versuch, die Vergangenheit des FPÖ-Bundesparteiobmanns Heinz-Christian Strache in ein ganz schiefes, um nicht zu sagen kriminelles Licht zu rücken, wurde bewusst eines nicht gesagt: nämlich, dass alle diese Freizeitaktivitäten und sogenannten Wehrsportübungen jahrelang unbehelligt unter den Augen der sie observierenden Staatspolizisten stattfanden, die daran auch nichts Anstößiges erblicken konnten. Erst nachdem hier nachgewiesenermaßen politischer Druck aus dem Ausland geübt wurde.«[130]

Und was sagt Lutz Weinzinger? Jener Mann, der behauptet: »Die rechte Szene bin ich!«[131] Dem oberösterreichischen FPÖ-Chef wäre es auch egal, wenn Strache an einer Wehrsportübung teilgenommen hätte: »Erstens einmal wäre es mir wurscht gewesen, weil was ist denn daran so furchtbar? Der Herr Verteidigungsminister ist derzeit auch Sportminister. Also wenn man es genau nimmt, ist er der oberste Wehrsportler.«[132]

War Strache also ein »Wehrsportler« oder nicht? Und das vielleicht auch noch gemeinsam mit Gottfried Küssel? Waren Paintball-Spiele damals Teil von Wehrsportübungen? Einiges spricht dafür. Ein ehemaliger Neonazi erzählt im *profil*, dass die »›Farbkugelspiele‹ immer am Ende einer Wehrsportübung, quasi zur Belohnung, abgehalten wurden. Mindestens ebenso wichtig seien jedoch das Schlagstocktraining und die ideologische Schulung gewesen«.[133]

Gottfried Küssel beschreibt seine damaligen »Veranstaltungen« so: »Man geht in den Wald, zeltet dort, macht ein Lager, schießt mit Farbkugelpistolen aufeinander, das ist wie eine Kampfsportart.« Das sei »richtig«, meint er im Prozess »Strache gegen die Tageszeitung *Österreich*«, um darauf hinzuweisen, »das eine ist ein Farbkugelspiel, das hat man auch gespielt, das war aber keine Wehrsportübung«. Den Unterschied beschreibt Küssel vor Gericht so: »Farbkugelspiele« habe man meistens nur »an einem Vormittag oder Nachmittag gespielt«, eine Wehrsportübung hingegen »dauert länger«. Es habe außer Schimanek niemanden gegeben, der regelmäßig an Küssels Übungen teilnahm. Die Teilnehmer trafen einander aus diesem Grund wohl nie in derselben Zusammensetzung. Angezogen waren sie aber »so und ähnlich« wie auf den Fotos, auf denen Strache zu sehen war. Es seien »Restbestände in einem Army-Shop« gewesen, sagt Küssel vor Gericht.[134] Und er betont, Strache habe »seines Wissens nach« nicht an von ihm veranstalteten Wehrsportübungen teilgenommen: »Das kann ich mir nicht vorstellen. Ich schließe es mit an Sicherheit grenzender Wahrscheinlichkeit aus.«[135]

Was aber sagt Strache auf die Frage: »Schließen Sie aus, dass Sie an einer Wehrsportübung teilgenommen haben?« Er verbeißt sich auffällig in den Begriff »Wehrsportübung«, dieser sei »hanebüchen«. »Wehrsport ist für mich mit scharfen Waffen und ich habe mit scharfen Waffen nie etwas zu tun gehabt, außer beim Bundesheer.«[136]

Hier die ungekürzte Interview-Passage[137]:

> *Sie schließen aus, jemals an einer Wehrsportübung teilgenommen zu haben?*
> Strache: Schauen Sie, der Begriff Wehrsport, das ist eine, sage ich Ihnen ganz offen, das ist ...
>
> *VAPO, das war ja das Einzige, wo man den Begriff Wehrsport verwendet hat.*
> Strache: Also Wehrsport, alleine der Begriff Wehrsport. Ich bin einmal *(kurze Unterbrechung, ein Mitarbeiter kommt ins Büro, Strache verlangt nach Zigaretten und dem Safe-Schlüssel)*, einmal bin ich irgendwohin eingeladen worden, auch zu einer Paintball-Runde, wo ich aber dann so entsetzt war, was das für Leute waren, und da bin ich dann heimgefahren.

Wo?
Strache: Niederösterreich. Und das war dann für mich so entsetzlich, dass ich das aber dann abgebrochen habe.

Inwiefern?
Strache: Das war eine wilde Partie.
(*Kurze Unterbrechung – die Zigaretten und der Safeschlüssel werden Strache gebracht.*)

Da kommen wir schon hin ...
Strache: Das wars. Das war's.

Was heißt das jetzt? War dort der Küssel oder was?
Strache: Das waren Leute, sage ich jetzt einmal, wo ich für mich gesagt habe, da ist für mich: Halt.

War der Küssel dort und Sie sind dann heimgefahren, weil Sie sich gedacht haben, an dem Typen streif ich nicht an?
Strache: So war's.

Den haben Sie dort schon gekannt?
Strache: Ja. Genau.

Sie sind wirklich heimgefahren?
Strache: Ich habe am Anfang, am Anfang sozusagen bin ich dort mitgefahren, also nicht mitgefahren, das war ja sozusagen eine Extrageschichte, wo man hingefahren ist. Und dann dort sozusagen im Zuge dieses ganzen Treibens war mir klar, das sind Leute, das ist ein Wahnsinn. Das ist für mich sozusagen der Bereich, wo ich überhaupt nicht mit kann.

Spielen.
Genau, und das habe ich dann abgebrochen und bin dann weggefahren.

Wer war sonst noch dort?
Ich kenne die Leute nicht, glauben Sie mir das. Ich kenne die Leute alle nicht, aber es war für mich klar ...

War das 1988/89?
Nein, ich weiß nicht, wann das war. Sie glauben immer, man geht als
Zeitplan durchs Leben.

Wer hat Sie damals eingeladen nach Niederösterreich ...?
Der war auch unbedarft. Dem hat das auch nicht getaugt.

Der FPÖ-Abgeordnete Peter Fichtenbauer kommt in Straches Büro. Das
Gespräch ist beendet. Die beiden müssen zu einem Termin ins Rathaus.

Kurz zuvor sagt Strache noch, er habe danach »nie mehr« an einer
solchen Übung, bei der auch Küssel anwesend war, teilgenommen und
auch an keiner anderen. Diese Küssel-Paintball-Runde hat ihn »ziemlich
beschäftigt, weil man dadurch sozusagen mitbekommt, wie schnell man
unter Anführungszeichen irgendwo hineingezogen wird oder irgendwo
eingeladen wird, ohne was beurteilen zu können und vielleicht dann sozusagen ewig einen Stempel auch bekommen könnte, den man nicht
hat«.[138]

Eine Fernsehaufnahme einer VAPO-Übung mit Küssel zeigt eine
Wehrsportübung in Niederösterreich. Küssel begrüßt die Teilnehmer mit
»Heil« oder »Grüß dich«. Auf dem Rohmaterial aus dem ORF-Archiv
sind ausführliche Szenen einer Paintball-Übung zu sehen. Zwei Gruppen
von Männern in Armeegewand schießen mit Farbkugelpistolen aufeinander. Diejenigen, die getroffen werden, stellen sich tot, bleiben am
Boden liegen. Scharfe Waffen sind keine zu sehen. Mit ihnen könnte
man auch schwer »Krieg spielen«, ohne sich ernsthaft zu verletzen.

»DER BUA WAR GANZ, GANZ WEIT EXTREM RECHTS«

Ende 1988, Anfang 1989 dockt Strache parallel zu seinen Ausflügen zur Wiking-Jugend und ins Unterholz bei der Wiener FPÖ an. Wenn der damalige Lehrling mit der Straßenbahn für seinen Arbeitgeber zu den diversen Wiener Zahnärzten »Zahnderln ausliefern« fährt, kommt er immer wieder in der Ordination von Dr. Herbert Güntner vorbei. Güntner ist Obmann der FPÖ Landstraße, Gründungs- und Vorstandsmitglied der Kameradschaft »Feldmarschall Radetzky«[1] sowie Burschenschafter bei der Cimbria. Er politisiert bei Straches Auslieferungsbesuchen gerne mit dem jungen Mann. Bald merken die beiden, wie nahe sie einander politisch stehen, und der Zahnarzt nimmt den jungen Lehrling zu einem freiheitlichen Stammtisch mit.

Im März 1989 tritt Strache der FPÖ bei und Mentor Güntner bittet ihn, eine FPÖ-Jugendgruppe im 3. Bezirk aufzubauen. 1991 wird Strache zum Bezirksrat gewählt. Seine erste Initiative widmet sich dem Kampf gegen das »Russendenkmal«, wie Strache es nennt, also das Heldendenkmal der Roten Armee am Wiener Schwarzenbergplatz, das an die Befreiung vom Nationalsozialismus durch die Sowjettruppen erinnert. Was genau er als junger Bezirksrat fordert, daran kann sich Strache heute nicht mehr erinnern. Endpunkt der Diskussion sei jedenfalls der Wunsch nach einer Zusatztafel am Denkmal gewesen, mit der den Opfern des Kommunismus gedacht werden sollte. Seinem späteren Mentor Hilmar Kabas fällt Strache schon als Bezirksrat positiv auf. Mitte der Neunzigerjahre hält Kabas in einem Wirtshaus in der Marxergasse vor den FPÖ-Basisfunktionären im 3. Bezirk einen Vortrag. Strache, damals knapp über 20 Jahre alt, sei in der anschließenden Diskussion »sehr bestimmt und sehr klar« aufgetreten und habe seinen Standpunkt »rhetorisch auffallend gut« dargestellt, meint Kabas. Das habe er sich gemerkt.[2]

Strache besucht auch Wahlveranstaltungen der rechten Konkurrenz. Im Jahr 1990 zum Beispiel. »Da war ich bei einer Wahlkampfveranstal-

tung der Gruppe ›Nein zur Ausländerflut‹, die dann nicht zur Wahl zugelassen wurde«, erzählt er.[3] Spitzenkandidat dieser neonazistischen Gruppierung war in Wien Horst Jakob Rosenkranz, Ehemann der heutigen
niederösterreichischen FPÖ-Landeschefin Barbara Rosenkranz. Auch
der Holocaust-Leugner Gerd Honsik und Straches Bekannter Franz Radl
kandidierten auf dieser Liste. »Nein zur Ausländerflut« wurde kurz darauf wegen NS-Wiederbetätigung nicht zur Wahl zugelassen. Der Verfassungsgerichtshof begründete diese Entscheidung damals so: »Die Vertreibung (Abschiebung) ›volksfremder Elemente‹ aus dem Staatsgebiet
in Verfolgung vorwiegend ›rassenpolitischer‹ Pläne und Vorhaben war
eines der erklärten Hauptziele der NSDAP. Ebendieses Ziel aber machte die einschreitende wahlwerbende Gruppe in deutlicher Anlehnung
an die hetzerisch-rassistischen Parolen der Nationalsozialisten zu ihrem
ausschließlichen Wahlprogramm, das sich, einem (wenn auch teilweise
kulturpolitisch verbrämten) biologisch-rassistischen Volksbegriff anhän-
gend, im Kern in – Prinzipien und Postulate der ›Rassentrennung‹ prei-
senden und verherrlichenden – fremdenfeindlichen Schlagworten nach
Art der NS-Propaganda erschöpft.«[4]

Nach der Wahlveranstaltung kommt es zu einer »Polizeianhaltung«.
Auch Strache muss seine Identität nachweisen und zückt einen Presseaus-
weis. Er habe ja zu dieser Zeit für die *Neue Freie Zeitung*, dem Parteiorgan
der FPÖ, sowie für eine »freie Schülerzeitung und auch für die *Aula*«
Artikel verfasst.[5]

Strache mobilisiert in seinem Bezirk fleißig für die FPÖ und wird
schon 1993 Obmann seiner blauen Bezirksgruppe. Beim 22. Landesparteitag der Wiener Freiheitlichen verweist der damalige Landesparteiobmann Rainer Pawkowicz »besonders erfreut auf den 23-jährigen Bezirksrat Heinz Strache, der im 3. Bezirk Landstraße zum jüngsten Bezirksparteiobmann der FPÖ Wien gewählt wurde«[6]. Dort ist Strache auch
Chef einer späteren Vizekanzlerin, nämlich von Susanne Riess-Passer. Sie
war damals Mitglied der Bezirksgruppe Landstraße. Und er kämpft auf
Bezirksebene – am Bahnhof Wien-Landstraße – für das Deutschtum in
Österreich. »Bei den Schließfächern kann über einen Computer die Be-
dienungsanleitung in der jeweiligen Landessprache erfragt werden: Eng-
lisch, Französisch und eben ›Österreichisch‹«. Für den jungen Bezirksrat
ist dies entweder ein »dummer Scherz« oder ein »bewusstes Negieren der

österreichischen Verfassung«. Dort sei nämlich verankert, dass Deutsch Staatssprache ist. »Dieses Faktum müssen auch die ÖBB zur Kenntnis nehmen«, meint Strache.[7] Er fordert auch eine Gedenktafel für jene Frauen und Männer, »die nach Kriegsende durch Verschleppung und Übergriffe durch Angehörige der Besatzungsmächte ums Leben gekommen sind«[8]. Ansonsten widmet er sich vor allem klassischen Bezirksthemen wie der Einführung eines Parkpickerls im Bezirk. »Die Autofahrer dürfen nicht am Altar der verfehlten sozialistischen Verkehrspolitik in Wien geopfert werden«, meint Strache.[9]

Spannender ist, was sich zu dieser Zeit in der Wiener FPÖ hinter den Kulissen abspielt. Im Jahr 1990 versucht Strache, auch in den Ring Freiheitlicher Jugend aufgenommen zu werden. »Er ist in eine Gruppe von jungen Leuten gekommen und wollte Mitglied werden«, erinnert sich der BZÖ-Politiker Herbert Scheibner, damals Bundesvorsitzender des RFJ. »Wir haben uns die Leute angeschaut und haben relativ rasch gemerkt, dass die von ihrer politischen Ausrichtung nicht in unser Spektrum passen.« Also wurde die Aufnahme verweigert – »und zwar beharrlich«[10]. Über den jungen Strache sagt Scheibner: »Damals war der Bua ganz, ganz weit extrem rechts.« Außerdem habe die Methode, »wir kommen jetzt zu zehnt irgendwo hin und sagen Hurra«, nicht dem entsprochen, was Scheibner und auch der damalige Wiener RFJ-Vorsitzende Peter Westenthaler unter politischer Arbeit verstanden hätten. »Er war damals einer, der in Wort und Tat und Optik zur extrem rechten Szene gehört hat«, sagt Westenthaler.[11] Laut Johann Gudenus ging diese Auseinandersetzung so weit, dass Strache bis zum Jahr 1994, also solange Westenthaler Wiener RFJ-Chef war, in den RFJ-Keller hinter dem Parlament, dem Jugendtreff der Freiheitlichen, nicht einmal hereingelassen wurde.[12]

Strache nennt Westenthalers Version einen »absoluten Unsinn«[13]. Der damalige Wiener RFJ-Obmann Westenthaler habe sich bloß »einen Konkurrenten vom Hals schaffen«[14] wollen.

Auch in den Neunzigerjahren zeichnet sich innerhalb der FPÖ das ab, was schon 1986 zum Putsch von Jörg Haider gegen Norbert Steger geführt hat und auch rund um Knittelfeld und die BZÖ-Gründung wieder eine Rolle spielen wird. »Wir waren wie zwei Seelen in einer Brust, vereinfacht gesagt der liberale und der nationale Flügel«, sagt Johann

Gudenus. »Das war schon 1995 ein Thema, eben mit Peter Westenthaler und Herbert Scheibner, die Buberlpartie, das waren die Liberalen.« Diese Auseinandersetzung habe sich zu dieser Zeit vor allem im RFJ Wien abgespielt. Strache hält sich im Hintergrund. Johann Gudenus, Christian Böhm-Ermolli und Nikolaus Amhof sind an vorderster Front dabei. Sein Vater John stellt Johann Gudenus auf dem Landsitz der Familie, einem Jagdschloss in der Nähe von Krems, den jungen Freiheitlichen Christian Böhm-Ermolli mit den Worten: »Das ist die FPÖ-Hoffnung der Zukunft« vor. Böhm-Ermolli, der im März 1996 Selbstmord beging, war Magister der Sozialphilosophie der Kunst und der Rechtswissenschaften. Er studierte bei dem Maler Arnulf Rainer und dem Wiener Aktionisten Peter Weibel und galt als Schlüsselfigur einer Avantgarde der neuen Rechten, die sich als »Neue Konservative« bezeichneten. Sie lesen Texte der umstrittenen Philosophen Ernst Jünger oder Otto Weininger. Auch Straches Lieblingsbuch ist von Jünger, *Der Waldgang*.[15]

Vieles von dem, was Böhm-Ermolli in den Neunzigerjahren als seine Ideologie bezeichnete, findet sich auch heute wieder in der FPÖ: »Die Neuen Konservativen stellen sich gegen die überholte Rechts-Links-Einteilung wie auch gegen den immer herbeigeredeten Gegensatz von liberal und ›national‹. Vielmehr treten sie für Werte wie Familie, Leistung, Heimat, soziale Gerechtigkeit, den forcierten Umweltschutz, für die Verbindung von Tradition mit modernen geistigen Strömungen sowie gegen die multikulturelle Gesellschaft ein.«[16]

Manche in der Partei meinen heute, dass Böhm-Ermolli zu einer ernsten Konkurrenz für Strache werden hätte können. Schließlich wurde der junge Intellektuelle von Rainer Pawkowicz massiv gefördert und war Mitarbeiter von Andreas Mölzers Zeitschrift, wo er unter dem Pseudonym »Theresita Trenckh« eine Gesellschaftskolumne schrieb. Auch Jörg Haider war von Böhm-Ermolli begeistert und ließ ihn persönlich auf die Wahlliste für die Nationalratswahl 1995 setzen.[17]

1993 versuchen der damals 17-jährige Gudenus und seine Freunde Nikolaus Amhof, 31, und Böhm-Ermolli, 29, den Ring Freiheitlicher Jugendlicher zu übernehmen. Zuerst wird Amhof niederösterreichischer RFJ-Vorsitzender, Gudenus sein Vize. »Christian Böhm-Ermolli hat dann 1994 gegen einen Westenthaler- und Scheibner-Mann im RFJ Wien die Abstimmung gewonnen. Da ist dann das große Chaos ausgebrochen. Ein halbes Jahr später wurden sowohl Böhm-Ermolli als auch Amhof als amtierende Landesobleute aus dem RFJ ausgeschlossen«, erzählt Gudenus. Die Aufnahme »rechtsradikaler Elemente« in den Ring Freiheitlicher Jugend (RFJ) sei nach Angaben eines Mitgliedes des Wiener RFJ-Landesvorstandes einer der Gründe dafür gewesen, dass Böhm-Ermolli am 14. Oktober 1994 als Landesobmann abgelöst wird. Strache sei schon damals auf der Seite der rechten Rebellen gestanden, meint Gudenus.[18]

Es ist eine ungewöhnliche Welt, in der die jungfreiheitliche Elite in den Neunzigerjahren unterwegs ist. Böhm-Ermolli entdeckt in der aufkommenden Techno-Bewegung »die erste Jugendkultur im deutschsprachigen Raum seit dem Zweiten Weltkrieg, die weder amerikanisch noch schwarz noch britisch dominiert ist«. Zum ersten Mal sei »Deutschland wieder ein Land geworden, in dem Neues gemacht wird und von wo es ausgeht«.[19]

Manuel Ochsenreiter, Journalist bei der rechten Wochenzeitung *Junge Freiheit*, besucht mit Johann »Joschi« Gudenus und dessen rechten Freunden Techno-Clubbings im »Gazometer«: »Joschi, der seinen Janker inzwischen gegen Jeans, Armeeunterhemd und eine riesige Sonnenbrille vertauscht hat, fährt gegen elf Uhr nachts zum Ort des Geschehens. Mittlerweile hat sich auch Jürgen Hatzenbichler, selbst ein ›Gazo‹-Stammgast, in ähnlichem Outfit zu uns gesellt. Martialisch bricht eine mir bis dahin völlig unbekannte Klang- und Farbenwelt über uns herein. Sieben Stunden später tauchen wir wieder auf und verlassen den Bau, den ich garantiert nicht zum letzten Mal besucht habe. Weiter auf dem Weg durch das unbekannte, inoffizielle Wien steht ein Treffen mit Kadmon, dem Kopf der Dark-Wave-Formation ›Allerseelen‹ und Herausgeber der Heftreihen *Ahnstern* und *Aorta*. Nein, Kadmon ist kein düsterer Hüne in wallenden Gewändern und Schaftstiefeln, sondern ein eher unauffälliger, aber nicht uninteressanter Zeitgenosse. Nächtens durchstreifen wir die Wiener Innenstadt, und Kadmon erzählt von den Sagen, die sich seit Jahrhunderten um die alten Gebäude ranken. Er erweist sich als Spezialist auf dem Gebiet vorzeitlicher Mythen und heidnischer Kulte, er zeigt offensichtlich aber dennoch unbekannte steinerne Zeugnisse eines anderen, eines geheimen Wiens.«[20]

Kadmon ist der Künstlername des Österreichers Gerhard Petak, Frontmann von »Allerseelen«, einer Band, die sich an einer CD-Compilation zu Ehren Julius Evola beteiligte und auf der CD »Gotos – Kalanda« »mystische Liebeslieder« von Karl Maria Wiligut, einem Mitglied des SS-Ahnenerbes, »vertont«. Das Cover ziert das zwölfzackige Sonnenrad, das zentrale Symbol der SS-Kultstätte Wewelsburg. Petak gibt auch die zwei Zeitschriften heraus. »Heidentum, Nazi-Esoterik und völkisches Denken bilden eine gefährliche Mischung, die der Österreicher auch in den ›Schriftreihen‹ *Ahnstern* und *Aorta* propagiert. Neben Lobeshymnen auf Ernst Jünger und Evola publiziert er über ›Flugscheiben‹, die als ›geheime Wunderwaffen‹ der Nazis gelten, und bezeichnet ›Heimat und Heidentum‹ als ›Kraftfelder‹.«[21]

Gemeinsam mit dem späteren Techno-Freund Jürgen Hatzenbichler nahm Strache einige Jahre zuvor an den Paintball-Übungen in Kärnten teil. Und einer, der schon zu dieser Zeit ein Lokalstar in der österreichischen Musikszene ist, wird später auch bei Straches Musikerkarriere mithelfen. Klaus Biedermann, in den Neunzigerjahren mit den Bingo Boys und der Gruppe Edelweiß erfolgreich, ist bei der Nationalratswahl 2008 Produzent und Background-Sänger des »Viva-HC«-Liedes: »HC! Viva HC! Wir wollen HC! Adios Che! Sozialrebell mit Herz und Schmäh.«

Strache kennt auch Böhm-Ermolli. »Er war mit Sicherheit ein blitzgescheiter Mensch, der aus einer gutbürgerlichen konservativen Familie gekommen ist, ein irrsinnig interessanter Querdenker«, sagt er heute.[22] Im Gegensatz zu seinem Freund Gudenus sei Strache nie in dessen Freundeskreis gewesen. Aber: »Wir haben einander respektiert.«[23]

Strache ist derjenige, der von Böhm-Ermollis Ausschluss aus dem RFJ am meisten profitiert. »Nach dem Ausschluss von Böhm-Ermolli in Wien gab es ein gewisses Vakuum und ein ziemliches Chaos. Weil Strache der verlässliche, junge Mann war, der etwas kann, hat die Partei gesagt, er soll im RFJ Wien Ordnung schaffen«, sagt Gudenus. Also darf Strache im Jahr 1994 schließlich doch dem RFJ beitreten. Zwischen 1997 und 1998 ist er geschäftsführender Obmann der Jungfreiheitlichen in Wien. Den Auftrag, die Wiener Jugendorganisation neu aufzubauen, bekommt Strache von Hilmar Kabas – gegen den Willen des Bundes-RFJ. »Es war danach auch, wenn man in die Freiheitliche-Jugend-Zeiten Mitte oder Ende der Neunziger geht, immer wieder der Vorwurf, dass in diesem Jugendkeller Leute von diesen rechtsextremen Organisationen herumrennen«, sagt Herbert Scheibner.[24] Was allerdings nicht stimmen kann, ist die immer wieder in Zeitungsartikeln erhobene Behauptung, unter dem Wiener RFJ-Obmann Strache sei der ehemalige VAPO-Chef Küssel im RFJ-Keller ein und aus gegangen. Dieser saß nämlich zwischen 1993 und 1999, also zu der Zeit, als Strache Obmann war, im Gefängnis.

Nach vier Jahren übergibt Strache den Vorsitz im Wiener RFJ an Johann Gudenus, »weil er sich dachte, er ist schon im Landtag und den RFJ Wien soll ein richtig Junger seines Vertrauens übernehmen«, sagt dieser.[25]

Das Trio Gudenus, Böhm-Ermolli und Amhof gibt aber auch nach dem Rausschmiss aus dem RFJ nicht auf. Ein Jahr später sorgen sie auf Bezirksebene für Wirbel, und zwar im bürgerlichen 9. Wiener Gemeindebezirk. Im Jänner 1995 wird Amhof überraschend zum Bezirkschef im 9. Bezirk gewählt, Gudenus, der eigentlich im 4. Bezirk wohnt, wird Bezirksvertreter und freiheitlicher Kultursprecher am Alsergrund. Amhofs unterlegene Gegenkandidatin, die Wiener Gemeinderätin Ingrid Kariotis, tritt nach Amhofs Kür zum Bezirkschef aus der Partei aus: »Ich kann nicht mehr mit gutem Gewissen bei einer Partei sein, die Rechtsradikalismus duldet, deckt und sogar fördert.«[26] Auch bei der Machtübernahme im 9. Bezirk steht Strache als Bezirkschef von Wien-Landstraße hinter den dreien, sagt zumindest Gudenus.[27]

Ein Jahr später, im Oktober 1996, ist der Streit um den RFJ vergessen und es stehen Wahlen in Wien an. Strache rittert erstmals um ein Ticket ins Wiener Rathaus. Obwohl ihn damals in Wien kaum einer kennt, seine Verbindungen zum Rechtsextremismus sind schon im Wahlkampf 1996 Thema. Die Sozialdemokraten entdecken kurz vor der Wahl Videobänder, die den jungen Mann am Grab des NPD-Chefs Norbert Burger zeigen. Ja, er habe 1992 in Kirchberg am Wechsel am Begräbnis Burgers teilgenommen, rechtfertigt sich Strache, aber nur aus familiären Gründen. 1992, als Burger starb, sei er noch mit dessen Tochter verlobt gewesen.

Die Bilanz des damals 27-jährigen Strache kann sich sehen lassen: In nur drei Jahren als Bezirksobmann in Wien-Landstraße hat er die Mitgliederzahl seiner Sektion verdreifacht und die FPÖ Landstraße zur stärksten Bezirksfraktion der Wiener Freiheitlichen ausgebaut. Die Jungen keilt er damals wie heute auf Clubbings, für die älteren Semester organisiert er freiheitliche Stammtische in Wirtshäusern im Bezirk. Am Wahlabend wird Strache dafür mit dem nächsten Karriereschritt belohnt.

»DER ZWEITE MANN HINTER PAWKOWICZ«

»Fffffffffffffffff! Fröhlich fauchend pflügt die Düse des Staubsaugers über den blitzblauen Teppichboden, kurvt um die Sesselbeine herum und bahnt sich auf der Suche nach hartnäckigen Flankerln einen Weg ins letzte Eck unter dem Buffet. Ein Spitzenkandidat spielt Hausmann: »Heinz-Christian Strache, Nummer 1 der Freiheitlichen im Bezirk Landstraße«, schreibt die Wochenzeitung *Falter* im Herbst 1996.[1] Strache ist an diesem Tag schon um sechs Uhr früh auf den Beinen. Begleitet von Journalisten bringt er das FPÖ-Bezirksparteilokal am Modenapark auf Hochglanz, sortiert das Buffet für die Feier am Abend: fünfzig Schnitzel, fünfzig Schweinsbraten, fünfzig Fleischlaberln, Kaffee und Kuchen, Wein und Bier. Es gibt etwas zu feiern. Wien wählt am 2. Oktober 1996.

Im Wahlkampf verteilt Strache für die FPÖ noch Gummibärlis, so tiefblau, dass sie einem die Zunge verfärbten. Er zieht mit seinem FPÖ-Wahlmaterial durch die Landstraße. Die FPÖ konzentriert sich bei dieser Wahl besonders auf die Gemeindebauten. Akribisch wird notiert, wie viele Leute mit »fremdländischen« Namen Mieter im Gemeindebau sind. Was folgt, ist eine Wahlkampfaktion, die den heutigen Sozialminister Rudolf Hundstorfer (SPÖ), damals Vorsitzender der Gewerkschaft der Gemeindebediensteten, an »Gestapo-Methoden« erinnert.[2] Die FPÖ schickt Postwurfsendungen an Bewohner im Bezirk, auf denen sie die Wähler darauf hinweist, in welchem Gemeindebau wie viele vermeintliche Ausländer wohnen. So verteilen die Freiheitlichen im 14. Bezirk eine »Bürgerinfo der Penzinger Freiheitlichen«: »Hat SPÖ-Stadtrat Faymann den Wienerinnen und Wienern versprochen, dass Gemeindewohnungen ausschließlich an österreichische Staatsbürger vergeben werden? Antwort: JA! Wie ist es dann möglich, dass beispielsweise im Hugo-Breitner-Hof 55 (!) Ausländer ihren ordentlichen Wohnsitz haben? Ganz einfach. Wie in anderen Bereichen findet die Wiener SPÖ auch in diesem konkreten Fall rechtliche Schlupfwinkel, um uns Österreichern ein X für ein U zu verkaufen!«[3]

Eine glatte Lüge, schließlich können zu diesem Zeitpunkt nur österreichische Staatsbürger eine Gemeindebauwohnung beziehen, die geouteten »Ausländer« sind also allesamt österreichische Staatsbürger, wenn auch mit Migrationshintergrund, beziehungsweise deren Familienangehörige.

Der blaue Wahlkampf wirkt. Auch in Wien-Landstraße. Strache, der nicht nur für seinen Bezirk, sondern auch als Spitzenkandidat des RFJ antritt[4], hat sein Ticket in den Wiener Gemeinderat. Die FPÖ steigert sich in Wien um 5,4 Prozentpunkte auf 27,94 Prozent, Straches Bezirkspartei gewinnt 3,9 Prozentpunkte dazu.

Ein Opfer hat die Landtagswahl aber gekostet: Der freiheitliche Klubobmann in der Landstraße, Peter Oswald, hat seine politischen Funktionen wenige Wochen vor der Wahl zurückgelegt. Denn Strache hat sich sowohl auf der Bezirks- als auch auf der Landesliste auf Platz eins gesetzt. »Das ist klare Postenschacherei«, sagt sein Klubchef im Bezirk und verabschiedet sich aus der Politik.[5]

Wodurch der spätere FPÖ-Parteichef damals am meisten auffällt, ist sein Alter. Mit 27 Jahren zählt er nicht nur in der freiheitlichen Truppe zu den Jüngsten, sondern ist der damals jüngste Abgeordnete im Gemeinderat. Am Tag der Wien-Wahl 1996, von Journalisten in seinem Parteilokal interviewt, gibt sich der Neo-Gemeinderat Strache beim Ausländerthema auffallend amikal. »Die Ausländer haben überhaupt keine Schuld, wenn Österreicher keinen Ausbildungsplatz finden: Schuld sind die Politiker, die es verabsäumt haben, entsprechende Rahmenbedingungen zu schaffen.« Und zu seiner politischen Verortung sagt er: »Wenn man das dumme Rechts-links-Schema hernimmt, dann bin ich höchstens Mitte rechts.«[6]

Es dauert nicht lange nach seinem Einzug ins Rathaus, bis es der Neo-Gemeinderat das erste Mal in die Zeitungen schafft. »Wien darf nicht Woodstock werden«, steht am 18. Dezember 1996 im *Standard*. Mit diesem Slogan fordert Strache in einer Landtagssitzung eine strengere Drogenpolitik für Wien. Die Woodstock-Parole ist eine Weiterentwicklung des Wahlkampfspruchs, den die Freiheitlichen im Wahlkampf verbreiten. »Wien darf nicht Chicago werden«, warnt die FPÖ flächendeckend auf Plakaten, was den damaligen Bürgermeister von Chicago, Richard M. Daley, veranlasst, über den amerikanischen Botschafter in Wien eine Protestnote an die Stadt zu schicken.[7]

Viele Jahre später greift Strache in leicht veränderter Form auf diesen Spruch zurück. Im Wiener Gemeinderatswahlkampf 2005 lässt er sein Bild mit der Textzeile »Wien darf nicht Istanbul werden« plakatieren.

Einige Monate nachdem Strache mit seinem Woodstock-Sager gegen die städtische Drogenpolitik erstmals für eine Schlagzeile sorgt, macht er auch innerparteilich von sich reden. Ewald Stadler, damals Klubobmann im Parlament, schreibt 1997 im Auftrag des damaligen FPÖ-Parteivorsitzenden Jörg Haider ein neues Parteiprogramm, das das »Salzburger Programm« aus dem Jahr 1985 ablösen soll. Konfliktpunkt ist das »wehrhafte Christentum«, das der überzeugte Katholik Stadler im FPÖ-Programm verankern möchte. Für das dritte Lager, das traditionell Distanz zur Kirche hält, ein Tabubruch. Der junge Strache zählt zu den dreißig Erstunterzeichnern gegen diesen neuen Passus im Programm. »Strache war der Jüngste und durchaus einer, der mich damals nachhaltig unterstützt hat«[8], erinnert sich der frühere Wiener FPÖ-Gemeinderat Gerulf Stix, der 1997 an vorderster Front gegen Stadlers Ideen ankämpft. Manch einer in der Partei sieht heute in diesem Disput zwischen Stadler und Strache die Wurzel der späteren erbitterten Feindschaft.

Aus dem Bekenntnis zu einem »wehrhaften Christentum« wird schließlich unter Kapitel IV, Artikel 2, bloß folgende Feststellung: »Die Bewahrung der geistigen Grundlagen des Abendlandes erfordert ein Christentum, das seine Werte verteidigt.«[9]

Die Wiener Freiheitlichen wollen im neuen FPÖ-Programm aber auch »ausdrücklich festgehalten«[10] wissen, dass die überwiegende Mehrheit der Österreicher der deutschen Volksgruppe angehört. Das ist wohl auch ein gezielter Seitenhieb auf Parteichef Jörg Haider, der zwei Jahre zuvor, im August 1995, öffentlich erklärt, er möchte die von der Partei FPÖ von Haider auf die »Bewegung F« umgeformte politische Gruppierung zu einer »Österreich-Partei« machen und glaube, »dass jedes Element der Deutschtümelei in der FPÖ der Vergangenheit angehören muss, weil es in der veränderten europäischen Sicht die wichtigste Aufgabe ist, eine starke österreichische Identität zu gewährleisten«. Die bekennenden Deutschen bekommen, was sie wollen. Unter Kapitel XV, Artikel 2, Absatz 1, ist zu lesen: »Da die Mehrheit der Österreicher die Staatssprache Deutsch (vgl. Art. 8 B-VG) als Muttersprache spricht, ergibt sich daraus ihre Zugehörigkeit zur deutschen Kulturgemeinschaft.«[11]

Wegen der Diskussion um das neue Parteiprogramm und des aus seiner Sicht unkameradschaftlichen Umgangs der Programmschreiber mit den Kritikern schreibt Strache im Juni 1997 einen Beitrag in der in Deutschland erscheinenden rechten Wochenzeitung *Junge Freiheit*. Darin fordert er »mehr Seriosität für diese Programmdiskussion« und beschreibt sein politisches Selbstverständnis: »Für mich persönlich liegen unsere freiheitlichen Wurzeln selbstverständlich in der national-liberalen 1848-Revolution.«[12]

Das Bekenntnis zur Revolution von 1848 passt gut zu der Partie, der sich der Burschenschafter Strache im Gemeinderat anschließt. Im Wahljahr 1996, als Strache in den Gemeinderat kommt, schreibt das *profil* über die Widersprüchlichkeiten innerhalb der Freiheitlichen: »*Haiders Gefolgschaft trägt längst nicht mehr bloß Tracht, sondern auch Nadelstreif, Lacoste, Boss und Blue Collar. (…) Jörg Haider hat in vorher noch nie gesehener politischer Equilibristik aus einem provinziellen Honoratiorenverein eine aggressive Proletarierpartei gemacht, die auch bei verschreckten Gewerbetreibenden eine bequeme Mehrheit hält und erfolgreiche Industrielle in der Parlamentsfraktion sitzen hat; er hat die Vorreiterbewegung für die europäische Integration zu einem nörgelnden Anti-EU-Verein umgepolt und gilt dennoch als Prototyp eines modernen Politikers; er hat durch die wüste Ausländerhetze seinen liberalen Flügel abgesprengt und zwanzig Monate später einen rauschenden Wahlsieg gefeiert; er hat innerhalb von neun Monaten alten SS-Deppen gehuldigt und einen Juden auf die Liste für die Europawahl genommen; er hat sensibel den Finger auf entwicklungshemmende Verkrustungen des politischen Systems gelegt und sich gleichzeitig mit den dumpfen Geistern der Vergangenheit gemein gemacht.*«[13]

Doch die Wiener unterscheiden sich seit Haiders Machtübernahme 1986 weiterhin von den freiheitlichen Landesgruppen in anderen Bundesländern. »Die Wiener FPÖ wird seit Langem von zwei Burschenschaften dominiert, der Aldania und der Olympia«, sagt der ehemalige FPÖ-Gemeinderat und nun BZÖ-Mitglied Günther Barnet[14], ein enger Vertrauter von Herbert Scheibner. Die Burschenschaft Olympia hat bis heute starken Einfluss auf die FPÖ: Der Dritte Nationalratspräsident Martin Graf ist hier ebenso Mitglied wie FPÖ-Klubdirektor Norbert Nemeth, der freiheitliche Nationalratsabgeordnete Harald Stefan und der Wiener Landtagsabgeordnete Dietbert Kowarik. Die Aldania, bei der unter anderem der FPÖ-Landtagsabgeordnete und Strache-Förderer Johann Herzog und der Wiener FPÖ-Klubobmann Eduard Schock Mitglied sind, ist zwar weniger bekannt, auf ihrer Bude soll aber eine Landkarte hängen, die »ein Deutschland in den ›Reichsgrenzen‹ vom 1. September 1939« zeigt.[15]

Der damalige Wiener FPÖ-Parteichef Rainer Pawkowicz ist Aldane und auch der Burschenschaft Olympia verbunden. Im Gegensatz zur Bundespartei ist es Haider in Wien nie wirklich gelungen, die Macht der deutschnationalen »Honoratoren« aus dem Burschenschaftsmilieu so weit zurückzudrängen, dass er als Parteichef alleine das Sagen hat. Es ist ein Plan, den Haider nicht unbedingt deshalb verfolgt, weil der damalige FPÖ-Chef, selbst Burschenschafter, ein Problem mit deutschnationalen schlagenden Korporationen hatte. Haider weiß vielmehr, dass mit Deutschnationalismus keine Wähler zu gewinnen sind und dass es um ein Vielfaches einfacher ist, die FPÖ nach eigenen Wünschen zu führen, wenn man die eigenen Vertrauten und Günstlinge auf wichtige Positionen innerhalb der Partei positioniert. Haider hielt sich die Korporierten aber gleichzeitig bei der Stange. Denn ganz hat er nie auf seine Bundesbrüder mit den Schmissen im Gesicht vergessen. So sponserte der langjährige FPÖ-Obmann zum Beispiel 1995 den Festkommers in der Wiener Hofburg mit fast 11.000 Euro aus der Parteikasse.[16]

Während der Plan in anderen Bundesländern, etwa in Salzburg, wo in den Neunzigerjahren im Auftrag Haiders die gesamte Führungsebene ausgewechselt wird, aufgeht, und auch in anderen Bundesländern die Burschenschafter geduldet, aber oftmals in die zweite Reihe geschickt werden, beißt sich der FPÖ-Chef in der Bundeshauptstadt konsequent die Zähne aus.

Dabei hat Haider immer wieder probiert, die Wiener Partie zu seinen Gunsten umzudrehen. 1995, ein Jahr vor der Wien-Wahl, richtet der damalige FPÖ-Vorsitzende dem Wiener FPÖ-Chef Pawkowicz über die Medien aus, die Bundespartei suche einen attraktiven Spitzenkandidaten für die Wahl, eine Art »Anti-Pawkowicz«[17]. Der geschmähte Wiener Parteichef tut nach außen so, als würde er sich Haiders Wunsch fügen. Intern sorgt er aber dafür, dass er von seiner Landesgruppe zum Spitzenkandidaten bestimmt wird. »Pawkowicz war eine Firewall gegen Haider und er war es auch, der erkannt hat, dass Strache jemand ist, den man

aufbauen kann«, sagt der junge Gemeinderat Johann Gudenus.[18] Auch
für Gudenus' Vater John springt Pawkowicz in die Bresche – gegen den
ausdrücklichen Willen Haiders. John Gudenus musste 1995 sein Nati-
onalratsmandat zurücklegen, da er über die Existenz von Gaskammern
meinte, »ich glaube alles, was dogmatisch vorgeschrieben ist«. Ein Jahr
später, im Dezember 1996, nominiert die Wiener Landesgruppe Gudenus als Mandatar für den Bundesrat.

»Die Wiener haben Gudenus vorgeschlagen. Ich habe ihnen gesagt,
dass ich dagegen bin«, sagt Haider.[19] »Ich glaube, dass er auf Grund seiner
Erklärungen nicht hierher passt. Die Denkungsweise von dem Menschen
war auch kein Ausrutscher.«[20] Dass Haider mit dieser Einschätzung nicht
ganz falsch liegt, zeigt wohl auch, dass Gudenus elf Jahre später, im April
2006, wegen NS-Wiederbetätigung zu einer bedingten Haftstrafe verurteilt wird. Haider räumte schließlich öffentlich ein, er konnte Landesobmann Pawkowicz nicht überzeugen. Die Wiener Landesgruppe hat auch
einen Vorteil: Sie ist nach Kärnten in Prozenten die stärkste Fraktion und
in absoluten Zahlen überhaupt die stärkste und verfügt dadurch auch
über das meiste Geld.

Pawkowicz selbst ist für Strache, wie dieser gerne betont, ein »politischer Ziehvater«[21] gewesen. Straches Vorbild, sein damaliger Wiener
FPÖ-Chef und studierter Architekt, wird 1968 Vorsitzender des Rings
Freiheitlicher Studenten (RFS), dem freiheitlichen Studentenverband.
1987 wird Pawkowicz erster freiheitlicher Stadtrat in der Bundeshauptstadt. Von den anderen Parteien wird der Wiener FPÖ-Chef trotz un-
terschiedlicher Weltanschauungen wegen seines Intellekts geschätzt, in
seinen Positionierungen ist er aber konsequent deutschnational und
stramm rechts.

Aber nicht nur Haider, sondern auch Pawkowicz erkennt, dass ausschließlich mit der Konzentration auf das deutschnationale Lager keine
Wahlen zu gewinnen sind. Beim Burschenschafter-Kommers 1996 in
der Wiener Hofburg hält Pawkowicz die Festrede: »Wir als national-frei-
heitliche Korporationsstudenten haben nicht nur die Chance, sondern
die verdammte Pflicht und Schuldigkeit, uns für jene Menschen, die
die linkslinke Schickeria in ihrer Arroganz so gerne ›den kleinen Mann‹
nennt, einzusetzen.«[22]

Zwei Jahre später, im März 1998, stirbt Pawkowicz nach schwerer

Krankheit. Sein Freund Hilmar Kabas übernimmt den Vorsitz in der Wiener Partei. Obwohl Kabas nie Mitglied einer Burschenschaft war, ist auch er im waffenstudentischen Lager akzeptiert. Kabas hält im Mai 1998 bei einem vom Wiener Korporationsring veranstalteten Festkommers in der Wiener Hofburg eine Rede »und hat keine Mühe, den Freiheitsgedanken von 1848 zu einem freiheitlichen Gedanken von 1998 mutieren zu lassen«[23].

Vor Pawkowicz' Tod war mit dessen Stellvertreter Kabas die weitere Erbfolge Richtung Strache schon längst vereinbart gewesen, bestätigen einige damalige Wiener FPÖ-Abgeordnete. Schon 1997 holte Pawkowicz den jungen Strache in den Wiener Landesparteivorstand. Der freiheitliche EU-Abgeordnete Andreas Mölzer, in den Neunzigerjahren Vorsitzender der freiheitlichen Parteiakademie und damals einer von Jörg Haiders engeren Beratern, erinnert sich an Strache als einen »großen, schmalen Burschen«, der schon Anfang der Neunzigerjahre »relativ rasch Aufmerksamkeit und Förderung von Rainer Pawkowicz und Hilmar Kabas, der der zweite Mann hinter Pawkowicz war, zu erlangen vermochte«. Strache sei von den Wienern relativ rasch als eines der Nachwuchstalente erkannt worden, »wenn auch eher aus dem rechten Bereich der Partei kommend«[24]. Der Jungspund Strache sei ein »durchaus älterer, kontaktfreudiger und auch rhetorisch ansprechender Bursche«[25] gewesen.

Ähnlich erinnert sich auch Rüdiger Stix an seinen einstigen Kollegen im FPÖ-Landtagsklub: »Schon in den Neunzigerjahren war im Klub klar, dass Pawkowicz das Amt noch einmal einem anderen übergeben wird, dass aber der übernächste Wiener Parteichef Heinz-Christian Strache heißen wird«, sagt Stix, der sich an den jungen Strache als einen »umtriebigen, intelligenten, aufmerksamen, hilfsbereiten jungen Mann« erinnert, »der alleine von seinen politischen Fähigkeiten her in jeder Partei ein exzellenter Politiker geworden wäre«[26]. Stix gilt 1998 für kurze Zeit selbst als einer, der in der Wiener Partei gerne das Ruder übernehmen würde, dem allerdings die parteiinterne Unterstützung fehlt.[27]

Anderen Klubkollegen fällt weniger Schmeichelhaftes ein, wenn sie an die gemeinsame Zeit mit dem heutigen FPÖ-Chef im Wiener Gemeinderat zurückdenken.

Auch der *Falter* schreibt im April 1997, als Strache auf dem Wiener Parteitag in den Landesparteivorstand gewählt wird, »viel zu lang ist er trotz seines jugendlichen Alters bereits in der Parteipolitik, viel zu bemüht versuchte er, das Image des rechten Recken abzuschütteln«[28]. Nur interessierte sich damals kaum jemand für den kleinen Gemeinderat, sondern nur für dessen großes Vorbild Jörg Haider.

1998 nennt Strache bei einer von der FPÖ im Wiener Landtag geforderten »Aktuellen Stunde« zum Thema »Überfremdung stoppen – Heimat bewahren« das Lesen fremdsprachiger Texte in den Schulen einen »Missbrauch in den Schulen«[29], über die Einrichtung eines Zuwandererbeirats schimpft er etwas holprig in Richtung SPÖ und ÖVP: »Sie sind es, die Kebapbuden und Chinarestaurants fördern. Wir retten die Wiener Hofstallungen.«[30]

Gemeinsam mit dem damaligen Wiener FPÖ-Chef Kabas und dem Bezirkschef der Freiheitlichen am Alsergrund, Nikolaus Amhof, tritt Strache auch bei einer freiheitlichen Bürgerversammlung zum Thema »Ausländer: Flut ohne Ende« auf. »FPÖ-Spitzenpolitiker hören sich ihre persönlichen Probleme gerne an!«, steht auf der Postwurfsendung an die Haushalte am Alsergrund, gleich neben einem Passbildchen des jungen Strache[31]. Im Inneren dieser Partei-Zeitschrift aus dem Bezirk deckt Amhof, damals noch Straches Kollege im Wiener Gemeinderat, ein vermeintliches linkes Netzwerk am Alsergrund auf, bestehend aus dem Kulturzentrum WUK (»Verherrlicht wird: Geschlechterkampf und Lesbenfest, Einwanderungsrecht für alle bis hin zur Sympathie für die deutsche RAF« […] Dass im WUK mit Drogen gehandelt werden soll, ja dass diese dort sogar verherrlicht werden, ist fast schon überflüssig zu erwähnen …«), das afro-asiatische Institut in der Türkenstraße (»aufgrund der mangelnden Integrationswilligkeit der zumeist schwarzafrikanischen Bewohner« ein seit Jahren schwelender Konflikt«) und das mittlerweile geschlossene Café Dogma beim Franz-Josefs-Bahnhof (»erinnert an ein Gruselkabinett: Fahnen der ehemaligen Sowjetunion hängen neben DDR-Wimpeln und Kuba- sowie Fidel-Castro-Plakaten. Das nostalgische Ambiente darf nicht darüber hinwegtäuschen, dass im Lokal Gewaltbereitschaft herrscht und gegenüber Andersdenkenden auch sofort Gewalt angewandt wird«).

Die freiheitliche Hoffnung hat Ende der Neunzigerjahre aber noch einige Konkurrenten im Kampf um den Platz in der ersten Reihe. Peter Westenthaler, später unter der schwarz-blauen Koalition freiheitlicher

Klubobmann, oder der spätere blaue Verteidigungsminister Herbert Scheibner sind auch in der Wiener Partei aktiv. Beiden fehlt es aber an innerparteilichem Rückhalt in Wien – nicht zuletzt des stramm deutschnationalen Burschenschafterflügels wegen – und beide weichen auf eine Karriere in der Bundespartei aus.

Strache träumt damals noch von einer anderen Karriere: jener als Geschäftsmann. Noch ist die Politik nur ein Nebenjob. 1993 gründet er die »Dental Labor Strache GesmbH« im dritten Bezirk. Durch seine Unternehmertätigkeit steigt auch der Ärger über Brüssel. Seit der Mitgliedschaft bei der Europäischen Union habe er selbst den steigenden Preisdruck in der Branche erlebt, als die Zahnärzte ihren Lieferanten gedroht hätten, wenn die Preise nicht sinken, dann ordern sie ihre Keramikkronen nicht mehr in Wien, sondern in Osteuropa. Da hätten sich viele Firmen nicht mehr behaupten können. »Da habe ich mir schon gedacht: Da passiert eine ungerechte Entwicklung, die ja nicht vom Himmel fällt, da stecken ja Verantwortungsträger dahinter, die das politisch zu verantworten haben.«[32] Um das Jahr 2000 stellt er die Firma ruhend.[33] Der falsche Vorwurf aus dem Haider-Büro, Strache sei als Zahntechniker in Konkurs gegangen, kostete das Büro des damaligen Kärntner Landeshauptmanns im Jahr 2005 übrigens 2.500 Euro, je 300 Euro davon spendete Strache an die Wiener und die Kärntner Kinderkrebshilfe.[34]

Als es einige Jahre später im Wiener Gemeinderat um das Wahlrecht von Ausländern auf kommunaler Ebene geht, lautet Straches an einen Ausspruch Jörg Haiders angelehntes Credo: »Bevor die Politiker das Volk austauschen, sollten wir danach trachten, die Politiker auszutauschen.«[35] Und: »Selbstverständlich ist nicht jeder schwarzafrikanische Asylant ein Drogendealer in Wien, aber fast jeder Drogendealer in Wien ist ein schwarzafrikanischer Asylant.«[36] In einem »Antrag auf Einbürgerung von Altösterreichern« meint Strache, »die Deutschstämmigen in den Nachfolgestaaten der österreichisch-ungarischen Monarchie« seien »zu schade, um als Kulturdünger für andere Völker zu dienen«. Später sagt Strache, er habe die Begründung dieses Antrags weder selbst formuliert noch gelesen.

Die Forderungen im Bereich Ausländerpolitik stammen aber allesamt aus seiner Feder: Es sei »eine Zumutung für die Bevölkerung«, wenn sich Asylwerberheime mitten in Wohngebieten befinden, im Gemeinderat schimpft er Richtung SPÖ und ÖVP: »Die Gemeindebauten seien von Ausländern erobert.«[37] Als Gemeinderat nützt Strache nicht nur das Rednerpult, sondern geht auch auf die Straße – zum Beispiel mit FPÖ-Gemeinderäten aus Niederösterreich, um gegen das Flüchtlingslager Traiskirchen zu demonstrieren und die Errichtung von Auffanglagern in Afrika zu fordern.[38] Auch das Kopftuch solle, geht es nach Strache, für öffentliche Bedienstete der Stadt »uneingeschränkt« verboten werden.

Ein weiteres, mit dem gerne strapazierten Ausländerthema verbundenes Thema des FPÖ-Gemeinderats ist das Schächten. Bei dieser im Islam und im Judentum vorgeschriebenen Tötungsart wird lebenden Tieren die Halsschlagader durchtrennt, um sie ausbluten zu lassen. Strache präsentiert eine Einschätzung des Muftis von Ägypten, einem islamischen Rechtsgelehrten, nach der es mit den Regeln des Islam vereinbar wäre, die Tiere vor der Tötung zu betäuben. Beschafft wird dieses Rechtsgutachten von Moustafa Eltebly, einem Gynäkologen aus Ägypten, der in Wien seine Ordination hat und damals Obmann des österreichisch-ägyptischen Vereins ist.[39] Bei der Nationalratswahl 2002 kandidiert Eltebly auch gleich für die FPÖ. Eltebly ist damals auch Berater von Verteidigungsminister Scheibner und fädelt für Haider dessen Fernsehauftritt beim arabischen Sender *Al Jazeera* ein.

Der Kontakt zum Ägypter Eltebly ist nicht der einzige zu Ausländern. Auch im Jahr 2000 sagt Strache, in einem Interview auf Ausländer in der FPÖ angesprochen: »Ich habe einen Kroaten, einen Perser, einen Ägypter und drei Leute jüdischer Herkunft.«[40] Er könne sich auch türkische Funktionäre in der Freiheitlichen Partei vorstellen.

Neben dem Ausländerthema sind es die Denkmäler, die auf Straches politischer Agenda ganz weit oben stehen. Er spricht sich dafür aber ausdrücklich gegen ein Holocaust-Mahnmal am Aspang-Bahnhof im 3. Bezirk aus. Von diesem Bahnhof wurden während des Nationalsozialismus Zehntausende jüdische Männer, Frauen und Kinder in Viehwaggons in den Tod transportiert. Strache fordert statt eines Mahnmals ein Museum »über die schreckliche und grausame Zeit (Holocaust und Bombenterror) zwischen 1939 und 1945«[41]. Der *Standard*-Kolumnist Hans Rauscher schreibt über Straches ungewöhnlichen Museums-Vorschlag: »*Was Strache betreibt, ist unerträglich und klassischer Revisionismus. Der Bombenkrieg* war unmenschlich – selbst als Antwort auf den Krieg der Wehrmacht, der die feindliche Zivilbevölkerung nicht schonte, ja – im ›Osten‹ zur Teilausrottung verurteilt hatte. Aber der Holocaust war singulär, denn hier sollte eine einzige Gruppe total, bis zum letzten Mann, Frau und Kind, ausgelöscht werden: die Juden.«[42] Entschädigungen für jene Soldaten, die aus der Wehrmacht desertierten und damit ihr Leben riskierten, lehnt Strache ab. »Ein Deserteur, egal, in welcher Armee, ist kein Opfer, sondern ein Täter.«[43]

Als das offizielle Österreich am 8. Mai 2004 die Befreiung des Landes vom Nationalsozialismus feiert, spricht Strache beim »Totengedenken der waffenstudentischen Korporationen«, einem Fackelzug deutschnationaler Burschenschafter, den Strache als »moralisch wertvoll« bezeichnet. Strache, damals schon Wiener FPÖ-Obmann, kritisierte in seiner »Totenrede« den sozialdemokratischen Wiener Bürgermeister Michael Häupl und die Stadtregierung, die mit der Aberkennung des Ehrengrabes des NS-Kampffliegers Walter Nowotny die »Schieflage der derzeitigen Geschichtsauffassung« gezeigt habe.

Am 13. April 2004 demonstrieren Rechtsextreme am Heldenplatz gegen die in Wien gezeigte Ausstellung über die Verbrechen der Wehrmacht. Am späteren Nachmittag nach Ende der offiziellen Kundgebung ziehen die jungen Rechten, darunter zahlreiche Skinheads, unter den Augen der Polizei durch den 1. Bezirk, brüllen »Sieg Heil!« und singen Lieder wie: »Ich mag Adolf und sein Reich, alle Juden sind mir gleich, ich mag Skinheads und SA, Türken klatschen, ist doch klar. Ich mag Fußball auf dem Rasen, die SS, wenn sie gasen – all das mag ich und ganz doll die NSDAP.«[44] Strache nennt diese Kundgebung eine »legale, angemeldete und auf dem Rechtsboden stehende Demonstration von Andersdenkenden«. Bei den Grünen ist der schon damals auch in den Medien als künftiger Wiener Parteichef gehandelte Politiker weniger zimperlich. Die schließt er gleich einmal vom »österreichischen Parlamentarismus« aus, weil sie bei besagter Demo am 13. April aufseiten von laut Strache »linksextremen Chaoten und Demonstranten« zu finden waren.[45]

Ähnlich lautet auch seine Stellungnahme zu einem Vortrag von Claus Nordbruch, veranstaltet vom Ring Freiheitlicher Studenten im Jugendkeller des Rings freiheitlicher Jugendlicher vis-à-vis des Parlaments. Nordbruch ist ein den Behörden bekannter deutscher Rechtsextremist,

94

der vorwiegend in Südafrika lebt und sich auch öffentlich zur Apartheid bekennt. Die Veranstaltung ist zwar nicht öffentlich, Journalisten haben keinen Zutritt. Aber Nordbruch veröffentlicht seine Rede auf seiner Homepage: »*Lassen Sie uns heute Abend über unsere gemeinsame deutsche Vergangenheit sprechen und über die Bedeutung des 8. Mai 1945 nachdenken. Dieses Datum ist entgegen kommunistischer Propaganda und der Vorgabe politisch korrekter Denkschablonen eben kein Tag der Befreiung. Vielmehr verbinden die meisten Angehörigen unserer Nation dieses einschneidende Datum mit Zusammenbruch, Verzweiflung und Trauer, mit Entrechtung und Erniedrigung, mit Verlust der Heimat, Verschleppung und Zwangsarbeit.*«[46]

Für Strache ist der Nordbruch-Vortrag »ein demokratisches Zeichen und Absage an die immer wiederkehrende Pauschalverunglimpfung einer gesamten Generation«[47].

Vor lauter Beschäftigung mit der Vergangenheit vergisst Strache aber nicht auf die klassische freiheitliche Law-&-Order-Politik der Wiener Landesgruppe. Schließlich hat er recht rasch, nachdem er Vizeparteichef ist, die für das freiheitliche Klientel wesentlichen Themen für sich beansprucht: Kriminalität, Drogendealer, Ausländer, aber auch Soziales wie Armutsbekämpfung, Pensionen und die Vertretung von Behinderten oder Alten – etwa während der Diskussionen um die menschenunwürdigen Zustände in der Geriatrie in Lainz, wo er sich für Verbesserungen stark macht.

Strache fordert eine eigene U-Bahn-Polizei für Wien und wird für seinen beharrlichen Kampf gegen Kriminalität für die von Datenschützern verliehenen »Big Brother Awards« 2003 nominiert, »für seine nimmermüde Sorge um die öffentliche Sicherheit, auch dort, wo sie nicht bedroht ist, für seine stete Sorge um Bürgerpatrouillen und stärkerer Kameraüberwachung öffentlicher Räume«.[48] Im Kampf um die Sicherheit im Land gerät er selbst ins Visier der Polizei: Auf einer Anti-Opernball-Demo wird er beinahe von der Polizei mitgenommen. Dabei will er den Polizisten an diesem kalten Winterabend nur Tee vorbeibringen.[49] Die Autonomen und Bunthaarigen, die gegen den Opernball demonstrierten, interessierten Strache immer wieder. Er schimpfte über »aggressive Bettelei, wegelagernde Punks, Lärmbelästigung, Abfall«, etwa auf der Wiener Mariahilfer Straße, und meint, »es darf kein Liebäugeln mit Punks geben«[50]. Als diese im Winter 2004 gegen den Verkauf des linken Autonomen- und Punktreffs »Ernst Kirchweger Haus« (EKH) und für den Erhalt ihres Szenetreffs auf die Straße gehen wollen, fordert Strache, die Demo müsse »mit allen Mitteln verhindert werden«. Schließlich drohe, dass »Linksextremisten« mit viel Krawall durch die Mariahilfer Straße ziehen könnten, und dies auch noch zur Adventzeit. Das möchte Strache »im Interesse des Rechtsstaats, der Anrainer, der Geschäftsleute sowie Zehntausender Weihnachtseinkäufer mit allen zu Gebote stehenden Mitteln verhindern, notfalls auch durch den Einsatz von Wasserwerfern«[51].

In seinem Bezirk kämpft Strache auch für die Wiederherstellung der abgebrannten Sofiensäle, in denen er einst bei einem Clubbing seine erste Frau Daniela Plachutta, Stieftochter des »Rindfleischkönigs« und Spitzengastronoms Ewald Plachutta, kennenlernte, von der er 2005 geschieden wurde und mit der er zwei Kinder, Tristan und Heidi, hat. Und er mobilisiert gegen die Türme in Wien-Mitte, für die er als Bezirksparteiobmann mit FPÖ-Geldern Anrainerklagen finanziert – und das gegen den Willen des damaligen freiheitlichen Justizministers Dieter Böhmdorfer. »Die Taliban haben ihr Weltkulturerbe in die Luft gesprengt – aber was die Sozialisten hier vorhaben, ist sinnbildlich etwas Ähnliches«, sagt Strache im April 2002 im Gemeinderat über das Bauvorhaben in Wien-Mitte.[52]

Das Jahr 2001 ist nicht nur ein wichtiges Jahr im Kampf gegen die sechzig Meter hohen Türme am Bahnhof Wien-Mitte, sondern auch karrieretechnisch gesehen nicht das schlechteste für den ehrgeizigen Gemeinderat aus Wien. In diesem Jahr wird Strache Vizeparteiobmann der Landespartei. »Die ›Weichenstellung‹ in der Partei spricht für Strache. Er wurde von einem der drei Stellvertreter des wiedergewählten Kabas auserkoren«, schreibt der *Kurier* damals unter dem Titel »Strache soll Kabas folgen«.[53]

Doch während der damals 32-Jährige zumindest in der Landespartei in der Hierarchie nach oben steigt, rennen der Partei die Wähler davon. Seit die FPÖ im Jahr 2000 in die Regierung ging, steht bei jeder Wahl auf Landes- oder Gemeindeebene vor dem Ergebnis der zuvor so erfolgsverwöhnten Partei ein fettes Minus.

Unter diesen Vorzeichen findet sich nur schwer ein Freiwilliger für die Wiener Gemeinderatswahlen. »Spitzenkandidat verzweifelt gesucht« titelt der *Standard* im Jänner 2001 über die FPÖ zwei Monate vor der

Gemeinderatswahl[54]. Wiens Parteichef Kabas ist zu diesem Zeitpunkt politisch schwer angeschlagen. Zuerst berichten die Medien über einen Bordellbesuch, den er später als »Sicherheitscheck« zu rechtfertigen versucht. Dann wird ihm eine Aussage am Wiener FPÖ-Landesparteitag vorgehalten, wo er meinte, der damalige Bundespräsident Thomas Klestil habe sich wie ein »Lump« verhalten – in Anspielung darauf, dass Klestil sich weigerte, Kabas wegen dessen Anti-Ausländer-Wahlkampf in Wien anzugeloben. Aus dem Lump wird laut Kabas schließlich ein »Hump« oder »Dump«, so genau könne er sich nicht erinnern[55]. Zusätzlich hat der Wiener FPÖ-Chef auch mit der sogenannten »Spitzelaffäre« zu kämpfen, die ihm sogar eine Hausdurchsuchung beschert. Kabas und anderen freiheitlichen Spitzenfunktionären wird vorgeworfen, sich über Polizeikontakte gezielt vertrauliche Informationen aus dem Polizeicomputer Ekis besorgt zu haben, um damit politische Gegner einzuschüchtern oder zu diffamieren. Gegen Kabas wird in Folge zwar keine Anzeige erhoben. Aber der Partei ist zu diesem Zeitpunkt, als die sogenannte Spitzelaffäre in den Medien hinauf und hinunter zitiert wird, klar, dass sie den Wiener FP-Chef nicht an der Spitze ins Wahlrennen schicken kann. Man bemüht sich um Peter Westenthaler und Helene Partik-Pablé. Auch Strache wird gefragt. Doch der sagt ganz klar »sicher nicht«[56] und verweist auf seinen politischen Gegner aus RFJ-Tagen, Peter Westenthaler. Dieser nennt Strache damals noch einen »Hoffnungsträger«[57]. Schließlich opfert sich die langjährige FPÖ-Politikerin Partik-Pablé für diesen undankbaren Job.

Dafür übernimmt Strache die Landeswahlleitung und zeigt dabei, wie er sich freiheitliche Politik vorstellt. Der ÖVP-Landesgeschäftsführer Wolfgang Gerstl präsentiert einen Monat vor der Wahl ein von Strache gezeichnetes Papier über eine »Gemeindebau-Sonderaktion« der Wiener Freiheitlichen. Die ÖVP kritisiert, dass dieses Papier »klare autoritäre Anordnungen für das Keilen von Gemeindebauwählern« enthalte. Insgesamt wollen die Wiener Freiheitlichen 220.000 Hausbesuche absolvieren, an der Tür von jedem einzelnen Gemeindebaubewohner möchten die Blauen anläuten. Pro Wohnungstür kalkuliert Strache in seinem Sonderaktionsplan genau vierzig Sekunden Zeit ein. Jeder Mitarbeiter der Freiheitlichen muss die Besuche genau auflisten und sofort Meldung erstatten, wenn er das Bezirksziel erreicht hat. »›Zentrallager‹ für Wahlkampfmunition werden angelegt, ›Gruppenverantwortliche‹ überwachen die Disziplin.«[58] Straches Engagement im Wahlkampf zeigt auch Spuren in seinem Bezirksparteilokal in Wien-Landstraße. Im Jänner 2001 wird es Ziel eines Anschlages. Die Fenster werden eingeschlagen, die Türschlösser zerstört und die Wände mit einschlägigen Parolen beschmiert. In einem anonymen, dem linksextremen Wochenmagazin *Tatblatt* zugespielten Bekennerschreiben nennen die Täter ihren Anschlag eine »Belüftungsaktion«.[59]

Der Wahlkampf wirkt nur wenig. Die FPÖ verliert in Wien massiv. Jeder Vierte, der 1999 noch FPÖ wählte, bleibt dieses Mal zu Hause, 39.000 vormalige Freiheitliche wechseln zu den Sozialdemokraten.

Wenige Jahre vor der Wahl denkt sich Strache noch, bald muss er sich entscheiden. »Mit 30 Jahren musste ich eine Entscheidung treffen. Auf was konzentrierst du dich jetzt. Entweder gibt es die Möglichkeit für mich, dass ich politisch auf eine verantwortungsvolle Position komme, oder ich muss mich stärker um mein Unternehmen kümmern, weil dazwischen gibt's nichts.«[60] Jetzt, in der Krise, ist es endlich so weit.

Kapitel 7: Machtübernahme

»ZUERST BÜRGERMEISTER, DANN KANZLER«

Heinz-Christian Strache ist entsetzt. Endlich steht er kurz vor seinem ersten großen politischen Karriereschritt und dann das. Minus 7,78 Prozent bei den Wiener Gemeinderatswahlen 2001, ein desaströses Ergebnis.

Die Schuldigen sind schnell gefunden. Das Regierungsteam der FPÖ und Haider. Strache ist überzeugt: »Im Jahr 2001 hätten wir, wenn Haider nicht den Steigbügelhalter für Wolfgang Schüssel gespielt hätte, den ersten Platz in Wien erreicht.«[1]

Haider war der »Einzige, der in die Regierung gehen wollte, alle anderen nicht, weil wir noch nicht bereit waren und lieber warten wollten, dass wir stärkste Partei werden«[2], meint auch Westenthaler. Die Umfragen im Jänner 2000, kurz nach dem Scheitern der Verhandlungen zwischen SPÖ und ÖVP, untermauern diese These. Das Ergebnis des Linzer IMAS-Instituts: FPÖ 33 Prozent, SPÖ 32 Prozent, ÖVP 18 Prozent.[3] Viele Freiheitliche profitieren nicht von der Regierungsbeteiligung, auch Stadler und Strache nicht. »Der Herr Strache wurde nicht berücksichtigt in der Regierung. Der Stadler musste 1999 sogar zurücktreten, damit wir überhaupt in die Regierung gehen konnten«[4], sagt Westenthaler.

Strache gehört zu jenen, die Haider wieder als Parteichef sehen wollen. Dass dieser mit dem Satz »Susi, geh du voran« kurz nach dem Eintritt in die Regierung den Parteivorsitz an Susanne Riess-Passer übergeben habe, sei sein größter Fehler gewesen, meint Strache.[5]

Es starten gezielte Aktionen, um Haider wieder an die Parteispitze zu pushen. Andreas Mölzer reist durch die Landesgruppen und hält kritische Vorträge über die Regierungsarbeit unter Riess-Passers Parteiführung. Ewald Stadler ist in der »Basis« unterwegs.

Die Gruppe rund um Haiders Vertraute in Kärnten warnen den Landeshauptmann, dass »die da draußen dein Lebenswerk vernichten und du die nächste Wahl verlierst und nicht mehr Landeshauptmann wirst«[6], behauptet Westenthaler. Für ihn haben in erster Linie Uwe und Kurt Scheuch »ihren historischen Beitrag zum Scheitern geleistet«[7].

Haider bietet Riess-Passer in einem Gespräch vor dem Parteitag in Wiener Neustadt am 9. Juni 2002 an, den Parteivorsitz wieder zu übernehmen, sie dürfe Vizekanzlerin bleiben. Sie will ihm den Parteivorsitz aber nur überlassen, wenn er auch Vizekanzler wird. Haider lehnt ab. Die Gruppe, die Haider in seinen neuerlichen Parteivorsitzavancen unterstützt, besteht unter anderem aus Mölzer, Strache und Stadler. Das Verhältnis zwischen Strache und Riess-Passer ist mehr als unterkühlt. Sie wollte immer Scheibner und nicht Strache als Wiener FPÖ-Chef, und obwohl sie sich damit nicht durchsetzte, hat ihr Strache das wohl nie verziehen.

Die Parteikrise verschärft sich. Haider stellt Riess-Passer bloß, indem er ohne Absprache mit der FPÖ-Chefin einen Skandal nach dem anderen produziert. Er besucht den Diktator Saddam Hussein im Irak, trifft in Kärnten Vertreter des rechtsextremen Vlaams Blok und der Lega Nord.

Strache soll Kabas unter Druck gesetzt haben, damit er auf die »Haider-Linie« einschwenkt, ansonsten wird er nicht mehr als Landesparteichef wiedergewählt, frei nach dem Motto: »Die Susanne muss weg vom Parteivorsitz, entweder du tust mit oder du bist auch weg«, erzählt ein ehemaliges Regierungsmitglied der FPÖ. Kabas scheint zu ahnen, dass seine Zeit bald abgelaufen ist und dass viele Funktionäre aus Wien Strache als Nachfolger wollen.

Im Sommer 2002 gibt es in Österreich eine Hochwasserkatastrophe und die Regierung sagt eine Steuerreform zugunsten der Katastrophenhilfe ab. Das ist Haider zu viel. Andreas Mölzer erzählt, Haider habe zu ihm gesagt, »jetzt muss was passieren, die setzen wir unter Druck mit der Steuerreform«[8].

Im Auftrag des Kärntner Landeshauptmannes werden Unterschriften für einen außerordentlichen Bundesparteitag gesammelt. Der politische Treuhänder ist Stadler. Stadler deshalb, weil sich laut Mölzer bei solchen Ereignissen »die Akteure immer gegenseitig missbrauchen. Der Haider hat den Stadler missbraucht und der Stadler natürlich den Haider, weil der Stadler war angefressen, dass er abgeschoben wurde nach Niederösterreich und später in die Volksanwaltschaft. Die Riess-Passer und der Scheibner sind deshalb Stadlers Intimfeinde, also wirklich politische Todfeinde geworden«[9].

Für Westenthaler war Strache in der »Knittelfeld-Ära« »nicht wichtig, nur bei den Unterschriften hat er im Hintergrund sicher geholfen«[10]. Scheibner erinnert sich hingegen, dass er sich im Wiener Landesparteivorstand immer »rechtfertigen musste für jede Aktion der Regierungsmannschaft. Da war der Strache schon einer der Scharfmacher«.[11]

Riess-Passer droht im Fall eines Sonderparteitags mit Rücktritt. Haider erkennt die brenzlige Situation und versucht seine Rebellen zurückzupfeifen, doch dafür ist es zu spät. Der Saal für das FPÖ-Rebellentreffen im steirischen Knittelfeld ist für 7. September 2002 angemietet, die aufgebrachten Delegierten sind kaum mehr zu besänftigen. »Der Einladende nach Knittelfeld war Jörg Haider!«[12], sagt Stadler. In diesem Punkt ist er ausnahmsweise einmal mit Strache einer Meinung. Auch für Strache ist Haider derjenige, »der Knittelfeld initiiert hat«[13].

Haider und Riess-Passer treffen einander einen Tag davor in Obdach nahe Knittelfeld und vereinbaren eine Versöhnungs-Resolution. Dessen Inhalt steht diametral zum Antrag für den außerordentlichen Bundesparteitag. Freiheitliche Vorhaben, die umgesetzt wurden, werden aufgezählt, »stabilitätsorientierte Finanzpolitik, Einführung des Kinderbetreuungsgeldes …«. Haider verzichtet überraschend auf eine Steuersenkung im Jahr 2003, hat auch keine Einwände gegen den Kauf der Abfangjäger und die EU-Osterweiterung.

Die Delegierten, die man vorher versucht hat, für einen Sonderparteitag zu gewinnen, fühlen sich verschaukelt. Sie sollten nun mit ihrer Unterschrift unter die Obdacher Resolution bestätigen, dass sie parteischädigend gehandelt haben: »*Den Unterzeichnern ist bewusst, dass die erfolgreiche Arbeit der freiheitlichen Funktionäre und insbesondere jene der Regierungsmitglieder durch die in der Öffentlichkeit ausgetragenen Meinungsverschiedenheiten verschiedener freiheitlicher Funktionäre maßgeblich gefährdet wurde.*«[14]

Strache ist auch in Knittelfeld und denkt: »Wer spielt da mit den Menschen dieses unglaublich miese Schachspiel? Ist das jetzt die Schuld der Riess-Passer? Ist das die Schuld des Haider?«[15] Strache glaubt heute, dass Knittelfeld als »bewusst herbeigeführter Zerstörungsakt«[16] von Haider inszeniert wurde. Trotzdem unterschreibt er den von Haider und Riess-Passer formulierten Antrag auf Zurückziehen des Sonderparteitages. »Strache hat in Knittelfeld selber noch eine Brandrede gehalten«, erzählt Stadler, »wobei es für ihn einfach nur eine Möglichkeit war, sich vor den Delegierten in Szene zu setzen, weil er darin nur eine Karrieremöglichkeit gesehen hat, und um später in der Haider-Crew weiter mitschwimmen zu können.«[17]

Im Bus von Knittelfeld nach Wien greift Stadtrat Johann Herzog zum Mikrofon und ruft seinen Parteikollegen zu: »Heute haben wir ein Stück Parteigeschichte geschrieben.«[18] Aber nicht so, wie Haider es sich vorgestellt hatte. Haider sitzt mit Knittelfeld einer Fehleinschätzung auf. Er glaubt nicht, dass Regierungsmitglieder der FPÖ wegen des Rebellentreffens zurücktreten könnten. Riess-Passer, Westenthaler und Finanzminister Grasser tun es aber.

Strache hat seit Knittelfeld ein »ambivalentes« Verhältnis zu Haider. Dessen »Verhaltensmuster und Entscheidungen« seien für ihn »rationell nicht mehr nachvollziehbar« gewesen[19]. Er nimmt Haider übel, dass er nicht wie versprochen wieder Parteichef wird. Erfolglos übernehmen das Parteizepter zuerst Mathias Reichhold und dann Herbert Haupt.

Am 6. März 2004 wird Strache mit 84,6 Prozent der Delegiertenstimmen zum Wiener Parteichef gekürt. Straches Feind Scheibner wird aus dem Vorstand gewählt. Strache ist als Wiener FP-Chef jetzt Mitglied des Bundesparteivorstands und damit im inneren Machtzirkel. Dort erlebt er sein »Schlüsselerlebnis« mit Haider. Es geht um die Kandidatur für die EU-Wahl. Strache will einen »gestandenen Freiheitlichen« als europäischen Spitzenkandidaten. Wenig überraschend plädiert er für Andreas Mölzer. Haiders Kandidatenliste war für ihn unannehmbar. Hans Kronberger sollte wieder auf Listenplatz 1 kandidieren. Stadler bezeichnet ihn als »ehemaligen Marxisten, der dann irgendwas geworden ist, aber jedenfalls kein Freiheitlicher«. Erst auf Platz drei steht Andreas Mölzer. »Daraufhin haben ich und ein paar andere für Mölzer den Vorzugsstimmenwahlkampf organisiert und er ist es tatsächlich geworden. Das war für Haider eine herbe Niederlage«[20], meint Stadler. Unter den paar anderen war auch Strache, der sagt, er habe »federführend bei Mölzers Vorzugsstimmenwahlkampf mitgeholfen«.[21]

Haider selbst sagt in einem *profil*-Interview: »Im privaten Gespräch mit mir hatte Strache immer Verständnis dafür, dass Mölzer Fehler macht.«[22]

Strache vergleicht in der Vorstandssitzung, in der die EU-Wahlliste beschlossen wird, die FPÖ mit Coca-Cola. »Classic« schmecke den Leuten eben besser als die »Light«-Version, sagt er in Richtung Haider. »Alles Unsinn«, habe dieser geantwortet, »die Marke FPÖ ist tot« und »diese ganzen Probleme im Integrationsbereich, die interessieren niemanden mehr«, erinnert sich Strache. Strache erwidert in seiner Erinnerung: »Lieber Jörg, nicht die Marke FPÖ ist tot, die Personen, die diese Marke nicht repräsentieren, die sind in Wirklichkeit politisch tot.«[23] Nach dieser Auseinandersetzung sei Strache klar gewesen, dass er »natürlich unten durch war«[24].

Mit Haider duelliert er sich nur verbal, bei anderen zückt Strache auch den Säbel. Am 9. Oktober 2004 hält er auf der Festung Hohensalzburg vor Korporierten einen Vortrag über den EU-Beitritt der Türkei und die Rolle der Burschenschaften in der FPÖ. Lutz Weinzinger erinnert sich: »Ein Arzt aus der Burschenschaft Rugia zu Salzburg hat ihn wirklich ganz blöd angesprochen, hat gesagt: ›Was glaubst denn du, dass du jetzt auf einmal die FPÖ wieder auf Vordermann bringen kannst. Das ist vorbei, das ist aus, die FPÖ ist tot.‹ Strache hat gesagt: ›Nein, das ist sie nicht! Sie sind Waffenstudent, ich bin Waffenstudent. So geht man nicht miteinander um.‹ Sagt der Arzt: ›Wenn Sie wollen, bitte sehr, fühlen Sie sich kontrahiert.‹«[25]

Es kommt zum Duell. Weinzinger ist dabei und muss die Partie beurteilen. Es wird auf der sogenannten »Mittelschulmensurebene« gefochten, das bedeutet, die Mensur dauert »40 Gänge, ein Gang dauert 6 Sekunden«, erklärt Weinzinger. Für Strache ist es die siebente Mensur, er musste dafür extra umlernen. In Wien habe »man Schläger und die Salzburger fechten mit Säbel«, klärt Weinzinger auf, was soviel bedeutet, wie dass Straches Wiener Vandalia bei der Mensur auf die Schädeldecke drischt und die Salzburger Rugia auf den Oberkörper. Weinzingers Urteil über Straches Duell: »Gut war er, aber geschwitzt haben sie alle zwei wie die Teufel. Und geschenkt haben sie sich auch nichts. Beide haben ein paar Treffer bekommen. Es musste kein Arzt eingreifen.«[26]

Die Gründung des BZÖ war keine, die von heute auf morgen passiert ist. Sie kündigt sich in vielen kleinen Schritten an. Strache erinnert sich, dass Haider in einer Sitzung drohte: »Es macht alles keinen Sinn mehr, ich geh jetzt. Und wir machen da etwas anderes, etwas Neues.«[27]

Neugründung, Bewegung, Abspaltung. Damit hat sich Haider

schon in den Neunzigerjahren intensiv auseinandergesetzt. So beschließt die Partei 1995 eine »Neugründung«. Der neue Name »Die Freiheitlichen« und die Abkürzung »F« sollen die Partei in eine Bürgerbewegung umwandeln. Ende der Neunzigerjahre gibt Haider unter anderem dem damaligen FPÖ-Bundesgeschäftsführer Gerald Mikscha und Susanne Riess-Passer den Auftrag, ein Konzept für eine Neugründung der FPÖ zu erstellen. Auslöser für Haiders Neugründungsidee war die Affäre um Peter Rosenstingl. Der damalige FPÖ-Nationalrat Peter Rosenstingl hatte 1998 die niederösterreichischen Freiheitlichen fast in den Ruin geführt, nachdem er Gelder und Kredite veruntreut hatte. Der Gesamtschaden belief sich auf 3,74 Millionen Euro.[28] Die rechtlichen und finanziellen Konsequenzen einer Neugründung waren Haider damals aber zu riskant.

Die Idee von zwei Parteien im dritten Lager gefällt nicht nur Haider. »Getrennt marschieren – vereint schlagen« ist auch eine Idee des ehemaligen Dritten Nationalratspräsidenten der FPÖ, Thomas Prinzhorn. Haider erinnert sich, dass er im Sommer 2001 auf Prinzhorns Jagd in Stadl an der Mur in der Obersteiermark war. Damals habe Prinzhorn zu ihm gesagt: »Du machst mit der FPÖ die rechte Politik, wir machen eine kleine Wirtschaftstruppe, Grasser, Prinzhorn, Riess. Wir repräsentieren die Wirtschaftsliberalen.«[29]

Noch versucht Haider aber mit allen Mitteln, den Rebell Strache in Zaum zu halten. Ein Regierungsamt winkt. Haider bietet Strache im Juni 2004 das Sportstaatssekretariat an. Strache verweigert. Haider geht bei einer Bundesparteivorstandssitzung am 15. Juni 2004 in die Offensive. Er »überrumpelt Strache mit dem Angebot, neuer FPÖ-Bundesparteiobmann zu werden«.[30] Strache lehnt ab. Strache sagt heute, seine Kritik über den Parteikurs habe Haider rasend gemacht und aus dieser Situation heraus habe Haider »flapsig« gemeint: »Na, dann übernimmst du halt die Partei.« – »Angebot war das keines«, sagt Strache.[31]

Trotzdem ist so der Weg für Ursula Haubner frei. Haiders Schwester soll die Partei wieder einen. Auch sie versucht Strache einzubinden, bittet ihn vor dem Parteitag 2004, einer ihrer Stellvertreter zu werden. Das hält Herbert Scheibner für Haubners schwersten Fehler: »Ich habe der Haubner gesagt, den Strache kannst du nicht einbinden. Für solche Leute ist jeder Kompromiss ein Zeichen der Schwäche. Die würden nie einen Kompromiss eingehen, wenn sie wissen, dass sie stärker sind. Wenn die einmal fünfzig Prozent und eine Stimme haben, ist der andere weg. Und zwar ratzeputz.«[32]

Haubner muss am Parteitag in Linz am 3. Juli 2004 mit 79 Prozent ein enttäuschendes Abstimmungsergebnis einstecken. Ihr Vorgänger Haupt wurde mit 87,8 Prozent gewählt. Schuld daran ist ihrer Ansicht nach die Strache-Partie. »Da hab ich schon das Gefühl gehabt, dass eine starke Gruppe um Strache diese Abstimmung so gelenkt hat, dass mein Ergebnis kein gutes gewesen ist.«[33] Strache wird mit 74,8 Prozent gemeinsam mit Günther Steinkellner zu Haubners Stellvertreter gewählt. Stadler wird Vorsitzender der freiheitlichen Parteiakademie.

Wenn jemand aus der Haubner-Gruppe in der Öffentlichkeit A sagt, sagt einer aus der Strache-Gruppe B. Ein Beispiel ist der Streit um den EU-Beitritt der Türkei. In einer Präsidiumssitzung werden Scheibner und Strache gebeten, eine gemeinsame Linie zu formulieren. Wörtlich wird die Position festgesetzt und am nächsten Tag in einer Pressekonferenz präsentiert. Strache habe aber plötzlich gemeint, »schon wieder fällt diese Regierungsmannschaft um und macht nur, was der Schüssel sagt«[34], behauptet Scheibner.

Bei einer der folgenden Vorstandssitzungen Anfang 2005 denkt sich Haider: »Nein, das ist nicht mehr meine Partei und das sind nicht die Leute, mit denen ich zusammen sein will.«[35] Stefan Petzner begleitet Haider zu der Sitzung und trifft Strache zum ersten Mal persönlich. Haider verlässt die Sitzung, sagt Petzner, dass er gleich wiederkomme. Er kommt nicht mehr, auf Petzners Anrufe reagiert er nicht. »Das hat er vorher und nachher nie mehr gemacht, dass nicht einmal das Telefon abgehoben hat, sondern einfach abgehauen ist.«[36]

»Selbstverständlich war Strache schuld an der Gründung des BZÖ«, meint Haider kurz vor seinem Tod. Vor allem dessen Angriffe auf seine Schwester Ursula Haubner ärgern den Kärntner Landeshauptmann. Strache habe die damalige FPÖ-Vorsitzende »mit Strafanzeigen bedroht und sie kriminalisieren wollen«[37].

Was war vorgefallen? Strache verlangt Unterlagen über die Finanzgebarung der Partei. Er sieht das als seine Pflicht als Vorstandsmitglied. Haubner geht das andauernde Sitzungsthema »parteiinterne Finanzen« auf die Nerven. »Ich hatte nichts zu verbergen. Strache hatte volle Einsicht«[38], meint sie. Einsicht nehmen ist Strache zu wenig, er will die Unterlagen.

Er schreibt zwei eingeschriebene Briefe an Haubner, einen Ende Jänner und einen weiteren Mitte Februar 2005, mit der Aufforderung, ihm die »Rechnungsabschlüsse der FPÖ von 1999 bis 2003« auszuhändigen. Im zweiten Brief droht er mit Klage auf Herausgabe. Haubner lehnt ab: »Ich schicke nicht schriftliche Unterlagen in der Gegend herum, im Wissen, dass diese Dinge dann den internen Kreis verlassen können.«[39]

Strache glaubt, damit die Absetzbewegung der Gruppe rund um Haider in Gang gesetzt zu haben, nach dem Motto: »Lassen wir die FPÖ als Hülle mit Schulden zurück, das traut sich keiner zu übernehmen, die können das nie bewältigen – und wir machen etwas Neues!«[40] Hier habe Haider »agiert wie ein Vater, der seine eigene Familie im Stich lässt, ein Haus auf Schulden baut, sich einen Porsche kauft und dann mit dem Porsche und dem Familiensilber davonfährt. Wenn jemand so was macht, dann ist er in der Regel für die Familie gestorben«.[41] Haider habe »immer allen anderen die Schuld gegeben, niemals seiner Schwester als Parteiobfrau, niemals sich selbst«[42], schimpft Strache.

Am 7. März 2005 leitet Haubner den letzten Bundesparteivorstand als FPÖ-Obfrau, wo sie sich ärgert, »ständig wegen der Finanzen angegriffen und medial auf das ›Schwester von Jörg Haider sein‹ reduziert zu werden. Irgendwann sagt man sich, hat man das notwendig?«.[43]

Haubner bietet ihren Rücktritt an, die Teilnehmer lehnen ab. Stattdessen legt Strache in dieser elf Stunden dauernden Marathon-Sitzung die Stellvertretung zurück. Auch Mölzer, Stadler, Johann Gudenus und der Seniorenring-Obmann Karl Wimleitner ziehen sich aus dem FPÖ-Vorstand zurück. Eine Reformgruppe soll eine Neuausrichtung der Partei planen.

Nochmals wird versucht, die Wogen zu glätten. Haider und Strache verabreden sich Mitte März beim Nobel-Italiener »Cantinetta Antinori« in Wien. Haider beteuert laut Strache, »er will keine eigene Partei gründen, das hat er nie vorgehabt, und bei Gott liegt ihm nur am Herzen, dass wir die Partei retten. Dann hab ich gesagt: Ja, aber bitte keine leeren Worte – dann bringen wir das auch zu Papier!«.[44] Sie vereinbaren einen weiteren Termin.

Herbert Kickl, damals Geschäftsführer der Parteiakademie, spürt kurz vor Ostern, dass sich »rund um Vorstandssitzungen was zusammenbraut, jetzt machen sie scharf«[45]. Kickl und der damalige FPÖ-Bundesgeschäftsführer Arno Egger versuchen, zwischen Haider und Strache zu vermitteln. Kurz danach muss Kickl als Geschäftsführer der Parteiakademie den Rechenschaftsbericht von allen Kuratoriumsmitgliedern unterzeichnen lassen. Er geht in die Agentur von Haiders Werbemann Gernot Rumpold in Wien. In Kickls Erinnerung war es kurz vor der Osterwoche, also vor dem 21. März 2005. Dort sitzen unter anderem Haider, Haubner, Scheibner. Kickl bekommt mit, dass über den Namen eines neuen »Vereins« geredet wird, und meint ironisch: »›FKK‹, am besten »Freiheitlich Konstruktive Kräfte‹.« Vom BZÖ sei bei dieser Sitzung noch nicht die Rede gewesen. »Haider hat sich ziemlich zurückgehalten und geschaut, was die anderen reden. Die Haubner war verzweifelt. Ich habe gesagt: ›Schau, eine Partei gibt man nicht ab wie einen Mantel an der Garderobe, sagt Kickl.‹« Aber die »Scharfmacher« wie Rumpold und Uwe Scheuch seien anderer Meinung gewesen.[46]

Rumpold, weil er laut Kickl das große Geschäft gewittert habe, und Scheuch, weil er verhindern wollte, dass Strache in der FPÖ in höhere Positionen kommt. »Scheuch war der Einzige ungefähr im gleichen Alter, der auch ein bisserl was gleichschaut und der vielleicht irgendwann einmal in diese Fußstapfen rücken kann«, meint Kickl[47]. Arno Egger wiederum ist sich sicher, dass er kurz vor Ostern mit Rumpold nur den geplanten Bundesparteitag vom 23. April vorbereitet hat. Er verneint, dass bereits vor Ostern über eine neue Partei geredet wurde.[48] Für Rumpold macht es sich tatsächlich bezahlt. Er kassiert für die Plakatkampagne des BZÖ und auch für den FPÖ-Parteitag 30.000 Euro von den Freiheitlichen, nur knapp vor der Spaltung.[49]

Am 21. März 2005, zwei Wochen vor der Gründung des BZÖ, reist Strache zu einer Aussprache mit Haider nach Klagenfurt. Sie treffen einander bei einem Italiener in der Innenstadt. Haider beginnt seine Vorstellungen handschriftlich zu Papier zu bringen. Strache meint: »Du, lass das, ich glaub, dieser Käsezettel da ist sicher nicht das geeignete Instrumentarium. Ich hab da was vorbereitet«[50] und legt sein Papier auf den Tisch.

VEREINBARUNG

Der Landeshauptmann von Kärnten, Dr. Jörg Haider, und der Landesparteiobmann von Wien, HC Strache, treffen nachstehende Vereinbarung:

I

Dr. Jörg Haider und HC Strache bedauern den Zwist, der die FPÖ seit geraumer Zeit in ihren Grundfesten erschüttert und in den letzten Wochen offen zutage getreten ist.

Beiden ist bewusst, dass die innerparteilichen Verwerfungen der FPÖ an den Alltagssorgen der Menschen vorbeigehen.

Jörg Haider und HC Strache bekunden daher die unerschütterliche Absicht, die Partei und ihr politisches Wirken wieder uneingeschränkt in den Dienst der Bürger dieses Landes zu stellen und alle Auseinandersetzungen, die diesen Dienst am Bürger beeinträchtigen, nach allen Kräften zu verhindern.

Jörg Haider und HC Strache entschuldigen sich persönlich für das Schauspiel, das Repräsentanten der FPÖ in der jüngeren Vergangenheit geboten haben.

Es darf nicht wieder geschehen, dass sich die Partei selbst in den Mittelpunkt ihrer Aktivitäten stellt. Mittelpunkt aller Bemühungen können nur die Menschen in Österreich und Österreich in Europa sein.

II.

Alle Aktivitäten, die auf eine Abspaltung einer Gruppierung von der FPÖ, auf eine Spaltung der Partei oder ihre Übernahme zielen, werden eingestellt [»werden eingestellt« wurde von Jörg Haider durchgestrichen und handschriftlich durch »sind gegenstandslos« ersetzt].

Gleichzeitig wird der Wille zur strukturellen und inhaltlichen Erneuerung bekundet.

Dr. Jörg Haider und Heinz-Christian Strache bekennen sich zur Freiheitlichen Partei Österreichs als unteilbare Gesinnungsgemeinschaft, deren programmatische Grundlage im jeweils gültigen Bundesparteiprogramm festgelegt ist.

Die Bewerbung neuer programmatischer Auffassungen hat innerhalb der satzungsgemäßen Parteigremien stattzufinden. Nicht zulässig ist es, offen programmwidrige Standpunkte über die Medien zu verbreiten. Dies darf im Ausnahmefall nur dann geschehen, wenn hierüber Einvernehmen herrscht.

Dr. Jörg Haider und HC Strache werden den Bundesparteitag insofern um eine kollegiale Richtlinienkompetenz ersuchen.

Ein sachlicher, offener, auch kontroverser Diskurs muß in den Gremien aber immer möglich sein, so wie es einer demokratischen, pluralistischen und plebiszitären Partei gebührt. Die Gremien sind das Forum, in dem der offe-

ne konstruktive Austausch von Meinungen, auch solcher, die dem Zeitgeist oder gültigen Programmatik entgegenstehen, gewünscht ist. Hier muß immer Platz sein für den Wettbewerb der Ideen. Jedes Mitglied, das sich diesem Wettbewerb stellen will, ist willkommen.

Nur so bleibt die Partei erneuerungsfähig.

Die zentrale Aufgabe der Regierung muß darin liegen, die Sicherheit der Bevölkerung zu garantieren bzw. alle möglichen Mittel zu ergreifen, um die stark gestiegene Kriminalität einzudämmen. Die FPÖ wird in ihrer Funktion als Regierungspartei jede Möglichkeit ausschöpfen, um die Exekutive, aber auch das Bundesheer zu stärken und auch den personellen Kahlschlag der vergangenen Jahre zu beenden und die personellen Strukturen zu erweitern.

Der Wirtschaftsstandort Österreich hat durch die schlechte globale Wirtschaftslage in den letzten Jahren sehr gelitten. Die positiven Initiativen der Bundesregierung mit Steuerreform und Investitionen müssen nachhaltig gestärkt werden. Eine weitere Etappe der Steuerreform ist in Vormerk zu nehmen. Die Leistungsträger der Gesellschaft, die fleißigen und tüchtigen Menschen dieses Landes, müssen auch in Zukunft von der Regierungsbeteiligung der FPÖ profitieren. In diesem Zusammenhang muß die gesetzliche Grundlage dafür geschaffen werden, dass der Sozialmissbrauch hintangehalten wird.

Gezeichnet 21.3. HC Strache und Dr. Jörg Haider

Vereinbart wird eine Koexistenz, »ich mache den Obmann und Strache übernimmt die Geschäftsführung«[51], sagt Haider. Der Kärntner Landeshauptmann korrigiert handschriftlich die Passage, »alle Aktivitäten, die auf eine Abspaltung einer Gruppierung von der FPÖ, auf eine Spaltung der Partei oder ihre Übernahme hinauslaufen, werden eingestellt«. Haider ersetzt »werden eingestellt« durch »sind gegenstandslos«. Die beiden paraphieren die Vereinbarung. Haider bittet Strache: »Sag vierzehn Tage zu niemandem was und in der Öffentlichkeit auch nichts. Ich bin jetzt vierzehn Tage im Ausland, komm am 5. April zurück, dann machen wir die Pressekonferenz und werden es der Öffentlichkeit darlegen.«[52]

Haider wiederum erinnerte sich, zu Strache gesagt zu haben, er »soll damit einmal in seine Gremien in Wien gehen, ob das sozusagen von denen da mitgetragen wird«[53].

In einem Gedächtnisprotokoll hält Strache außerdem fest, dass Haider von ihm verlangt habe,

… dass »der Eurofighter-Kauf nicht mehr thematisiert wird«;

… dass »die FPÖ-Finanzschulden nicht weiter überprüft werden«;

… dass »die Wirtschaftsaktivitäten von Frank Stronach kein Thema mehr sein sollen, da dieser als Sponsor in Zukunft in Frage« käme;

… dass die FPÖ »jedem heftigen inhaltlichen Konflikt mit der ÖVP aus dem Weg gehen« solle.[54]

Haider fährt nach Kanada. Er besichtigt dort auf Einladung Frank Stronachs Magna-Produktionsstätten.[55] Andreas Mölzer prescht in der Zwischenzeit vor. Er fordert in einem Interview die »Verjüngung« der Parteiführung, Strache wäre »ein geeigneter Parteiobmann, davon versuche ich ihn zu überzeugen«[56]. Nur einen Tag später folgt die »Retourkutsche«.

Während Haiders Abwesenheit soll Mölzer aus der FPÖ ausgeschlossen werden. Die Sitzung leitet der damalige Kärntner FPÖ-Obmann Martin Strutz, der Strache als »destruktiv«[57] kritisiert. Dort sei versucht worden, Strache »quasi zu erpressen, um für Mölzers Ausschluss zu stimmen«. »Sei g'scheit, wenn du eine politische Zukunft haben willst, stimm für den Ausschluss«, erinnert sich Strache[58]. Mölzer wird ausgeschlossen, eine Kriegserklärung an Strache. Die rechtliche Absegnung des Ausschlusses im Bundesvorstand scheitert aber, fünf Landeschefs stimmen dagegen, eine Blamage für Haubner. Die Koalition steht am Abgrund.

Die Abspaltung rückt näher. Haider gibt als Corpus Delicti dafür ein Interview von Strache in der *Oberösterreichischen Rundschau* an. Dort habe Strache angefangen, gegen ihn »loszulegen«. Wegen der »Türkei« und dass er ein »Verräter«[59] sei. Zu finden ist in der betreffenden Zeitung aber »nur« Straches Ärger über das »innerparteiliche Kasperltheater«[60].

Es gibt noch ein letztes, bisher nicht bekanntes Treffen zwischen Haider und Strache in einem Wiener Hotel. Petzner ist dabei. Strache hat ein Geschenk für Haider, ein »Helfer« trägt es. Es war ein Ölgemälde »in Kastengröße«, sagt Petzner, »ein Bild von der Türkenbelagerung in Wien«[61]. Haider und Strache führen ein Vieraugengespräch. Petzner und Haiders Chauffeur beraten unterdessen, wie sie das Bild transportieren sollen, es passt nicht in den Kofferraum. Der Inhalt des Gesprächs war laut Petzner, dass Strache sich nicht an die Vereinbarung gehalten habe und Haider beschimpfen würde. Strache habe Haider wie »ein trotziges Kind[62]« in der Türkei-Frage belehren wollen, erzählt dieser später Petzner. Haider habe das nur als »skurril« empfunden. Den »Ölschinken« lässt er später in den Keller der Kärntner Landesregierung räumen. Strache erinnert sich an ein solches Treffen aber nicht, ein Bild von der Türkenbelagerung, »einen Stich«, habe er Haider jedoch zu dessen 55. Geburtstag geschenkt.[63]

Dann geht alles Schlag auf Schlag. Ende März, vier Tage vor dem Gründungstag des BZÖ, kommt es zum finalen Treffen der Abspalter auf Schloss Obermaierhofen in der Steiermark; Jörg Haider, Ursula Haubner, Hubert Gorbach, Günther Steinkellner, Uwe Scheuch und Gernot Rumpold sind dabei. Parteiname und Parteifarbe werden festgelegt. Das Problem: fast alle Farben sind politisch besetzt. Rosa und Weiß kommen nicht in Frage. Orange steht bald außer Streit, die Anleihe wird an der Ukraine genommen. Sie ist damals täglich wegen deren Revolution in den Weltnachrichten. Das gefällt Haider, Orange als Symbol für Neubeginn und Umbruch. Beim Parteinamen gibt es erneut lange Diskussionen. Haider besteht auf das Wort »Bündnis«. Der Kärntner Landeshauptmann sucht Anleihen an seinem Lieblingsland Italien, dort gibt es gerade ein Mitte-Links-Bündnis »Ulivo«. »Bei Bündnis und Zukunft waren wir uns alle einig«, meint Haubner, sie wollte aber unbedingt »frei« im Parteinamen haben, »weil ich gesagt hab, von dem Wort Freiheit sollten wir uns nicht ganz verabschieden, unsere Gesinnung hat sich ja nicht geändert«.[64]

Die ÖVP, insbesondere der damalige Bundeskanzler Schüssl, ist in die BZÖ-Gründung eingebunden, bestätigt Haider: »Ja, er war laufend informiert.«[65]

4. April 2005. Strache ist unterwegs zum vereinbarten Treffen mit Haider. Auf dem Weg dorthin läutet sein Telefon. Strache erfährt von Vilimsky, dass Haider eine Pressekonferenz angekündigt hat und die Gründung einer neuen Partei zelebriert werden soll. Strache denkt sich: »Na, schau, *so* spielt er!«[66] Er geht ins Restaurant »Danieli«. Dort sitzen schon Gerhard Bauer, ein entfernter Verwandter Straches und damals noch FPÖ-Mitglied, und Hilmar Kabas. Haider kommt eineinhalb Stunden zu spät und sagt: »Freunde, das werdet ihr verstehen, mit mir könnt ihr so nicht mehr verfahren. Mir tut das auch weh, wenn ich von der FPÖ gehen muss, aber das ist nicht mein Problem. Ja, ich trete mit sofortiger Wirkung aus. Ich gründe eine neue Partei.«[67]

Alle hätten »konsterniert« dreingesehen, meint Haider, weil »sie nicht damit gerechnet haben, dass wir das tun«[68]. Strache erinnert sich an einen lachenden Haider, der der wartenden Runde mitteilte, »das zählt alles nichts mehr, und das geht alles nicht mehr, auf Wiedersehen«[69]. Hilmar Kabas, der damals längstdienende Freiheitliche im Bundesvorstand, wird interimistisch geschäftsführender Obmann.

Haider sitzt wieder einem taktischen Fehler auf. Er glaubt, dass ihm die Landesgruppen, abgesehen von Wien, blind folgen. Genau diese hat Strache aber so schnell wie möglich um sich herum versammelt. Strache und sein enger Beraterkreis rufen am Tag, als sich das BZÖ abspaltet, alle Länder durch und empfangen die meisten am Abend in Wien. Die Situation wird beraten, und als gefragt wird, wer die Verantwortung übernehmen will, meldet sich Strache.

Anfangs sind die Landesgruppen noch unsicher, ob sie sich Richtung Strache oder Haider orientieren sollen. Die FPÖ Tirol unter der Führung von Gerald Hauser gehört zu jenen Landesgruppen, die sich gleich zur »alten« FPÖ bekennt. Gerulf Stix erinnert sich, dass aber die einen »von ihrem schwer beschädigten Idol Haider nicht lassen wollten, die anderen setzten ihre Hoffnung auf HC Strache [...], ihm gelang es, Schritt für Schritt halbwegs Ordnung in das entstandene Chaos zu bringen«[70].

Oberösterreich, Steiermark und Vorarlberg wollen weder zur Strache-FPÖ noch zum BZÖ gehören, sondern eigenständig agieren.

Andreas Mölzer ruft zwei Tage später, am 6. April 2008, etwa dreißig Leute durch, um die Situation in Kärnten zu beraten. Die alten rechten Granden, Kriemhild Trattnig, Alois Huber und Otto Scrinzi, stellen sich hinter Strache. Der von Haider zweimal aus der FPÖ ausgeschlossene Karlheinz Klement wird kurzzeitig sogar FPÖ-Generalsekretär. Klement, der im Parlament von »Gender-Wahnsinn« sprach und meinte, der gefährlichste Ort in Österreich sei die Gebärmutter einer Frau, schafft es später aber, zum dritten Mal aus der FPÖ geschmissen zu werden, diesmal von Strache. Über Strache meint Klement, der über die Medien von seinem Hinauswurf erfahren hatte: »In Kärnten sagt man Feigscheißer zu so einem Menschen!«[71] Den Vorwurf, er habe sich in der FPÖ als nicht teamfähig erwiesen, kontert er mit »wenn der Beethoven seine Neunte Symphonie im Team hätte schreiben müssen, wäre sie heut noch nicht fertig«.

Strache sucht nach der Abspaltung des BZÖ das Gespräch mit den ehemaligen FPÖ-Chefs Norbert Steger, Friedrich Peter, Alexander Götz und mit Otto Scrinzi. Er will damit zeigen, dass die *Tradition* bei ihm ist.

Friedrich Peter will weder mit Strache noch mit Haider reden. Steger fädelt das Gespräch mit Peter für Strache ein, weil er »in seiner Gefühlswelt in der Tradition Friedrich Peters ist«[72], und meint damit die rotblaue Achse. Strache kommt zu einem Vortrag von Peter im Juni 2005 im Liberalen Klub, wo Peter der freiheitlichen Sache nur Chancen gibt, wenn sich Haider und Strache die Hände reichen.[73]

Peter schreibt kurz vor seinem Tod[74] einen langen Brief an Strache, wo er »anerkennt, dass Strache auf dem Weg der Besserung ist«[75], sagt Steger. Strache erinnert sich an Peters Rat, das »Spannungsverhältnis zwischen liberal und national, das es in der FPÖ immer gab, zu überwinden und es nicht als Gegensatz zu sehen.«[76]

Der frühere Wiener FPÖ-Chef Erwin Hirnschall und andere melden sich bei Norbert Steger und sind ob eines Parteichefs Strache skeptisch. Zu wenig Intellektualität sei vorhanden, meinen sie. Steger beruhigt: »Das ist vollkommen falsch, was ihr da meint. Genau jetzt wäre ein Intellektueller der Tod. Ich glaube, dass ein Intellektueller in dieser Situation die Partei nicht mehr nach vorne gebracht hätte.«[77]

Bei einer Parteispaltung entscheiden laut Steger diejenigen, »die weggehen, was die anderen sind. Es ist dem Haider gelungen, so zu tun, als wäre plötzlich der, den er verlässt, nämlich der Strache, der, von dem die Nazisprüche stammen. Das ist aber nicht wahr, sondern es war schon Haider, der diese Sprüche instrumentalisiert hat, und ich muss lachen, wenn plötzlich Kommentatoren sagen, das BZÖ ist irgendwie liberal«[78]. Haider ist laut Steger das gelungen, was zuvor Riess-Passer, Westenthaler und Heide Schmidt gelungen sei: »Die toten Indianer in diesem politischen Lager sind plötzlich die Liberalen. Nur weil einer politisch tot ist, ist er noch lange kein Liberaler.«[79]

Die Parteispaltungen im dritten Lager seien nichts Neues, meint Mölzer, »die deutsche Zwietracht im Lager der Deutschnationalen hat einfach Tradition. Es liegt an Individualismus oder Besserwisserei und Querulantentum, auch an einer gewissen Form von Politikunfähigkeit. Das ist leider so«[80].

Die ersten Monate nach der BZÖ-Abspaltung sind von Parteiausschlüssen, Gezerre um Namen, Räumlichkeiten, Ressourcen geprägt.

So ist die Verwirrung perfekt, als das BZÖ zwei Tage nach der Gründung in Kärnten als »Die Freiheitlichen« auftritt.

»Eine Spirale des Irrsinns dreht sich schneller und schneller. Parteifunktionäre, die sich ob ihrer gemeinsamen Gesinnung bisher als Kameraden ansprachen, schließen sich gegenseitig aus. Sie bezichtigen die vormaligen Mitkämpfer des Verrats und Betrugs, werfen ihnen Charakterlosigkeit, Sesselkleben und Käuflichkeit vor. Der Feind lag im eigenen Bett. Nach der Trennung wird der Schlüsseldienst gerufen. Polizei und Gericht sollen klären, wem Büro, Schreibtisch und Hausrat gehören und wer die ungedeckten Schulden abstottern muss.«[81]

Doch schon bald nach der Spaltung werden immer wieder Gerüchte und Forderungen nach einer Wiedervereinigung laut. Mölzer bietet »den restlichen orangen Funktionären in Kärnten das Angebot einer ›Wiedervereinigung‹ an, außer ›Haider, die Gebrüder Scheuch und Martin Strutz. Diese vier sind verstockte orange Wiederholungstäter, auf die können wir verzichten‹«.[82] Mölzers publizistische Ergüsse ärgern Haider und er reagiert auf »oranges Sardellenringerl, Fall für die Mikroskopie, politische Geruchsbelästigung, Sprechdurchfall, Polit-Schizophrenie«[83] mit »Andreas Mölzer scheint sich des Problems der blauen Inhaltsleere und des damit zusammenhängenden Fehlens von klugen Köpfen bewusst zu sein [...] Ewald Stadler attestiert mir soeben ›allgemein bekannte multiple Persönlichkeitsspaltungen‹. Als Volksanwalt richtet er mir das via Presseaussendung aus, die ich auf meinen Schreibtisch gelegt bekomme, während ich diese Zeilen schreibe. Politische Agitation eben«.[84]

Doch das Hauptproblem der Spaltung sind die Schulden. Die FPÖ könnte zum Konkursfall werden, nicht nur politisch. Ein Prüfbericht beziffert den Schuldenstand am 14. Juni 2005 mit ungefähr 5,5 Millionen Euro. Peter Fichtenbauer wird auf den Plan gerufen. Er zählte einst zum liberalen Kreis um Norbert Steger. Fichtenbauer meint, in dieser schwierigen Finanzsituation habe er »im Wüstensturm die Zeltstange festgehalten«.[85] Die Banken wollen sofort über zwei Millionen Euro, alle FPÖ-Länderorganisationen müssen aushelfen.[86] Der Rechtsanwalt qualifiziert den Versuch des BZÖ, die Rechtsnachfolge für die FPÖ anzutreten, als »kühnen juristischen und gedanklichen piratenartigen Handstreich«.

Gezeigt hat sich das auch unter anderem bei der Besetzung der Bundeswahlbehörde vor der Wahl 2006. Die Bundesregierung beruft BZÖ-Mitglieder, »das hat die Rechtsordnung wirklich auf den Kopf gestellt. Man sieht, wenn Machtinstrumente etwas Bestimmtes wollen, ist die Bereitschaft, den Rechtsbruch zu begehen, nahezu unlimited«, kritisiert Fichtenbauer.[87]

Am 23. Oktober 2005 schafft die FPÖ unter Strache bei den Wiener Gemeinderatswahlen 14,88 Prozent (2001: 20,16 Prozent). Das BZÖ dagegen liegt in Wien mit 1,15 Prozent unter der Wahrnehmungsschwelle und hinter der KPÖ. Die bis dahin widerspenstigen Landesgruppen Vorarlberg und Oberösterreich kehren in den Schoß der freiheitlichen Mutterpartei zurück. Ein Anti-EU-Volksbegehren von der FPÖ unterschreiben 260.000 Menschen.

Im Frühjahr 2006 der nächste finanzielle Schlag. Die Bundesregierung streicht der FP-Akademie 1,44 Millionen Euro Förderung. Die Begründung: Laut Publizistikförderungsgesetz müsste die FPÖ, um Akademieförderung zu erhalten, von mindestens fünf Abgeordneten im Nationalrat unterstützt werden. Seit dem Austritt der Abgeordneten Helene Partik-Pablé, Detlev Neudeck und Maximilian Hofmann sei dies jedoch nicht mehr der Fall.[88] Drei Monate später kürzt die ÖVP-BZÖ-Regierung der FPÖ weitere 100.000 Euro.

Nationalratswahlen 2006

Das BZÖ tritt zum ersten Mal an und muss über die Vier-Prozent-Hürde klettern, um ins Parlament einziehen zu können. Straches Erzfeind Westenthaler ist Spitzenkandidat des Bündnisses. Die Orangen bekommen von der Regierung den bisher freiheitlichen Sitz in der Bundeswahlbehörde. Diese spricht dann aber doch den dritten Platz am Stimmzettel der FPÖ zu, das BZÖ darf aber wunschgemäß als »Die Freiheitlichen – Liste Westenthaler – BZÖ« antreten. Es ist ein brutaler Wahlkampf. Die FPÖ schaltet Werbekampagnen mit Parolen wie »*Deutsch statt nix verstehn*«, »*Daham statt Islam*« und »*Pummerin statt Muezzin*«.

Strache wirft Haider vor, »Werbemanager für EADS«, der Eurofighter-Firma, zu sein und am »Gängelband der Waffenlobby« zu hängen.[89] Danach kommen Spesenvorwürfe gegen Haider und Ex-Vizekanzlerin Riess-Passer. Ein Gerücht macht Strache nämlich große Sorgen: Riess-

Passer soll 2006 für die ÖVP kandidieren, ganz nach dem Vorbild des früheren Finanzministers Grasser. Bestätigt wird das von der Volkspartei nie. Ein erneuter Wahlerfolg der ÖVP auf Kosten der FPÖ hätte unter Umständen das Aus für die Freiheitlichen bedeuten können. Die FPÖ klagt Riess-Passer in einem Schadenersatzverfahren auf mehr als 500.000 Euro, die sie angeblich ohne entsprechende Parteibeschlüsse verbraucht hätte. Steger glaubt, dass der Prozess angestrengt wurde, »damit Riess-Passer nicht wichtig wird für die ÖVP, und das ist ja aufgegangen. Wie der Prozess ausgeht, war Strache vergleichsweise egal. Nur wenn du so einen Prozess hast, dass du möglicherweise Veruntreuung begangen hast, kannst nicht gleichzeitig kandidieren«.[90][91]

Das BZÖ zieht mit knappen 4,11 Prozent ins Parlament ein. Die FPÖ feiert mit 11,04 Prozent ihre »Wiedergeburt«. Strache ist als Parteichef unumstritten, »nun ist für jedermann sichtbar, wer das Erbe der FPÖ angetreten hat«.[92] Haider ist nach dem Wahlergebnis deprimiert, sitzt spätnachts in seinem Landeshauptmannbüro, nur eine Schreibtischlampe ist eingeschaltet, und denkt darüber nach, ob das Experiment BZÖ gescheitert ist.

Jörg Haider will wohl auch aus diesem Grund die Gesprächsbasis mit Mölzer wieder auftauen, besucht ihn nach der Wahl 2006 einige Male. Dieser informiert aber Strache, weil er nicht als »Verräter« dastehen wolle. Haider kommt in Mölzers Büro in den 4. Bezirk »mit so einen Blumenstrauß für meine Frau [...] Petzner muss draußen im Auto warten, weil der kommt mir nicht ins Haus«, sagt Mölzer.[93]

Um den Jahreswechsel 2007/08 finden auch konkrete Bemühungen von Kabas statt, eine Gesprächsbasis zwischen Haider und Strache wieder aufzubauen. Es scheitert an Strache.

Nationalratswahl 2008
Die große Koalition schafft es nur knapp zwei Jahre, im Amt zu bleiben. Die FPÖ rechnet fest damit, dass das BZÖ bei der nächsten Wahl aus dem Parlament fliegen wird. Die Umfragen gibt ihr auch Monat für Monat recht. Im BZÖ geht man deshalb auf intensive Suche nach einem Spitzenkandidaten. Niemand außer Westenthaler will antreten. Doch der ist zu diesem Zeitpunkt in erster Instanz nicht rechtskräftig, wegen einer falschen Zeugenaussage in der »Prügelaffäre« am Wahlabend 2006

zu neun Monaten bedingter Haft verurteilt worden. Intern ist nicht nur deshalb klar, dass jemand anderer Spitzenkandidat werden muss. Gefragt werden viele ehemalige Granden wie Riess-Passer und Grasser. Alle lehnen ab. Jörg Haider steigt schließlich selbst in den Ring.

Strache gegen Haider. Die FPÖ weiß, dass sie ihren Gegenspieler wieder ernst nehmen muss, und ist gezwungen, ihr Verhältnis zum BZÖ neu zu regeln. Was Strache überdenken muss, ist seine »Verräter-Rhetorik«: Haider sei der Verräter des dritten Lagers. »Diese Polemik gegen den Verräter bringt nichts, weil wenn ich ständig sag, mein Lager besteht nur aus Verrätern, dann mach ich mich bei den Wählern nicht unbedingt beliebt. Die ganzen Querelen sind schon vergessen, und wenn sie nicht vergessen werden, wählen die Leute nicht so brav FPÖ«[94], meint der rechte Historiker Lothar Höbelt. Strache befolgt diesen Rat. Petzner sagt, dass die FPÖ zeitweilig nicht wusste, wie sie mit Haider umgehen sollte, »zu aggressiv ist schlecht, aber zu defensiv schadet auch«[95].

Das rechte Lager gewinnt die Wahlen im Herbst 2008. Die FPÖ macht 17,54 Prozent und das BZÖ überholt die Grünen mit 10,7 Prozent. Rechnet man die Ergebnisse zusammen, wäre die Rechte eine genauso große Mittelpartei wie SPÖ und ÖVP.

»Der Wahlsieg der Strache-FPÖ beruht in erster Linie auf der konsequenten Behandlung des Themas Zuwanderung und erst in zweiter Linie auf der äußerst kritischen Haltung gegenüber der EU [...] nicht zuletzt ›dank‹ der *Kronen Zeitung*«, schreibt Gerulf Stix.[96]

Nach der Wahl will Haider unbedingt in eine Regierung. Dazu sind Dreierkonstellationen notwendig. Innerhalb der FPÖ gibt es Regierungsgegner wie Strache und Kickl und Regierungsbefürworter wie Fichtenbauer. Strache will nicht denselben Fehler wie Haider 2000 begehen, der nicht den »Nerv« gehabt habe, »noch eine Periode zuzuwarten und in dieser Periode Wien zu kippen. Das wäre möglich gewesen«[97].

Die ÖVP sondiert laut Strache mehrmals bei den Freiheitlichen. Hat ihm jemand den Vizekanzler angeboten? »Ja«, behauptet Strache, »der wurde mir 2006 auch schon angeboten und jetzt wieder.« – »Von den Roten oder von der Schwarzen?« – »Von den Schwarzen.« Und warum hat er Nein gesagt? »Weil ich ein Mensch bin, der Ernsthaftigkeit schätzt und nicht falsche Schalmeientöne, und es war schon 2006 so, dass man mir quasi angedeutet hat, na ja, es wäre die Möglichkeit da, Vizekanzler zu werden, Innenminister zu werden plus weitere vier bis fünf Minister auch sicherzustellen, und man ging damals davon aus, dass so etwas den Heinz-Christian Strache beeindrucken würde, dass der dann sagt, na klass, ganz toll, super, machen wir sofort ohne Inhalte, ohne Hintergründe, ohne Regierungsprogramm.«[98] Auch Scrinzi empfiehlt der FPÖ, mit dem Regieren zu warten, der Parteiapparat sei ausgelaugt und die neue Mannschaft um Strache »braucht noch Zeit und Erfahrung, um Reife zu gewinnen«. Strache könne nicht »vom Wiener Gemeinderat innerhalb von wenigen Jahren Vizekanzler werden. Die FPÖ solle die nächsten fünf Jahre auf ›Talentesuche‹ gehen, sonst drohe eine neuerliche Katastrophe wie im Jahr 2000 bei Schwarz-Blau«.[99]

Die SPÖ auf Bundesebene, insbesondere Gusenbauer und Cap, streicheln Strache, kooperieren mit ihm gerne im Parlament, wenn es um die Mehrheitsbeschaffung geht wie vor der Wahl bei Pensionen und Steuersenkung auf Nahrungsmittel. Die Rechnung könnte der Wiener Bürgermeister Michael Häupl dafür erhalten. Er ruft bereits den »Krieg gegen diesen Finsterling«[100] aus. Häupl vergleicht die FPÖ-Methoden mit jenen der Nazis: »Ich behaupte nicht, dass die FPÖ die Nachfolgepartei der NSDAP ist, dass die Freiheitlichen Faschisten sind. Aber sie wenden jene Methoden an, die in der Zwischenkriegszeit auch die Nazis angewandt haben – die Methodik der Sündenbockphilosophie.«[101] Häupl fordert, man müsse dem »Zerstörer« Strache entgegentreten. Strache erwidert: »Diese primitiven Beschimpfungen können ihm ja nur auf dem Weg von einem Punschstand zum nächsten passiert sein. Seine Methoden der tiefsten Angriffe auf tiefster Ebene, die erinnern mich in Wirklichkeit an Nazi-Methoden.«[102]

Haider dachte, über Kärnten in Österreich an die Macht zu kommen. Strache will zuerst Wiener Bürgermeister werden: »Ja, selbstverständlich, um dieses Proporzsystem in Österreich nachhaltig zu brechen, denn da ist sicherlich der Schuhlöffel Wien.«[103]

Am Wahlabend 2008 tönt Strache noch, dass er gleich Kanzler werden möchte. Vorher möchte er aber doch in die Fußstapfen von Häupl treten und Wiener Bürgermeister werden.

»LAUTER ANSTÄNDIGE PATRIOTEN«

Der eine hat in Hainburg gegen die Rodung der Au demonstriert und dabei die Geburtsstunde der Grünen live miterlebt. Der andere hatte Karl Marx in seinem Kinderzimmer stehen. Der dritte setzte sich in seiner Jugend das rote Barett mit Kommunistenstern auf und hörte amerikanischen Hip-Hop. Einer wurde zweimal von der Gestapo verhaftet, der andere sucht bis heute nach dem Heiligen Gral.

Es ist ein bunter Haufen, der zum engsten Beraterstab und Freundeskreis von Heinz-Christian Strache zählt. Manche wollen nicht einmal im selben Raum miteinander sitzen – und trotzdem prägen sie alle gemeinsam das neue Erscheinungsbild der FPÖ.

Herbert Kickl

Der Generalsekretär, Nationalratsabgeordneter, Ideologe, Stratege und Redenschreiber der FPÖ, steht Strache so nahe, dass manche in ihm den heimlichen Parteichef sehen. »Kickl ist gleich Strache«, sagt etwa Stefan Petzner.[1]

Aufgewachsen in einer roten Industriegegend in Radenheim nahe Spittal an der Drau, erlebte er schon in der Oberstufe Haiders Aufstieg in Kärnten mit, als die Arbeitersiedlung, aus der Kickl stammt, blau umgefärbt wird. Die Kickls arbeiten in der österreichisch-amerikanischen Magnesit-Gesellschaft, der Vater ist Fußballer in der Radex-Werksportgemeinschaft, spielt in der ersten und der zweiten Liga. Danach betreibt er mit seiner Frau ein Lebensmittelgeschäft in der Radex.

Vor allem Haiders Wahlplakate in Kärnten gefallen dem jungen Kickl: »Die hatten einen ganz neuen Stil, waren rotzfrech in der Ansage. Das war ein Zugang, wo ich dann gesagt hab: ›Das ist etwas, das es noch nicht gegeben hat.‹«[2]

Sein Faible für Haider lässt sich Kickl, der mit der grünen Parteichefin Eva Glawischnig in der Schule war, im Gymnasium nicht anmerken.

119

Er schlurft in Army-Hosen durch die Gegend, liest Karl Marx und gilt als Alternativer. Ein Image, das ihm auch in der FPÖ nachhängt: »Dass man mit dem Fahrradl in die Arbeit kommt, dass man sich keine Krawatte umbindet und dass man nicht aus dem Stall des RFS oder aus einer Burschenschaft kommt. Aus dieser Rasterfahndung ergibt sich dann automatisch eine linke Zuordnung«[3], sagt Kickl.

Dabei träumte er während der Schulzeit davon, Offizier zu werden, am liebsten Elitesoldat. »Also wie es jemand aushalten kann, eine halbe Stunde in einem Eiswasser zu sein, ohne verrückt dabei zu werden, das ist faszinierend«, meint er. Das Militär interessiert ihn nur so lange, bis er selbst seinen Wehrdienst ableisten musste. Danach studiert er Philosophie an der Universität Wien. »Am Institut waren die Linken überrepräsentiert. Deutscher Idealismus als Schwerpunkt – da kann man sich eh vorstellen, wie man aufgenommen wird in einem Umfeld, das Genderphilosophie und Ähnliches betreibt.« Trotzdem faszinieren ihn die Kommunisten. Die »dialektische Schulung, wie sie linke Kader haben, das ist nicht schlecht«.[4]

Seiner Diplomarbeit mit dem Titel »Die transzendentale Deduktion der Kategorien und Bewusstseinskapitel in Hegels Phänomenologie« fehlen noch immer zwei Kapitel. Kurz vor Studienende wechselt Kickl nämlich in die freiheitliche Parteiakademie. Über einen Kärntner Freund wird der Kontakt zu den Blauen hergestellt.

Mit 1. Jänner 1995 beginnt er seinen Job in der FPÖ. Rasch wird er zu Haiders persönlichem Haus-und-Hof-Dichter. Auch das freiheitliche Rechtfertigungskonvolut, das die FPÖ im Jahr 2000 nach den EU-Sanktionen gegen Österreich den sogenannten »Drei Weisen« übergibt, die von Brüssel auf Fact-Finding-Mission nach Wien geschickt worden waren, stammt zum Teil aus Kickls Feder. Heute ist er für freiheitliche Slogans wie »Pummerin statt Muezzin« oder »Daham statt Islam« zuständig.

Obwohl Haider ihn begeisterte, war Kickl dessen »Wörthersee-Partie« von Anfang an »verhasst«, sagt er. »Diese Einheitsbräune, diese Einheitsklamotten, das hat mich alles eher gestört.« Auch wenn sein Parteichef Strache sich ins Nachtleben wirft, bleibt er zu Hause. »Aus mir wird man keinen Disco-König machen.«[5]

2003, wenige Monate vor der Kärntner Landtagswahl, lernt Kickl Strache kennen. Den Kontakt legt Hans Weixelbaum, früher Mitarbeiter von Haiders Werbemann Gernot Rumpold, heute Bundesgeschäftsführer der FPÖ. Weixelbaum rät Strache, sich Kickl genauer anzusehen, den könne er brauchen. Die Haider-Fraktion hat nichts dagegen, dass der Kärntner Redenschreiber seine Beziehungen zu Wien intensiviert. Er sei von den Kärntnern sogar losgeschickt worden, um »das Klimatische ein bisserl zu verbessern und um auch abzutasten, ob es nicht Möglichkeiten gäbe, vielleicht kurzfristig finanziell etwas auszuhelfen, weil die Kärntner einen sehr intensiven Wahlkampf geführt haben«[6].

Als sich der Konflikt zwischen Haider und Strache zuspitzte, habe die Kärntner Landesgruppe allerdings von Kickl verlangt, »die Hauptangriffsspitze gegen Strache zu machen«[7] und die freiheitliche Akademie nach Kärnten zu bringen. Da habe er zu Haider gesagt: »Ich gehe nicht her und tu die größte Zukunftshoffnung der Partei versuchen zu torpedieren, nur weil du aus gekränkter Eitelkeit oder was weiß ich was mit ihm nicht kannst.«[8] Trotzdem macht Haider Kickl vor der Abspaltung des BZÖ ein Angebot, das Kickl nach einem Tag Bedenkzeit ablehnt. Kickl sagt, er hätte im BZÖ eine Art politisches Büro führen und die »Angriffsarbeit gegen Strache verrichten« müssen. Das habe er nicht gewollt. Im BZÖ heißt es hingegen, Strache habe Kickl den besseren Job angeboten.

Ganz habe Kickl mit der Haider-Fraktion nie gebrochen, meint zumindest Haiders damaliger engster Mitarbeiter Stefan Petzner. »Eine Achse hat es immer gegeben, die Achse Petzner – Kickl«, verrät Petzner. Er hat Kickl im Kärntner Landtagswahlkampf 2004 kennengelernt. Unmittelbar nach der Abspaltung des BZÖ habe Kickl gesagt, »das eine ist Politik, das andere das Menschliche. Wir halten auf alle Fälle Kontakt«[9]. Dieser Kontakt sei nach der Spaltung sogar intensiver geworden: »Wir sind beide immer davon ausgegangen, dass dieser Kontakt wichtig ist, weil es die einzige direkte Verbindung war auf der Führungsebene. Kickl als engster Vertrauter vom Strache und Petzner als Haiders engster Vertrauter. Wir haben beide gesagt, diese Achse werden wir irgendwann vielleicht einmal brauchen.«[10] Kickl sagt hingegen, er habe im Bundesparteivorstand »sein Fett abgekriegt«, weil ihm Verbindungen zum BZÖ nachgesagt wurden. »Ich habe mich immer dagegen verwehrt, dass Petzner so tut, als ob wir gute Freunde wären. Das ist nicht so.«[11]

Unter dem Chefideologen Kickl bezeichnet sich die FPÖ erstmals

als »soziale Heimatpartei«. »Wenn's um die Sozialpolitik geht, dann definiere ich mich als links«, sagt Kickl. »Den Markt für sich selbst die Dinge in die Hand nehmen zu lassen, wie es eine Zeit lang in der Partei angedacht wurde, meistens von denen, die schon auf der privilegierten Seite sitzen, das halte ich für unanständig, politisch wie intellektuell.«

Daran, dass er trotz seines heftigen Engagements für die »Kleinen« kein Linker wurde, sondern immer nur FPÖ wählte, gibt Kickl nicht zuletzt der Kärntner SPÖ die Schuld. Bei dem, was in seiner Jugend in Kärnten als links galt, »da hat's dir doch bei den Ohrwascheln rausgestaubt«[12].

Harald Vilimsky

»Mir hat das natürlich gefallen, jung dabei, er der Maximo Leader«, sagt Vilimsky über die Neunzigerjahre, als Haider die FPÖ anführte. Heute ist der FPÖ-Generalsekretär selbst der »politische Rammbock« der Blauen.[13]

Dabei waren es klassische Grün-Themen, die Vilimsky in die Politik brachten. Begonnen hat es mit dem Tierschutz und dem Kampf um die Au in Hainburg, wo der damals 18-Jährige Weihnachten 1984 in der verschneiten Au verbringt.

Trotzdem sagt Vilimsky über sich selbst, er sei »ein böser Rechter«[14]. In der Handelsakademie am Wiener Karlsplatz kommt der Schüler mit der rechtsextremen Zeitschrift *Der Völkerfreund* in Kontakt. Sein Staatsbürgerkundelehrer ist der damalige *Völkerfreund*-Herausgeber Herbert Fritz, in der einschlägigen Szene kein Unbekannter. »Der Dr. Fritz gilt als einer *der* Rechtsextremen«, sagt Vilimsky. Er halte ihn dennoch »für einen extrem klassen Menschen und einen hochinteressanten Burschen, weil der durch Kurdistan, Persien reist und wirklich ein Abenteurer ist.«[15] Fritz ist Mitglied der Burschenschaft Olympia, Freund des Holocaust-Leugners Gerd Honsik[16], war 1967 Gründungsmitglied von Norbert Burgers NDP und gründete 1981 die NDP-Vorfeldorganisation »Österreichische Gesellschaft der Völkerfreunde«.[17] Auch Vilimsky schreibt in deren Zeitschrift *Der Völkerfreund*. »Per Aspera ad Astra« lautet der Titel des schwülstigen Pamphlets über die Deutsch-Chilenen, »Auf rauen

Wegen zu den Sternen«: »Erheben wir die Häupter, um die Sonne des Deutschtums in altem hellem Licht wiedererstrahlen zu lassen.«[18]

In der damals noblen HAK am Karlsplatz war Vilimsky ein Außenseiter. Aufgewachsen im Arbeiterbezirk Wien-Favoriten, ist er schon früh auf sich allein gestellt. Die Mutter nimmt sich das Leben, als er 16 Jahre alt ist, der Stiefvater kümmert sich nicht um den Jugendlichen, nur der Großvater hilft immer wieder mit ein bisschen Geld aus. Zwei Winter verbringt Vilimsky ohne Warmwasser und ohne Heizung. »Bin ins Dorotheum gegangen und hab Dinge verpfändet, die ich noch gehabt hab – irgendwie ist sich das ausgegangen«, sagt er. Die Schule schließt er trotzdem mit Matura ab, wird sogar Schulsprecher und mit 17 Jahren für die ÖVP-nahe »Union Höherer Schüler« Landeschulsprecher von Wien.

Nach der HAK besucht Vilimsky einen Hochschullehrgang für Öffentlichkeitsarbeit an der Universität Wien. 1991 landet er als Pressereferent beim damaligen FPÖ-Generalsekretär Norbert Gugerbauer. Etwa ein Jahr später ist Vilimsky in Gugerbauers Büro Ohrenzeuge, als dieser »mit hochrotem Kopf gesessen ist und ein Telefonat geführt hat« und Haider seinen damaligen Generalsekretär wegputscht.[19]

Vilimsky übernimmt die Öffentlichkeitsarbeit von FPÖ-Nationalratsabgeordneten, wird Pressesprecher des damaligen Dritten Nationalratspräsidenten Herbert Haupt.

Als dieser das Amt 1996 an Wilhelm Brauneder übergeben muss, wechselt Vilimsky ins Wiener Rathaus. »Die Chemie« zwischen Brauneder und ihm habe nicht gestimmt. Er leitet die Pressearbeit der Wiener FPÖ und tritt in die Bezirksgruppe Mariahilf ein, die er im Jahr 2000 übernimmt. Herbert Scheibner, FPÖ-Spitzenkandidat in Wien bei der Nationalratswahl 2002, meint: »Vilimsky war immer auf der liberalen Seite und ein Feind für die Strache-Leute. Die haben auch immer wieder versucht, ihn in seinem Bezirk abzuwählen.« Vilimsky habe Scheibner 2002 auch gefragt, »ob er nicht meine Pressearbeit im Wahlkampf machen kann, weil er findet es so arg, was die Landesgruppe Wien in Knittelfeld gemacht hat, dass er sich da abheben möchte«[20].

Heute ist die Bezeichnung »liberal« für Vilimsky ein Schimpfwort. Inhaltlich steht er für einen harten Law-&-Order-Kurs. Sein Neologismus einer »Minuszuwanderung«, die der blaue Generalsekretär forderte, wurde 2005 zum Unwort des Jahres gekürt.

Als Mariahilfer Bezirkschef führt Vilimsky eines Tages ein offenes Gespräch mit dem damaligen Landtagsabgeordneten Strache: »Du, ich orte, dass du in Wien Obmann werden möchtest. Du hättest meine Unterstützung, und mein Wunsch ist halt auch, mich politisch zu artikulieren, ob das im Landtag, im Bundesrat oder im Nationalrat ist.«[21] Genauso ist es dann geschehen. Strache wird im Frühjahr 2004 Wiener Parteichef, Vilimsky wenige Monate darauf Landesparteisekretär der Wiener FPÖ. Als Strache 2005 die Bundes-FPÖ übernimmt, wird Vilimsky Bundesrat im Parlament und wechselt 2006 in den Nationalrat. Am 16. Februar 2006 ernennt ihn Strache zum freiheitlichen Generalsekretär, wo er seitdem seine Rolle als »Mann fürs Grobe« spielt.

Norbert Hofer

Kaum einer kennt den Burgenländer, der am Stock geht. Dabei ist Norbert Hofer immer wieder FPÖ-Parteichef, nämlich dann, wenn Strache wegen Krankheit ausfällt oder im Ausland unterwegs ist. Hofer wirkt vor allem nach innen, wird eingesetzt, wenn es Differenzen in den Landesgruppen gibt. »Ich bin so irgendwie der Verbinder in der FPÖ«, sagt der 38-Jährige.[22] Er ist auch Autor des neuen FPÖ-Parteiprogramms, das 2009 beschlossen werden soll.

Die Hofers sind eine traditionsbewusste Familie. Auf seine Homepage hat der Freiheitliche einen 81-seitigen Stammbaum gestellt, der bis ins Jahr 1695 zurückreicht. »*Die Vorfahren der Hofers stammten aus Hofe oder Hofa, der untersten Höfegruppe in Ulfas in Hinterpasseier. Dort lebten im 16. Jahrhundert die Stammeltern Gallus Hofer und Agnes Tscharf*«, ist darin zu lesen.[23]

Norbert Hofers Vater, Direktor eines E-Werks, war lange in der burgenländischen ÖVP aktiv, zog sich aber, als Hofers Schwester mit 16 Jahren an Krebs starb, aus der Politik zurück. Jahre später wollte er als Parteifreier für die FPÖ kandidieren. »Der Eigentümer des E-Werks hat meinen Vater zu sich geholt und gesagt, ›du bist kurz vor der Pension, denk an deine Familie‹, der hat richtig Druck gemacht«, erzählt Hofer.[24] Der Vater lässt sich nicht einschüchtern und der Sohn wird aus Protest 1993 ebenfalls in der FPÖ aktiv. Parallel dazu besucht der gelernte Triebwerkstechniker Seminare in »Crash Rhetorik« und NLP und absolviert eine Ausbildung zum Kommunikations- und Verhaltenstrainer. 2002 erlebt seine Partei den politischen Crash. »Wir haben gelitten, wir haben so gelitten, das war unglaublich«, sagt er über den Wahlkampf 2002. Die Performance der FPÖ sei einfach peinlich gewesen, meint Hofer, der damals überlegt, die Partei zu verlassen. Ein Angebot der Lauda Air habe er schon in der Tasche gehabt. Trotzdem bleibt er der FPÖ treu. Zu dieser Zeit lernt er bei einer Bundesparteileitungssitzung Strache kennen. 2003 kommt dann beinahe das Ende seiner Karriere. Der passionierte Flieger stürzt beim Paragleiten aus 15 Meter Höhe ab und wird nur durch Zufall gerettet. Er bekommt eine künstliche Wirbelsäule in den Rücken operiert, die Ärzte prophezeien ihm ein Leben im Rollstuhl.

Der vierfache Vater trainiert wie ein Besessener und kann heute sogar ohne Stock weitere Strecken zurücklegen. Während es mit Hofers Genesung aufwärts geht, steuert die FPÖ auf den finalen Tiefpunkt zu. Kurz nachdem sich das BZÖ abgespalten hat, sitzt Hofer mit Strache in der Wiener FPÖ-Zentrale. Dann habe Strache zu ihm gesagt, »kannst du mich da unterstützen, übernimmst du eine Funktion«? Den Generalsekretär lehnt Hofer ab. »Dann mach mir wenigstens den Stellvertreter«, habe Strache geantwortet.[25] Seitdem ist Hofer die Nummer zwei in der Partei. »Ich lege für ihn meine Hand ins Feuer«, sagt Hofer über seinen Parteichef.[26]

Harald Stefan

Im Juni 2002, während der Fußballweltmeisterschaft, jubelt Harald Stefan im Wiener Gemeinderatssaal: »Wir haben gewonnen!« Aber nicht die österreichischen Kicker waren gemeint, sondern der Sieg Deutschlands gegen Südkorea. »Die Deutschnationalen haben gewonnen!« Laut stenografischem Protokoll setzte er nach den Unmutsäußerungen einiger Abgeordneter nach: »Die letzte europäische Mannschaft hat gewonnen.«[27]

Stefan ist, wie auch sein Vater, der frühere FPÖ-Politiker Friedrich Stefan, Mitglied der rechtsextremen Burschenschaft Olympia.

Die Olympia verlangt seinem Nachwuchs einiges ab: »Man trainiert vier- bis fünfmal pro Woche ein Jahr lang, bevor man überhaupt fechten darf«[28], erzählt Stefan. Für ihn sind Mensuren ein »Initiationsritus« und eine Mutprobe. »Je enger eine Gemeinschaft ist, desto stärker sind natürlich die Aufnahmekriterien«[29], sagt er. Bei der Olympia sind sie besonders streng. Der Frage, ob die Olympia Juden aufnehmen würde, weicht er aus. Diese Frage stelle sich nicht, meint er. Ein Österreicher türkischer Herkunft habe in seiner Burschenschaft jedenfalls keine Chance. »Wir nehmen deutsche Österreicher im Wesentlichen auf, oder auch Südtiroler und Bundesdeutsche.«[30]

Stefan ist heute nicht nur »Alter Herr« der Olympia, sondern war in den Neunzigerjahren auch deren Sprecher.[31] Damals zu seinem Österreich-Bild befragt, meinte er: »Vaterland beschreibt nicht die politischen Grenzen, sondern basiert auf dem kulturellen Nationalbegriff. Vaterland ist überall dort, wo Deutsche leben. Neben der BRD, Österreich und der Schweiz eben auch Elsaß, Polen, Südtirol, Russland, Rumänien.«[32] Heute meint er, dass er »den Menschen in seinem natürlichen Zusammenhang akzeptiere« und »verstehe, dass die Menschen sich abgrenzen wollen, dass sie Heimat wollen«.[33]

Wegen seiner Weltanschauung, geprägt von Burschenschaft und Familie, geht der Notar und Oberstleutnant der Reserve schließlich in die Politik. Anfangs ist er nur im Ring Freiheitlicher Studenten aktiv. Die FPÖ war für ihn damals wenig attraktiv. »Da war noch der Norbert Steger Obmann. Das war vollkommen uninteressant, war zu liberal und angepasst. 1986, wie Haider die FPÖ übernommen hat, da war das schon interessanter.«[34]

Anfang der Neunzigerjahre tritt Stefan der FPÖ bei, 1997 übernimmt er die Bezirksgruppe Simmering, 2001 kommt er in den Wiener Gemeinderat und 2008 wechselt er ins Parlament. Dabei wäre das Jahr 2004 beinahe das Jahr geworden, in dem ihn ganz Österreich kennengelernt hätte. Da habe ihn die damalige FPÖ-Chefin Ursula Haubner angerufen und fragte, ob er Justizminister werden möchte. Stefan sagte zu, wurde aber von Jörg Haider als Nachfolger des damals zurückgetretenen Justizministers Dieter Böhmdorfer verhindert. Haider wollte ihn nicht, weil er »nicht so biegsam« gewesen sei wie Böhmdorfers Nachfolgerin Karin Gastinger, meint Stefan heute: »Also die Abspaltung hätte mit mir nicht funktioniert.«[35]

Wie »unbiegsam« Stefan ist, zeigt er ein Jahr danach. Im Juni 2005 ist Stefan Festredner am »Schillerkommers« der deutschen Burschenschaften in der Wiener Hofburg: »*Die Ewiggestrigen haben sich längst enttarnt, mit ihrem Dauerfeuer der Bedenkveranstaltungen, Mahnmale und Bußritualen. Es wird dreist verharmlost – etwa bei den Opferzahlen in Dresden, es werden Rechtfertigungsversuche gesucht – etwa die Vergewaltigungsorgien der Roten Armee, und es wird aufgerechnet – etwa bei den Vertreibungsverbrechen*«, sagte er damals.[36]

Strache lernt Stefan Ende der Achtzigerjahre über die Olympia kennen. Eine enge Freundschaft, die bis heute anhält, entstand Mitte der Neunzigerjahre. »Da haben wir dann sehr viel Zeit gemeinsam verbracht, wir sind auch natürlich weggegangen am Abend«, sagt Stefan. Die beiden besuchen auch zweimal den Life Ball gemeinsam. »Wir reden viel und wir sind sehr unterschiedlich. Ich bin eher zurückhaltend und introvertiert und er ist ja das Gegenteil, und daher fragt er mich schon oft auch, wie ich das sehe oder ich sag es ihm natürlich auch von mir aus. Er lässt sich von mir etwas sagen«[37], beschreibt Stefan sein Verhältnis zu seinem FPÖ-Chef.

Der *Spiegel* schrieb kurz nach der Nationalratswahl 2008: »Aber droht Österreich nach diesem blauen Wunder nun nicht, wie schon zu Zeiten der ÖVP-FPÖ-Koalition unter Wolfgang Schüssel, international ins Abseits zu geraten? Das lasse sich verschmerzen, sagt Stefan: ›Ich mache einen Sekt auf, wenn der israelische Botschafter nicht mehr in Wien ist.‹«[38] Später korrigiert Stefan seine Aussage: Die Sektflasche werde nur geköpft, wenn die FPÖ bei einer Wahl so stark werde, dass sie in die Regierung gehen kann. »Ich mache keinen Sekt auf, wenn der israelische Botschafter abgezogen wird. Ich muss ehrlich sagen, wenn er wirklich abzieht, nur weil wir in die Regierung kommen, dann kann ich auch nichts machen.«[39]

Johann Gudenus

Dass Johann Gudenus in der FPÖ landen wird, hat man ihm in seiner Jugend nicht angesehen. Da trug der Schüler des Theresianums in Wien ein rotes Barett mit Kommunistenstern, hörte Rap von Ice T und Public Enemy. Der Sohn des ehemaligen freiheitlichen Bundesrats John

Gudenus fährt in seiner Jugend zweigleisig: »Ich bin auch auf FPÖ-Veranstaltungen mitgegangen und habe schon als 13-Jähriger die Leute kennengelernt und bin in die Partei hineingewachsen«, sagt er.[40] 1994, zum erstmöglichen Zeitpunkt, wird Gudenus Parteimitglied.

Der 32-Jährige, von seinen Freunden »Joschi« genannt, zählt zum harten Kern der deutschnationalen Burschenschaften in der Partei. Der Jurist und Geschäftsführer einer Firma, die auf dem Weltmarkt mit Baumwolle handelt, kennt Strache seit über 15 Jahren. »Das ist wirklich eine Freundschaft«[41], sagt er. Gudenus steht seinem umstrittenen Vater John, was markige Sprüche betrifft, wenig nach: »Der Islam ist nicht integrierbar, solche Leute haben sich eine Einbürgerung nicht verdient.«[42] Zur Hebung der Geburtenrate forderte er eine »Kondomsteuer«[43]. Über Wiens Vizebürgermeisterin Renate Brauner (SPÖ) meinte er, »nomen est omen. Weil die betreibt den Volksaustausch«[44]. Gudenus verlangte 2004 die »voll einsetzende Umvolkung«[45], ein alter Nazi-Begriff, zu beenden. Auf Kritik reagiert Gudenus frei nach Andreas Mölzer: »Ich kann's auch »Ethno-Morphose nennen[46]«.In der *Wiener Bezirkszeitung* schrieb Gudenus: »War es nicht noch vor einigen Jahren eine Seltenheit, Schwarze in Wien zu sehen? Wenn man heute mit der U-Bahn fährt, so kommt man sich schon beinahe als Minderheit im eigenen Land vor.«[47] Seit er im Jahr 2003 RFJ-Chef wurde, hat die blaue Jugendorganisation eine »10. Landesgruppe« für »deutschsprachige Altösterreicher«.[48]

Als Wiener Gemeinderat sagt er im Oktober 2008 in einer Rede, »der Faschismus von heute sagt, ich bin der Anti-Faschismus« – und wurde für diesen Sager von Strache verteidigt. Genauso wie 2004, als Gudenus eine »Umvolkung« prophezeit. Da lobt Strache seinen engen Freund, weil dieser »den Mut gehabt« habe, »auszusprechen, dass durch eine völlig skandalöse Ausländerpolitik Österreicher in vielen Bereichen zur Minderheit werden«[49].

Seit 2005 ist der RFJ-Vorsitzende Gudenus auch Landtagsabgeordneter in Wien. Im Wahlkampf 2008, wo die FPÖ stärkste Partei unter den Jungwählern wurde, ist Gudenus für den Jugendwahlkampf zuständig, organisierte Straches Discobesuche in Wien und gibt sein musikalisches Debüt: Mit zwei von seinen drei Brüdern ist er als Background-Sänger von Straches »Viva-HC«-Lied zu hören.

Andreas Mölzer

Während der Fußball-EM hing vor Andreas Mölzers Haus die Deutschland-Fahne. Das Deutschnationale ist Mölzer auch ins Gesicht geschnitten: »Mit dem Alter schauen die Schmisse wie Falten aus«, lautet der Titel eines Porträts über Mölzer in *Die Ganze Woche*[50]. Der freiheitliche EU-Parlamentarier hat »zehnmal« gefochten, für ihn sind Mensuren »Mannbarkeitsrituale«[51].

Mölzer kennt man als blauen Chefideologen und EU-Parlamentarier. Er war aber auch Privatlehrer. Als Vorbereitung für die Obmannschaft der FPÖ Wien verdonnert die Wiener FPÖ Strache 2002 zum Geschichte-Unterricht. »Ich habe von Hilmar Kabas den Auftrag gehabt, den Heinz-Christian Strache im Hinblick auf Themen wie Geschichte, politische Literatur und so weiter für zwei Jahre zu coachen. Und habe das auch gerne gemacht, für normales freiberufliches Beraterhonorar«[52], erzählt Mölzer.

Was der rechte Ideologe unter Geschichte-Unterricht versteht, dokumentieren seine Zitate zu historischen Fragen: »Wer da im Hinblick auf den 8. Mai 1945 noch von Befreiung spricht, vergisst, dass General Eisenhower beim Betreten deutschen Bodens verlautbaren ließ: ›Ich komme als Sieger, nicht als Befreier …‹ Wer da von Befreiung spricht, verhöhnt überdies all die Opfer, die die deutsche Nation im Jahre 1945 zu beklagen hatte.«[53]

Anfang der Neunzigerjahre klagt Mölzer den Journalisten Hans Rauscher, weil dieser ihm in einem *Kurier*-Artikel vorwarf, »kaum verhüllte Anschlusspropaganda« zu betreiben. Mölzer verliert den Prozess: »Wenn Andreas Mölzer vom ›ganzen deutschen Volk von Hermannstadt bis Eupen und von Bozen bis Memel‹ spricht, so bietet dies auch für den nicht politisch Einäugigen geradezu eine signifikante Anlehnung an die Textstelle eines Liedes, das im ›Dritten Reich‹ den nationalsozialistischen zugezählt wurde«, urteilt das Gericht.[54]

Am 6. Mai 2006 hält Andreas Mölzer die Gedenkrede bei der jährlichen Kranzniederlegung der deutschnationalen Burschenschaften zum Jahrestag der Kapitulation des NS-Regimes am Wiener Heldenplatz. Mölzer will sich nicht die Trauer über die eigene Tragödie und die gefallenen Väter und Großväter nehmen lassen, das sei »unser gutes Recht«

und »unsere verdammte Pflicht«, man werde dem Zeitgeist, der »das Heldentum der Gefallenen in den Dreck zieht« entgegentreten.[55]

Mölzers Österreichbild manifestiert sich auch in einer Werbung, die er 1992 in der Zeitschrift »*Identität*« für die *Junge Freiheit* für Österreich, die Vorläuferzeitung von *Zur Zeit*, schaltete: »Die Zeitung für Österreich und das übrige Deutschland«[56], lautet der Slogan.

Im EU-Parlament verweigert Mölzer die Zustimmung zu einer Resolution des Europaparlaments gegen das Vergessen des Holocaust und »gegen Rassismus, Antisemitismus, Fremdenfeindlichkeit, Rassenhass«. Die Begründung: Es habe keine moralische Mitverantwortung Österreichs gegeben, die Verurteilung von Fremdenfeindlichkeit und fremdenfeindlichen Parteien durch die Resolution sei nichts anderes als ein »tagespolitischer Missbrauch[57]«.

Straches Lehrmeister weiß, dass er keiner ist, der Parteien Glück bringt[58]. Gleich zweimal stand er im Mittelpunkt einer Parteispaltung, 1993, als das Liberale Forum (LIF) gegründet wurde, und 2005, als sich das BZÖ abspaltete.

Sein 1992 getätigter Sager von der angeblichen »Umvolkung« der Nation, einem Begriff aus der Zeit des Nationalsozialismus, sollte eine der Hauptgründe der Abspaltung von fünf Abgeordneten aus dem FPÖ-Klub werden. Haider hat sich von Mölzers Aussage nicht distanziert; der Ausdruck sei bloß »unschön«[59], fand er. Die damalige freiheitliche Kandidatin zur Bundespräsidentschaftswahl, Heide Schmidt, verlangte wegen des Umvolkungs-Ausspruches gemeinsam mit dem FPÖ-Wirtschaftssprecher Georg Mautner-Markhof die Abberufung von Mölzer als Chef des freiheitlichen Bildungsinstituts. Wenig später, am 4. Februar 1993, wird das Liberale Forum gegründet. In einer ORF-Diskussion sagt Mautner-Markhof zu Haider: »Wir waren der Meinung, dass ein Mölzer in der Partei mit seiner politischen Einstellung vielleicht gerade noch als Mitglied tragbar sein kann, aber nicht ausgerechnet dieser Mann mit der Umvolkungstheorie Leiter unseres Bildungswerks wird, wo wir unsere Funktionäre herangezogen haben.«[60]

Mölzer hat den Begriff »Umvolkung« schon 1990 verwendet. Damals warnte er davor, Löcher im Pensionssystem durch Einwanderung zu stopfen, »damit würde aber die Umvolkung des Landes drohen[61]«. »Innerhalb der nächsten 100 Jahre könnte sich die heute 5,3 Milliarden zählende Menschheit auf 15 Milliarden verdreifacht haben. Einer leicht gesunkenen Anzahl von Weißen stünden dann Abermilliarden von Schwarzen, Gelben und Braunen gegenüber. Das ›Raumschiff Erde‹ müsste dann wohl wegen totaler Überbesetzung führerlos dem Untergang entgegentaumeln«, schrieb er in den *Kärntner Nachrichten*[62].

Heute, als freiheitlicher EU-Abgeordneter, sieht er es nur mehr als »eine Frage der Zeit, bis es zu einer unumkehrbaren Ethnomorphose, zu deutsch ›Umvolkung‹, kommt«.[63]

Dass Mölzer während seiner mehr als drei Jahrzehnte in der Politik seiner Überzeugung treu blieb, beweisen seine Publikationen, das sich vom Porno bis zum Parteiprogramm durch alle literarischen Genres zieht. »Der Graue« etwa, ein frühes Werk. Ein »völkischer Porno«, in »dem er die Geschichte des letzten Ariers erzählt, der durch ein im Atomkrieg verwüstetes Deutschland irrt. Sein Ziel: Die letzte Arierin zu finden, um sie zwecks Erhaltung der Art zu begatten. Nicht ohne auf dem Wege jede Menge ›bronzehäutiger‹ Frauen gegen deren Willen flachzulegen«.[64] Science-Fiction scheint Mölzer zu liegen. 1993 findet sich in der Zeitschrift *Aula* ein Aufsatz unter einem »Pseudonym ›Gerd Golznig‹ – von Insidern wird dieser Artikel Andreas Mölzer zugeschrieben. ›Zwei Szenarien zur Zukunft Österreichs und der FPÖ.‹ Szenario eins ist die ›pessimistische Variante‹. Ein FPÖ-Abgeordneter wird wegen nationalsozialistischer Wiederbetätigung verurteilt. Die Weigerung der Parteispitze, sich von ihm zu distanzieren, führt zu Parteiaustritten und zum Niedergang der Freiheitlichen. Das Gros der Wähler flüchtet sich in ›Wahlverweigerung und Politikverdrossenheit‹. Szenario zwei ist die ›optimistische Variante‹. Sie enthält mehrere Schritte. Am Schluss löst ein Anschlag auf eine freiheitliche Abgeordnete, die lebenslang an den Rollstuhl gefesselt bleibt, ›eine Welle der Abscheu gegenüber der militanten Szene‹ und gleichzeitig ›der Sympathie und des Mitleids mit den Freiheitlichen‹ aus. Die FPÖ wird nach den Wahlen zweitstärkste Partei, so die Fantasie im Jahre 1993. Haider wird mit der Regierungsbildung beauftragt und schließlich Bundeskanzler«.[65]

Mölzer hat kaum Berührungsängste zum Neonazismus, steht in Kontakt zu führenden Mitgliedern der deutschen NPD und schrieb in der Vergangenheit für zahlreiche rechtsextremistische Publikationen.[66]

Er war aber auch Ghostwriter von Jörg Haider, »etwa für ›Die Freiheit, die ich meine‹, da sind zwei Drittel von mir«, sagt Mölzer, »weil ich unglaublich g'scheit bin, glauben sogar viele, dass ich Doktor bin«.[67]

Norbert Steger

Als Norbert Steger 1986 als FPÖ-Parteichef gestürzt wurde, waren zwei heutige Strache-Freunde ganz vorne dabei: Andreas Mölzer und Otto Scrinzi. Jetzt sind alle drei Straches Berater.

Steger, der 2008 für die Freiheitlichen Stiftungsrat im ORF wurde, gilt als Straches liberales Aushängeschild. Schon 1971 hat er gemeinsam mit Friedhelm Frischenschlager und anderen den »Atterseekreis« gegründet, einen liberalen Thinktank, der den Nationalkonservativen in der FPÖ äußerst kritisch gegenüberstand. Einmal lud Steger als Manager des »Atterseekreises« den damaligen Bruno Kreisky als Vortragenden ein. »Er hat uns irrsinnig beeindruckt. Am Ende haben wir alle geglaubt, wir sind Rote. Dann hat er uns erklärt, warum wir das nicht sind, sondern Liberale. Und er hat uns vermittelt, wir sollen doch endlich etwas tun, dass es den Liberalismus in Österreich gibt. Man muss sich einmal die Größe eines Kanzlers und Parteivorsitzenden vorstellen, der begreift, dass es für ihn und für das Land gut ist, wenn da wieder etwas ensteht aus einer jungen Generation mit vierzig, fünfzig Akademikern, die so wie ich gesagt haben, freiheitlich kann man nicht werden, weil das sind ja die Faschisten, Liberale werden.«[68] Für Steger, dessen Vater im Konzentrationslager war und dessen Großvater dort ermordet wurde, ist klar, dass eine Partei unter der Führung des SS-Mitglieds Friedrich Peter keine liberale Partei sein kann. Peter wird aber später Stegers Freund, weil er sich von den Nazis »emanzipiert« habe und es »wunderbar« sei, »wenn einer vom Nazi zum Demokraten wird, nur der umgekehrte Weg gefällt mir nicht«.[69]

Als die SPÖ 1983 eine Koalition mit der FPÖ eingeht, wird Steger Vizekanzler und Bundesminister für Handel, Gewerbe und Industrie. Jörg Haider fordert damals von Steger den Posten des Sozialministers, dieser bietet ihm »nur« einen Staatssekretär an. Haider lehnt ab. Der Beginn einer Feindschaft. Drei Jahre später putscht Haider am Innsbrucker Parteitag gegen Steger und wird selbst FPÖ-Chef.

Stegers Rückblick auf seine Zeit als Politiker fällt nüchtern aus: »Da glaubt man, da gibt es irgendwo einen Gral, dort sitzen die Wissenden, die Gescheiten, die Lenker. Dann wird man durch einen Irrtum der Geschichte Parteiobmann und merkt, dort ist nicht der Gral. Man kommt ins Parlament, dort ist er auch nicht. Man kommt in die Regierung und dort ist er schon gar nicht. Man hat den ÖGB-Präsidenten, den Kardinal, den Gorbatschow, den japanischen Kaiser kennengelernt und sagt, dort ist der Gral auch nicht. Dann ist es vorbei mit dem Idealismus. Am Ende ist man froh, wenn man da rauskommt, und beschränkt sich darauf, Ratschläge zu geben.«[70] Heute ist Steger Straches Berater. Strache überredet den 65-Jährigen, der FPÖ wieder beizutreten, sagt, dass Stegers Austritt »nie angenommen worden« sei, und »darüber haben wir nur gelacht, weil ein Austritt muss nicht angenommen werden, das ist eine einseitige Erklärung«.[71] Die Schmeicheleien haben aber gewirkt, Steger wird kurze Zeit später wieder FPÖ-Mitglied.

Nach der Parteispaltung 2005 fädelt Steger für Strache ein Gespräch mit Friedrich Peter ein, der zuvor weder mit Strache noch mit Haider reden will. Peter schreibt kurz vor seinem Tod im September 2005 einen langen Brief an den neuen FPÖ-Chef, in dem er laut Steger »anerkennt, dass Strache auf dem Weg der Besserung ist«[72].

Straches Kontakt zu Steger ist aber auch wegen dessen guter Verbindung zu den Roten dienlich. Steger wirkte nach eigener Aussage auch mit, dass Strache und der SPÖ-Klubobmann Josef Cap einander seit 2006 auffallend gut verstehen.[73] Strache sei laut Steger näher an die SPÖ herangerückt, »weil er es Schüssel nicht verzeiht, dass er versucht hat, die FPÖ von außen zu zertrümmern«.[74]

Und wie gefallen dem Liberalen die neuen Freiheitlichen unter Strache? Komplimente gibt es überraschenderweise ausgerechnet für die betont nationale niederösterreichische FPÖ-Chefin Barbara Rosenkranz, »sie ist natürlich schon sehr stramm weit rechts, aber sie hat einfach irgendwas«, findet Steger.[75]

Nur beim Namen Scrinzi zuckt der Ex-Vizekanzler zusammen: »Scrinzi ist einer, mit dem möchte ich nicht im selben Zimmer sitzen.«[76]

Otto Scrinzi

Ausgerechnet Bruno Kreisky soll sich FPÖ-Chef Strache zum Vorbild nehmen. »Du, lieber Freund, rede halb so schnell, wie du sprichst«, hat Scrinzi zu Strache gesagt. »Du musst ab und zu einen Konjunktiv statt des Indikativs verwenden. Du musst Fragezeichen in deine Reden setzen. Kreisky hat doch immer wieder den Eindruck vermittelt, wenn er geredet hat, jetzt denkt er selber noch darüber nach. Das hat ihn so sympathisch gemacht.«[77]

Scrinzi sitzt in seinem Ohrensessel im Empfangssalon seines Hauses in Kärnten. Am Kaminsims steht eine Buddha-Statue, dahinter eine einschlägig sortierte Bibliothek: »Am Pranger der Nation. Eine Abrechnung mit den Zerstörern des Reichs«, »Himmlers Tod«, »Terror-Tribunal. Die Nürnberger ›Rechtssprechung der Siegermächte‹«, »Siegerjustiz in Dachau«. Scrinzi schreibt nicht nur für die *Aula*, sondern auch im *Eckartboten*, in den *Fakten, der Deutschen National-Zeitung*. Und er veröffentlichte eine Reihe von Büchern mit Titeln wie »Ich bin stolz, Deutscher zu sein. Die Antwort an die Nestbeschmutzer« oder »Vom Volk ohne Raum zum Raum ohne Volk. Von der demographischen Irrfahrt eines Volkes«.

Auch Haider war hier öfter zu Besuch. Einmal hat ihm Scrinzi einen Auszug aus einem Buch des jüdischen Historikers Eric Hobsbawm geschickt. Damals hatte Haider gerade die »ordentliche Beschäftigungspolitik des Dritten Reiches« gelobt und verlor deswegen das Amt des Landeshauptmannes. Hobsbawm habe, meint Scrinzi, ein »einziges Loblied auf die Arbeitsbeschäftigungspolitik des Dritten Reiches« geschrieben. Haider hätte nicht »kapitulieren« sollen, meint Scrinzi. »Wir haben genügend Literatur von unverdächtigen Leuten, die das objektiv geschrieben haben. Unabhängig davon, ich habe die Zeiten ja erlebt.«[78] Sein Selbstbekenntnis: »Ich war schon immer rechts, auch innerhalb der NSDAP.«[79] Der heute 91-jährige ehemalige SA-Sturmführer bezeichnet sich als »unglückseliger Nationaler«, der auch in der NS-Zeit seine »Zores« hatte und »zweimal von der Gestapo inhaftiert wurde und mit Müh und Not am KZ vorbeigegangen« sei, weil er »hochmögende Freunde«, darunter den »Gauleiter von Salzburg«, hatte. 1938 wird der gebürtige Südtiroler zum ersten Mal verhaftet, weil er ein »Lager von Südtiroler Katakomben[80]-Lehrern im Stubaital mit dem Wissen des Tiroler Gauleiters

Parson organisiert« hat. Im selben Jahr sperrt ihn die Gestapo ein zweites Mal ein, weil er »10.000 Deutsch-Fibeln für die Katakombenschulen nach Südtirol geschleust« hat. »Ich saß zehn oder zwölf Tage in Gestapo-Haft. Da hat sich Himmler persönlich eingeschaltet und wollte uns klarmachen, wir müssen diese Politik verstehen. Aber einer von uns dreien kam ins KZ, der zweite wurde zwangsweise zur Waffen-SS gesteckt und ich wurde freigelassen und habe die Katakombenschule weitergeführt.«[81]

Strache hat er zum ersten Mal auf dem Begräbnis von Norbert Burger wahrgenommen. Er redet mit dem jungen Bezirksrat aber nur wenige Minuten. Das nächste Mal trifft er Strache erst kurz vor der BZÖ-Abspaltung wieder, sieht ihn seither »öfter« und führt mit ihm »mehrstündige Gespräche« in Kärnten, Graz und auch in Wien[82]. Allein in Graz habe er »vier Stunden« mit ihm geredet, um den Konflikt zwischen Strache und Stadler zu schlichten, allerdings erfolglos. Der Streit zwischen den beiden sei eine »Machtfrage« gewesen, Strache habe erkannt, dass Stadler ihm in »Krisenzeiten gefährlich« werden könnte[83], meint Scrinzi.

Strache ist aus seiner Sicht »sicher kein Rechtsradikaler, es sei denn, dass er, wenn man der Meinung ist, wir haben genug oder zu viel Türken oder andere schon im Lande, ein Radikalist ist«. Schließlich sei auch er aus seiner jahrzehntelangen Erfahrung als gerichtsmedizinischer Gutachter »Anhänger der Todesstrafe« und deshalb »kein Radikaler«.[84]

Unglücklich ist Scrinzi über Straches Sympathie für Russland und Serbien: »Ich kann dem nichts abgewinnen«, meint er. »Wir, die unentwegt für die Selbstbestimmung Südtirols kämpfen, können doch in einem Land, wo ein Selbstbestimmungsakt gesetzt wird, nicht dagegen sein. Es wäre besser gewesen, wir hätten den Mund gehalten. Ich hätte eher gesagt: Der Kosovo ist ein Beispiel, das die Südtiroler animieren sollte.«[85]

»ÖSTERREICH ZUERST«

Die Wörtherseehalle in Klagenfurt ist bis auf den letzten Platz gefüllt, 1800 Menschen warten auf Heinz-Christian Strache. Als der FPÖ-Chef den Saal betritt, erklingt die Schlagermelodie »Ein Stern, der deinen Namen trägt.«

Wohl kein Zufall. Schließlich sagte Strache bereits vor einigen Jahren, wenn man »Haider als ›Stern des Südens‹ bezeichnet, bin ich vielleicht einmal der ›Stern des Ostens‹«.[1] Der verstorbene Kärntner Landeshauptmann ist bei diesem Neujahrsempfang der FPÖ am 18. Jänner 2008 omnipräsent. Die Schlagwörter in Straches etwa eineinhalbstündiger Rede erinnern an Haider-Reden aus den Neunzigerjahren: »Scheinasylanten«, »Proporz«, »Steuerreform«. Schließlich fordert Strache, »was Jörg Haider geistig und physisch aufgebaut hat, nicht zu zerstören«[2].

Auf dem Riesenplakat auf der Bühne prangt »FPÖ, die soziale Heimatpartei«. Heimat soll auch im neuen Parteiprogramm in verschiedenen Facetten ihren Niederschlag finden. Alle wesentlichen politischen Themen, von Bildung über Umwelt, Landwirtschaft, Arbeitsmarktpolitik, Soziales, Familienpolitik, Wirtschaftspolitik, Gesundheit, Justiz bis zur Kultur- und Europapolitik werden mit der Ausländerfrage verknüpft.

Das momentan gültige FPÖ-Parteiprogramm stammt aus dem Jahr 1997, wurde von Jörg Haider und Ewald Stadler verfasst und 2005 nach der Spaltung etwas überarbeitet. Böse Zungen behaupten, diese beiden Namen seien der wesentliche Grund, weshalb sich die FPÖ ein neues Programm verordnet. Geschrieben wurde es von Vizeparteichef Norbert Hofer, Andreas Mölzer hat es korrigiert.

Der fertige Entwurf liegt seit Frühjahr 2008 in der Schublade, die Neuwahlen und die Regierungsverhandlungen 2008 ließen die Freiheitlichen ihren für Herbst 2008 geplanten Programm-Parteitag auf 2009 verschieben. Wann es beschlossen wird, ist noch offen, nicht vor der EU-Wahl im Juni 2009, meint Mölzer.[3]

Das neue Programm ist kurz und grundsätzlich gehalten. »Es wird zwischen zwanzig und dreißig Seiten umfassen«, sagt Generalsekretär Kickl.[4] Es sei auch stärker »am Menschen orientiert«, indem die Kapitel statt »Finanz-, Wirtschafts- und Budgetpolitik« dann »Wohlstand« heißen, erläutert Hofer[5].

Als Leitfaden, an dem sich das neue Programm orientiert, gilt das im Frühjahr 2008 veröffentlichte »Handbuch freiheitlicher Politik« für »Führungsfunktionäre und Mandatsträger der Freiheitlichen Partei Österreichs«. Das 185 Seiten dicke Heft im A4-Format ist über einige Strecken nahezu ident mit dem alten FPÖ-Programm. »Freiheit ist unser höchstes Gut«, lautet dort der erste Satz. »Freiheit ist des Menschen höchstes Gut« schrieben Haider und Stadler im Jahr 1997 als Eröffnungssatz ihres Programms. Der »inhaltliche Tiefgang«[6] sei im Handbuch zu finden, das ebenfalls von Hofer verfasst wurde. Es soll ab nun jährlich aktualisiert werden. »Mit diesem Handbuch könnte man sofort in eine Regierungsverhandlung gehen«[7], sagt Hofer.

Im Vorwort des Handbuches geißelt Strache die »Ketten des Proporzes, des Sozialabbaus, der zügellosen Zuwanderung« und verspricht eine »Politik für ›Österreicher zuerst‹«[8]. Hofer verweist auf den »Ausverkauf unserer Heimat« und fürchtet, dass Österreich in Zukunft »ein islamisches Österreich unter dem Halbmond und ohne Neutralität, kein Sozialstaat, sondern Ellbogengesellschaft« werden könnte.[9]

Hier die Eckpfeiler des freiheitlichen Programms:

Arbeit und Soziales

Das Arbeitsmarktservice soll sich »ausschließlich mit der Vermittlung von österreichischen Arbeitskräften« beschäftigen dürfen, um die Sozialsysteme nicht zu belasten, und damit sich ausländische Arbeitskräfte nicht in die »soziale Hängematte« legen können, sollen Nicht-Österreicher eine eigene Sozialversicherung bekommen. Arbeitslose Gastarbeiter »haben die Möglichkeit, im Heimatland Arbeit zu finden«.[10] Sozialleistungen wie Notstandshilfe oder Familienleistungen dürfen »ausschließlich österreichischen Staatsbürgern« zugute kommen.[11] Um die Pflegemisere zu lindern, sollen, anstatt Pflegekräfte aus dem Ausland zu legalisieren, »Arbeitslose zu Betreuungskräften« umgeschult werden.

Interessant ist der Schwenk in der Argumentation beim Thema ausländische Arbeitskräfte: Die FPÖ lehnt, wie gehabt, jegliche Arbeitsmigration ab. Neu ist aber, dass diese Ablehnung erstmals nicht nur aus der Sicht der österreichischen Bevölkerung, sondern der Migranten argumentiert wird. »Man möchte also auf Kosten anderer Staaten und Volkswirtschaften ›Humankapital‹, wie der arbeitende Mensch heutzutage verschleiernd genannt wird, akquirieren«, wie es der Generalsekretär des RFJ, Udo Landbauer, formuliert. Dahinter stehe eine gemeinsame Strategie von Wirtschaft und Linksparteien: »Erstere wollen aus ökonomischen Gründen billige Arbeitskräfte – seien sie ungelernt oder gut ausgebildet –, Letztere begehren den Zuzug Fremder aus ideologischen Gründen, nicht selten ist auch Selbsthass – man denke nur an Parolen wie ›Nie wieder Österreich!‹ – im Spiel.«[12]

Asyl

Die FPÖ stellt außer Streit, dass politisches Asyl im Bedarfsfall zu gewähren sei, aber »jeder Verfolgte hat weiterhin das Recht, sich zu seinem Kulturkreis zu bekennen und in seine eigene Heimat zurückzukehren«[13]. Als Maßnahmen gegen »Asylmissbrauch« fordern sie unter anderem: »Verfahrenseinstellung bei straffällig gewordenen Asylwerbern, sofortige Ausweisung bei allen Verfahrenseinstellungen und Verwahrung bei Abschiebungshindernissen bis zur Ausweisung.«[14]

In der Drogenkriminalität sehen die Freiheitlichen Afrikaner als die Drahtzieher des Drogenhandels. Afrikanische Asylwerber sollen daher »ausschließlich auf dem afrikanischen Kontinent untergebracht und betreut werden«[15].

Bildung

In der Bildungspolitik lehnen die Freiheitlichen die Gesamtschule der Zehn- bis Vierzehnjährigen ab, weil »nicht alle Menschen gleich veranlagt sind«[16]. In den Schulen soll es einen maximalen Anteil von »30 Prozent Schülern mit nichtdeutscher Muttersprache« geben.[17]

Europa

Die FPÖ nimmt in ihrer EU-Kritik eine historische Anleihe: In der tiefen Krise der »Kultur unseres Kontinents« und »in dieser an den Untergang Roms erinnernden Epoche ist jeder Tag ohne Lösungsansatz ein verlorener Tag«.[18]

FPÖ-Programmschreiber Norbert Hofer hat gegen den EU-Beitritt gestimmt und würde dies auch heute wieder tun. Der Austritt aus der EU, die »sich zu einem Zentralstaat entwickelt und die Grundsätze der Subsidiarität und der Demokratie mit Füßen tritt«, sei »kein Tabu, sondern Ultima Ratio«[19]. Der Beitritt der Türkei zur EU wird kategorisch abgelehnt. Ein Erweiterungsstopp mit Ausnahme der Balkanstaaten wird gefordert. Auch hier fehlt der Islam nicht, denn »dass Massenzuwanderung aus der islamischen Welt ein eminentes Sicherheitsrisiko« darstelle, störe das »Europa der Vielfalt«.[20]

Die FPÖ möchte auch einen europaweiten Gedenktag eingeführt sehen, »für Vertriebene, Flüchtlinge und Deportierte, die in den ›letzten 100 Jahren ihrer angestammten Heimat in Europa beraubt wurden‹«[21].

Frauen und Familie

Auch in diesem Kapitel findet die FPÖ rasch den Bogen zum Islam: Sie fordert ein Verbot des Kopftuchs als »religiös-politisches Symbol wider dem Gleichheitsgrundsatz« zwischen Mann und Frau. Kein Kopftuch und »Vermummen« in allen öffentlichen Gebäuden, öffentlichen Plätzen und Straßen[22].

Die Institution Ehe liegt dem freiheitlichen Klubdirektor im Parlament, Norbert Nemeth, am Herzen. Er warnt im aktuellen Handbuch vor »allgegenwärtigen Zersetzungstendenzen« und meint, »dass wir ab dem 1. Jänner 2009 in einem anderen Staat leben werden. Der Staat Österreich löst sich auf und degradiert sich selbst zum regionalen Selbstverwaltungskörper des Superstaates Europäischer Union«. Hofer will die Ehe nicht »zersetzt« wissen, denn »an die Stelle der Ehe, also jenes Rechtsinstitutes, das den Zweck hat, Kinder zu zeugen und zu erziehen, und das damit den Bestand des Volkes sichern soll, soll die Institution einer geschlechtsneutralen Lebensgemeinschaft treten«[23]. Der »kinderlosen Gesellschaft« wird der Kampf angesagt, es sei eine Geburtenrate von 2,1 (derzeit 1,4) zur »biologischen Überlebensfähigkeit« notwendig[24]. Dafür soll es ein »Kindererziehungsgeld bis zum sechsten Lebensjahr des Kindes«[25] geben. Auch wenn die FPÖ Frankreich wegen dessen Angebot an Kinderbetreuungseinrichtungen lobt, wird festgehalten, dass die Betreuung von Kleinkindern in »familiärer Geborgenheit staatlichen Einrichtungen wie Kinderkrippen« vorzuziehen sei.[26]

Freiheit

Die FPÖ bekennt sich zur Eigenverantwortung des Bürgers und sieht in der Religionsfreiheit den »Schutz des Einzelnen und der Gemeinschaft vor religiösem Fanatismus«. Somit sei »die Zuerkennung des Status einer gesetzlich anerkannten Religionsgemeinschaft durchaus als widerruflich zu betrachten«[27].

Das NS-Verbotsgesetz wird im Handbuch nur indirekt erwähnt: Die FPÖ lehnt jedwede Form der Diskriminierung »auf Grund bestimmter Werthaltungen und politischer Einstellungen« ab.[28]

Die im EU-Reformvertrag verankerte Grundrechte-Charta wird kritisiert. Problematisch seien »zum einen die Verschärfung der schon jetzt vorhandenen Antidiskriminierungsbestimmungen, die eine Beweislastumkehr zugunsten potenziell Diskriminierter zur Folge hat, sowie die ›sozialen Grundrechte‹, die jedem Niederlassungs-Berechtigten in der EU Anrecht auf Sozialleistungen gewähren könnten. Die freie Meinungsäußerung wird durch die angebliche Grundrechte-Charta stark eingeschränkt«.[29]

Diese Einschränkung moniert auch Mölzer, der 2009 erneut als FPÖ-Spitzenkandidat für die EU-Wahlen antritt: »Wir leben in einer Zeit, wo den Leuten erst bewusst wird, dass es mehr Vorschriften gibt als in jeder Diktatur. Im stalinistischen Russland, aber auch im Nationalsozialismus hat es für einen angepassten Bürger nicht so viele Vorschriften gegeben wie in der Europäischen Union.«[30]

Gesundheit

Hier setzt die FPÖ auf ein System der Apartheid: Für Ausländer soll eine eigene Sozialversicherung geschaffen werden, »diese Sozialversicherung wird durch Abgaben von in Österreich lebenden und als Gastarbeiter aktiven Arbeitnehmern gespeist«.[31] Nicht-Österreichern soll nur eine medizinische Grundversorgung zur Verfügung stehen.[32]

Heimat

Das Recht auf Heimat sehen die Freiheitlichen als »Menschenrecht« und pochen darauf, dass Österreich weder »Amerikanisierung noch Islamisierung« braucht. Das christliche Abendland müsse erhalten bleiben, »Religionsgemeinschaften, die unsere Trennung von Kirche und Staat in Frage stellen oder bekämpfen, verlieren das Privileg der gesetzlichen Anerkennung und damit den Status als Körperschaft des öffentlichen Rechts«.[33] Das zielt in erster Linie auf den Islam ab. Die FPÖ sieht darin eine Religion, die »die Welt als Kriegsschauplatz ansieht – und zwar so lange, bis die gesamte Menschheit islamisch ist«[34]. Der Bau von Moscheen und Minaretten sei zu untersagen, schließlich »sprießen« Minarette wie »Siegesstatuen« als »Sinnbild und Zeichen des Sieges des Islam gegenüber dem Christentum aus dem Boden«.[35]

Südtirol sei die »Möglichkeit des Beitrittes zur Republik Österreich in freier Ausübung des Selbstbestimmungsrechtes der Südtiroler offenzuhalten«[36.] Dem Kosovo hingegen wird dieses Selbstbestimmungsrecht von der FPÖ streitig gemacht, denn »ein unabhängiger Kosovo bedeutet darüber hinaus einen weiteren muslimischen Staat in Europa«[37].

Heimatschutz ist für die Freiheitlichen ident mit Umweltschutz. Die FPÖ fordert Energieautarkie für Österreich, um nicht mehr von »ausländischen Staatschefs« abhängig zu sein, und die »Erpressbarkeit durch Großkonzerne« zu beenden.[38] Zentral ist auch die Forderung nach dem »patriotischen Konsumenten«, der Lebensmittel nur von heimischen Bauern kaufen soll.[39]

Hofer glaubt, mit solchen Forderungen auch Grün-Wähler gewinnen zu können: »Es gibt viele Bürgerliche, die grün gewählt haben, weil sie das Thema stark interessiert, die sich aber mit der Gesellschaftspolitik der Grünen nicht anfreunden können. Das sind die Leute, die für die FPÖ auch offen sind.«[40] Hofer gibt zu, dass der blaue Öko-Schwerpunkt medial noch kaum Niederschlag gefunden hat. Es sei für die FPÖ ungleich schwieriger als für andere Parteien, mit Umweltthemen in den Medien vorzukommen, und dies, obwohl die Grünen mit einem »großen Renault« zu Veranstaltungen kämen, er hingegen mit einem »Smart« oder einem »Elektroscooter«[41].

Justiz

Da Gefängnisse keine »Kuschelzellen« sind, sollen in Österreich verurteilte ausländische Straftäter »unverzüglich zur Haftverbüßung« vom eigenen Land übernommen werden.

Die FPÖ fordert neben einer »lebenslangen Freiheitsstrafe« für Sexualstraftaten mit Unmündigen auch eine »unbedingte Anzeigepflicht für alle Personen, die beruflich mit Minderjährigen zu tun haben, wenn ein begründeter Verdacht des physischen, sexuellen oder psychischen Missbrauchs besteht, sowie die Schaffung eines Straftatbestandes für Personen, die der Anzeigepflicht unterliegen, aber Anzeigen unterlassen haben«[42]. Da bei Sexualstraftätern keine »Resozialisierung« möglich sei, fordert die FPÖ die »chemische Kastration von Personen, welche rechtskräftig nach Paragraph 206 StGB« verurteilt wurden, auch ohne Zustimmung der Täter.[43]

Der Europäische Haftbefehl, der seit 1. 1. 2004 gilt, wird von der FPÖ abgelehnt. Er kann bei einer rechtskräftigen Verurteilung von mindestens vier Monaten oder bei einer Straftat, die im Höchstmaß mit mindestens 12 Monaten bedroht ist, erlassen werden. Die FPÖ ortet darin ein »höchst bedenkliches Konstrukt totalitärer Prägung, das politisch motivierter Willkür Tür und Tor öffnet«[44]. Die Straftatbestände »Rassismus und Fremdenfeindlichkeit« seien nicht eindeutig definiert, der EU-Haftbefehl daher zu »systematischem politisch-korrektem Missbrauch« geeignet.[45] In Österreich wurde dieser Haftbefehl bisher zweimal in Anspruch genommen. Im September 2006 bei Bawag-Chef Helmut Elsner und im August 2007 zur Auslieferung des wegen NS-Wiederbetätigung verurteilten Holocaustleugners Gert Honsik aus Spanien.

142

Kulturelles

Im Handbuch wird in der Rubrik »Kunst und Kultur« festgestellt: »Da die Mehrheit der Österreicher die Staatssprache Deutsch (vgl. Art. 8 B-VG) als Muttersprache spricht, ergibt sich daraus ihre Zugehörigkeit zur deutschen Kulturgemeinschaft.«[46] Bei Ortsnamen soll grundsätzlich »der deutsche Name« verwendet werden, als Beispiele sind Ödenburg statt Sopron und Brünn statt Brno angeführt.[47]

FPÖ-Chef Strache bekennt sich offen zur »Deutschen Kulturnation«. Für ihn umfasst dieser Begriff »eine gemeinsame Geschichte, eine gemeinsame Sprache, eine gemeinsame Kultur, die man nicht einfach wegschieben oder verleugnen kann«, denn nicht »von ungefähr hat auch der österreichische Kaiser gesagt, dass wir die besseren Deutschen sind«[48]. Heimat ist nach der Definition von Herbert Kickl nicht im »klassisch deutschnationalen Sinn«, sondern als »Österreich-Patriotismus« zu verstehen, er wehrt sich aber auch nicht dagegen, sich »zur Deutschen Volks- und Kulturnation zugehörig« zu empfinden.[49]

Gibt es für Strache eine österreichische Kulturnation? »Im Wesentlichen nicht«, sagt er. Nach dem Zusammenbruch des Habsburgerreiches »ist, wenn man so will, eine Staatsnation aus Österreich geworden, aber keine Kulturnation«.[50] An Haiders Aussage, die »österreichische Nation sei eine Missgeburt«, kann sich Strache gut erinnern. Haider wollte laut Strache »provozieren und im Kern herausschälen«, dass es sich bei Österreich »um eine Staatsnation und nicht um eine Kulturnation« handle, »und wenn man so will, auch ein von den Alliierten verfügter Staat«[51].

Ein von den Alliierten verfügter Staat? Strache ist wie Stadler der Meinung, dass Österreich 1945 nicht befreit wurde: »In der reinen, faktischen Bewertung hat die Phase der Unfreiheit 1933 in Österreich begonnen und bis wir unsere Freiheit wieder zurückerkämpft hatten, haben wir bis 1955 gebraucht. Dass sich 1945 selbstverständlich viele Menschen befreit gefühlt haben von dem Kriegswahnsinn, und vor allen Dingen auch jene Personen, die in Konzentrationslagern eingesperrt waren und dort ein Elend erleben mussten, dass die das als Befreiung empfunden haben, na selbstverständlich. Dass andere im Bereich der Zivilbevölkerung erleben mussten, wie alliierte Soldaten nach Österreich gekommen sind und hier eine Besatzung vorgenommen haben und Menschen vergewaltigt oder erschlagen, erschossen oder auch ausgeraubt und geplündert haben, dass die das nicht für sich persönlich als die Freiheit empfunden haben, ist auch klar.«[52]

Wirtschaft

Die Grundpfeiler freiheitlicher Wirtschaftspolitik lauten patriotisch, liberal und sozial, »die patriotischen Grundsätze begründen für die FPÖ einen absoluten und eindeutigen Interessensvorrang des eigenen Volkes und des eigenen Staates«[53]. Die Welthandelsorganisation (WTO) »heftet sich bezeichnenderweise als oberstes Prinzip die Nicht-Diskriminierung von Waren auf ihre Fahnen und erhebt dieses dadurch – von der ideologischen Werthaltigkeit her betrachtet – über die philosophischen Grundwerte der Humanität, der Freiheit und Verteilungsgerechtigkeit«[54].

Das neue Programm ist durchaus in Diskussion. Mölzer stellt sich etwa die Frage, ob die FPÖ »auf dem Weg zu einer rechten Proletenpartei, ausschließlich zu einer Arbeiterpartei neuen Typs« sei, oder ob man die Chance habe, »eine national-liberale Partei im Kern zu sein mit einem starken sozialen Anspruch«.[55]

»Politik ohne Ideologie ist ein Widerspruch« sagt auch Otto Scrinzi und kritisiert Haider, der sich »schrittweise die Entideologisierung zu seiner Aufgabe als Parteiführer« gemacht habe und »den ideologischen Boden des dritten Lagers verlassen hat. Er wollte die ideologischen Götzenanbeter wie mich eliminieren«.[56]

Haider schrieb seine umstrittenen Visionen in den Neunzigerjahren in Buchform nieder, »Die Freiheit, die ich meine« oder »Befreite Zukunft, jenseits von links und rechts«. Welche Vision hat Strache? »Meine Vision ist klar. Ich meine, der Staat hat in vielen Bereichen eine Verantwortung, die er heute nicht mehr lebt, die er über Bord geworfen hat, wenn ich den Bereich der Grundversorgung mit Energie, Wasser, Sicherheitsbereiche hernehme, wo der Staat die Verantwortung hat, im Interesse seiner Staatsbürger auch ein Funktionieren dieser Bereiche sicherzustellen, ohne das auf Gewinn auszurichten. Ich kann Sicherheitspolitik nicht auf Gewinn ausrichten. Das ist absurd.«[57]

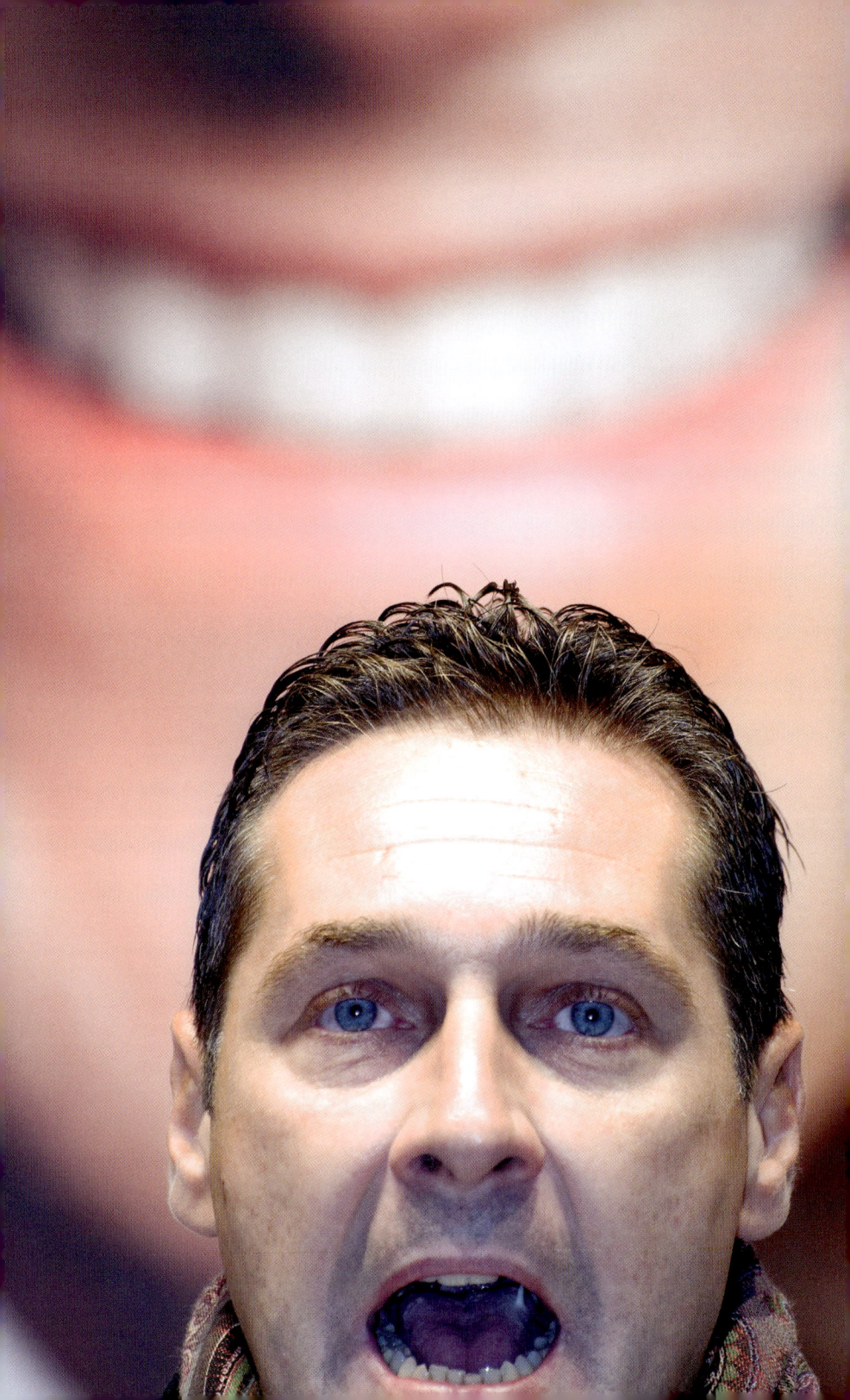

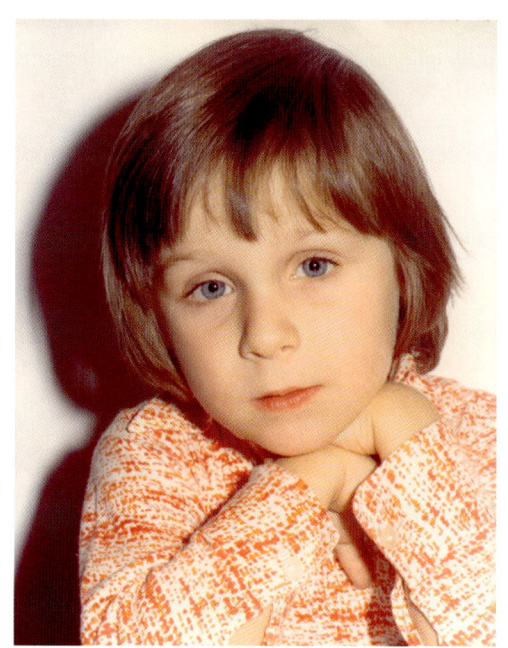

HC Strache als Kind ... und als Vater.

Strache 2005 beim Bungee-Jumping von der Jauntalbrücke. Jörg Haider ist bereits 1993 von derselben Brücke gesprungen.

HC Straches »Paintballspiele«. Auf einem Bild (links unten) sind die Schutzmasken klar zu erkennen.

Jörg Haider wählt Strache 2004 zum stellvertretenden FPÖ-Chef.

Letzte gemeinsame Auftritte im EU-Wahlkampf 2004.

*Der neue FPÖ-Chef beim
Wiener Landesparteitag 2005.*

*HC Strache und Hilmar Kabas
übernehmen die FPÖ.*

HC Strache und Jörg Haider scherzen am Wahlabend 2008 im Parlament. Die FI erreichte 17,5 Prozent der Stimmen, das BZÖ 10,7.

*Bislang unveröffent-
lichtes Foto vom letz.
Gespräch zwischen F
Strache und Jörg Ha
der wenige Tage vor
dessen Tod (rechts im
Bild Herbert Kickl).*

*Trauersitzung des FPÖ-
Vorstands wenige Tage
nach Haiders Unfalltod.*

HC Strache am 26. Jänner 2009, Jörg Haiders Geburtstag, in seinem Büro.
Seit Haiders Tod steht dort ein gemeinsames Bild der beiden Kontrahenten.

Der damalige Bundeskanzler Alfred Gusenbauer (SPÖ) bei einer Rede von FPÖ-Klubchef Strache im Parlament.

Angelobung des Burschenschafters Martin Graf zum Dritten Nationalratspräsidenten

HC Strache am 8. Mai 2004, dem Jahrestag der Kapitulation des NS-Regimes, als Redner bei der »Heldenehrung« der Burschenschaften.

Lutz Weinzinger als Redner bei einer Gedenkveranstaltung für den NS-Fliegermajor Walter Nowotny.

HC Strache zeigt ein Foto des Grabes von NS-Major Nowotny, als dieses noch ein Ehrengrab der Stadt Wien war.

Freiheitliche Wahlkampf-impressionen 2005–2008.

*Ewald Stadler, Andreas Mölzer und HC Strache nach einem
Versöhnungsgespräch zwischen Strache und Stadler bei der FPÖ-Klausur in
Waidhofen an der Ybbs 2007.*

*50-Jahr-Feier der FPÖ mit Hilmar Kabas, Norbert Steger, HC Strache,
Alexander Götz und Ewald Stadler im Palais Ferstl in Wien.*

Djordje Knezević, Bischofsvikar der serbisch-orthodoxen Kirche,
bei einer gemeinsamen Pressekonferenz mit HC Strache.

Volen Siderov von Ataka, Frank Vanhecke vom Vlaams Belang, HC Strache,
Jean-Marie Le Pen und Bruno Gollnisch von der Front National treffen einander
im Parlament in Wien.

Freiheitliche Wahlfeier 2008 in Wien.

HC Strache feiert mit seiner Mutter den Wahlerfolg.

»WIR SIND DIE NADELSTREIF-RECHTEN«

Ewald Stadler wirkt überrascht über die unerwarteten Gäste: »Welch ein Zufall«, sagt der damalige Vorsitzende der freiheitlichen Akademie. Er verbringe den Nachmittag ganz privat im Restaurant des Schlosses Wilhelminenberg. »Eine Familienfeier, wissen Sie?«

Wieso er im Kreis seiner Lieben ein Namensschild trägt? Nach kurzem Zögern erzählt der, dass es sich bei dem Familienfest um ein Treffen der europäischen Rechten handelt. Leugnen wäre ohnehin zwecklos, schließlich biegt just in diesem Moment eine auffällige Blondine ums Eck, die zweifelsfrei als Duce-Enkelin Alessandra Mussolini identifiziert wird. Fast wäre es der FPÖ gelungen, das Treffen der Euro-Rechten in Wien geheim zu halten.

Neben Mussolini, EU-Abgeordnete und Chefin der rechtsextremen Partei Azione Sociale, sind hochrangige Repräsentanten des belgischen Vlaams Belang, des Front National, der EU-Abgeordnete Luca Romagnoli von der Fiamma Tricolore, Rafael Lopez, Vorsitzender der Alternativa Española, Volen Siderov, Chef der bulgarischen Ataka sowie der Vizeparteichef der Großrumänienpartei, Petre Popeanga, mit dabei. Die Lega Nord, die Dänische Volkspartei und die polnische Partei für Recht und Gerechtigkeit sandten dem illustren Treffen ihre Grußbotschaften, berichtet der freiheitliche Pressedienst[1]. Wobei die Partei für Recht auf Gerechtigkeit kurz darauf klarstellte, dass lediglich ein eingeladener Politiker ihrer Partei seine schriftliche Absage mit »freundlichen Grüßen« beendet habe.[2]

Die europäischen Parteien unterzeichnen gemeinsam mit FPÖ-Chef Strache die von Andreas Mölzer verfasste »Wiener Erklärung«:

»Im Bewusstsein unserer gemeinsamen Verantwortung für die europäischen Völker und für die von diesen repräsentierte Vielfalt der Kulturen und Sprachen, eingedenk der unveräußerlichen Werte des Christentums und des Naturrechts, des Friedens und der Freiheit in Europa und angesichts der

Bedrohung der europäischen Werte durch Globalisierung, Masseneinwanderung und der Realitätsverweigerung durch Vertreter der ›Political Correctness‹ fordern wir, die Vertreter der patriotischen und nationalen Parteien und Bewegungen Europas:

1. Die Schaffung eines Europa der freien und unabhängigen Nationen im Rahmen eines Staatenbundes souveräner Nationalstaaten.

2. Die Abkehr von allen Versuchen, eine Verfassung für einen zentralistischen europäischen Superstaat zu schaffen.

3. Die klare Absage einer schrankenlosen Ausweitung der europäischen Integration auf geografisch, kulturell, religiös und ethnisch nicht-europäische Gebiete Asiens und Afrikas wie etwa der Türkei.

4. Den effektiven Schutz Europas gegen Gefahren wie etwa den Terrorismus, aggressiven Islamismus, Supermacht-Imperialismus und wirtschaftliche Aggression durch Niedriglohnländer.

5. Einen sofortigen Einwanderungsstopp in alle Staaten der Europäischen Union auch im Bereich des sogenannten Familiennachzugs.

6. Eine pro-natalistische Familienpolitik, die die Förderung des Kinderreichtums der europäischen Völker in der traditionellen Familie bezweckt.

7. Den solidarischen Kampf der europäischen Völker gegen die sozialen und wirtschaftlichen Auswirkungen der Globalisierung.

8. Die Wiederherstellung der sozialen Systeme in den Mitgliedstaaten der Europäischen Union und soziale Gerechtigkeit für die europäischen Völker.«[3]

HC Straches Europapolitik baut auf die Vorarbeit von Jörg Haider auf. Schon im Sommer 2002 nahm Strache an einem Treffen zwischen Haider und dem Lega-Nord-Ideologen Mario Borghezio, Vertretern der Dansk Folkeparti aus Dänemark, der Partido Popula aus Portugal in Kärnten teil.[4] Der Vlaams-Belang-Vorsitzende Filip Dewinter bestätigte zwei Jahre später, dass er nicht nur mit Haider in regelmäßigem Kontakt stehe, sondern auch mit Strache.[5]

Mastermind hinter all diesen Bemühungen, von Österreich aus eine europäische Rechtsbewegung aufzubauen, war und ist Andreas Mölzer. Der freiheitliche EU-Parlamentarier hat schon vor seiner Zeit als Abgeordneter in Brüssel ein Netzwerk zu Vertretern europäischer Rechtsparteien aufgebaut.

Im Juni 2004, ein Jahr vor der Spaltung, gelingt es Andreas Mölzer mittels Vorzugsstimmenwahlkampf in rechtsextremen Kreisen als einziger Blauer ins EU-Parlament einzuziehen. Mölzer hat einen klaren Auftrag für Brüssel. »Ich habe ihm gesagt: Ich sehe deine Aufgabe darin, dass du die seinerzeit gescheiterten Bemühungen der Bildung einer Rechtsfraktion im Europaparlament wieder aufnimmst«, erinnert sich Otto Scrinzi.[6] Mölzer beginnt rasch mit seinem europäischen Aufbauprogramm, trifft sich mit Spitzenpolitikern von Vlaams Belang, Front National, Lega Nord und weiterer rechter Parteien.[7]

Zwei Jahre später, im Jänner 2007, konstituiert sich eine Rechtsfraktion mit dem Namen »Identität, Tradition, Souveränität« (ITS) im EU-Parlament. Mit dabei sind die FPÖ, der belgische Vlaams Belang, der französische Front National, die bulgarische Ataka, die Alternativa Sociale und die Fiamma Tricolore aus Italien, die Großrumänienpartei sowie der aus der UK Independence Party ausgeschlossene britische Abgeordnete Ashley Mote.

Die Internationale der Nationalen hat aber historisch ein Problem:

»Das Einzige, was viele rechte europäische Parteien gemeinsam haben, ist das, was sie trennt. Im Gegensatz zu linken Parteien, die historische Belastungen über neue und gemeinsame Gesellschaftsordnungen überwinden wollen, sich dem Internationalismus verschrieben haben, steht für rechte Parteien der Erhalt der völkischen Substanz und die Unverletzbarkeit des nationalen Territoriums im Vordergrund. Im Zuge der immer stärker fortschreitenden Globalisierung ist diese Position nur schwer zu halten. Fiele sie aber ganz, würde unser Leben ärmer sein, die Vielfalt der Einheit weichen müssen. Andererseits aber sollten die Führer rechter Parteien erkennen, dass unter dem Motto ›jeder gegen jeden‹ eine gedeihliche Zusammenarbeit nicht möglich

ist und sie gegen den Block sogenannter progessiver, konservativer und liberaler Kräfte auf der europäischen Ebene keine Chance haben. Resultat: Ein Schattendasein! Mitwirkungen an politischen Entscheidungsfindungen, beispielsweise im Europaparlament, sind nicht möglich. Diese Situation ist umso grotesker, als die Programme der feindlichen Brüder oft nahezu identisch sind«[8], schreibt der Republikaner Franz Schönhuber im Jahr 2000.

Es sind verschiedene Faktoren, die das europäische Rechtsprojekt regelmäßig zum Scheitern bringen. Die Frage, was national ist, führt immer wieder zu Spannungen. Ein Teil der rechten Gruppierungen hat eine völkische Definition, kämpft für das Heimatrecht von Minderheiten, etwa der deutschsprachigen Bevölkerungsteile in Südtirol oder wie der Vlaams Belang für die staatliche Unabhängigkeit der Flamen kämpft. Andere, darunter der Front National sowie andere französische oder italienische Rechte, sind Anhänger einer etatistisch-zentralistischen Ideologie. Dieses Dilemma zeigt sich zum Beispiel in der Südtirol-Frage, an der bereits 1989 eine rechte Kooperation auf EU-Ebene scheiterte. Dass in der ITS neben der FPÖ auch italienische Neofaschisten sitzen, führte in der FPÖ zu massiven Spannungen. Parteichef Strache erklärt nur wenige Tage nach Gründung der ITS: »Der Standpunkt der FPÖ in der Selbstbestimmungsfrage Südtirols wird von uns in dieser europäischen Zusammenarbeit einer Rechtsfraktion unbeirrt beibehalten. Dafür verbürge ich mich als FPÖ-Obmann.«[9] Den Südtiroler Freiheitlichen, eine Schwesternpartei der FPÖ, reicht das nicht. Sie legen wegen der Kooperation der Freiheitlichen mit italienischen Neofaschisten, speziell der Forza Nuova, die Beziehungen zur FPÖ auf Eis.[10]

Ein ähnliches Problem ist die 1945 von den Alliierten die entlang der Flüsse Oder und Neiße festgelegte Grenze zwischen Deutschland und Polen. Mölzer hat in dieser Frage einen pragmatischen Ansatz: »Natürlich wird es von allen geschichtsbewussten Angehörigen der deutschen Kulturnation bis zum heutigen Tag als schmerzhaft empfunden, dass die deutsche Kultur östlich von Oder und Neiße durch die Ereignisse von 1944 bis 1946 weitgehend untergegangen ist. Durch die Fluchtbewegung vor der Roten Armee und durch die danach folgenden Potsdamer Beschlüsse der Alliierten kam es bekanntlich zur Vertreibung und Aussiedlung der deutschen Bevölkerung dieser Gebiete. Die seit 60 Jahren bestehenden Grenzen, insbesondere auch jene an Oder und Neiße zwischen Deutschland und Polen, sind unbeschadet dieser historischen Tragödien im geeinten Europa des 21. Jahrhunderts natürlich vorbehaltlos anzuerkennen.«[11] Trotz so viel Entgegenkommens scheitert die Kooperation mit den polnischen Rechten an der »Germanophie« der polnischen Rechten, wie Mölzer es ausdrückt.[12]

Am meisten steht aber der eigene Rassismus einer Kooperation der Rechtsparteien entgegen. Wie schwierig sich die Kontakte zwischen den verschiedenen Rechtsparteien gestalten können, illustriert eine Episode von einem Treffen der Euro-Rechten in Wien im Jahr 2005. Der EU-Parlamentarier Mölzer lud die europäische Rechte und freiheitliche Politiker zu einem feinen Abendessen ins Palais Kinsky in Wien, an das sich der ehemalige FPÖ-Bundesrat John Gudenus mit Schaudern erinnert: »Ich will Ihnen sagen, die Rumänen sind fürchterlich. Es war ein wirklich hervorragendes Abendessen und ich sitze gegenüber eines rumänischen Abgeordneten, der auch Universitätsprofessor in Paris ist.« Gudenus versucht sich in Smalltalk und fragt den rumänischen Abgeordneten, »haben Sie auch zehn Kinder oder acht Kinder, wie viel haben Sie denn«? Was der Rumäne nicht lustig fand. »Da fährt mich der an: Ich bin doch kein Zigeuner!«, erzählt Gudenus, »da blieb nur übrig zu sagen: Ich habe einen Onkel, der ist auch kein Zigeuner, der hat acht Kinder, und einen anderen Onkel, der hat neun Kinder. Das hat nichts mehr genutzt.« Als dann noch Sohn Johann Gudenus konsequent die rumänischen Städtenamen deutsch ausspricht, »weil das waren ja ursprünglich einmal deutsche Städtenamen«, ist die Stimmung überhaupt im Keller. »Das Ärgste sind Chauvinisten. Wenn man mit denen zusammenkommt. Das dürfte bei den Rechten besonders stark sein«[13], meint Gudenus senior.

Am Rassismus scheitert auch Mölzers Rechtsfraktion ITS nur zehn Monate nach ihrer Gründung. Mussolini hatte nach dem Mord an einer Italienerin, für den ein Roma aus Rumänien verantwortlich gemacht wurde, die Abschiebung zahlreicher Rumänen aus Italien in einem Schnellverfahren befürwortet. In einem Interview sagte sie, die Rumänen hätten »aus der Kriminalität einen Lebensstil gemacht«.[14]

Die Großrumänienpartei sieht darin eine »Provokation gegen Rumänien«[15]. Nach dem Austritt der fünf Mandatsträger aus Rumänien hat die ITS zu wenige Mitglieder, um den Fraktionsstatus aufrechtzuerhalten.

Kurz nach dem Scheitern der ITS wird der nächste Versuch einer europäischen Verbindung gestartet. Verbindendes Element ist der Anti-Islamismus. Am 17. Jänner 2008 treffen die deutsche Bewegung Pro Köln, der Vlaams Belang, die deutschen Republikaner und die FPÖ einander in Antwerpen, um ein »Städte-Bündnis gegen Islamisierung« zu besiegeln. Zwei Tage später wird in Wiesbaden von Republikanern, Vlaams Belang und FPÖ die »Euroregionale Kommunal« gegründet. Die Euroregionale ist ein »von den deutschen Republikanern initiierter länderübergreifender Zusammenschluss konservativer und rechtsdemokratischer kommunaler Mandatsträger und versteht sich als ›Plattform rechtskonservativer Mandatsträger auf lokaler Ebene‹, dient dem Informationsaustausch zwischen den Mandatsträgern und der Bündelung von Kräften und Möglichkeiten«.[16]

Nur eine Woche darauf treffen rechte EU-Politiker Strache in Wien. Vertreter von Ataka, Front National und Vlaams Belang halten mit dem FPÖ-Chef eine Pressekonferenz im Parlament ab. Bis zum 15. November 2008 verspricht Strache eine europäische Rechtspartei aus »mehr als zehn Mitgliedsparteien«[17]. Auch potenzielle Namen für die Europapartei hat er parat: »Europäische Freiheitspartei« oder »Europäische Patriotische Partei« zum Beispiel.[18] Das Datum 15. November 2008 wird nicht eingehalten.

Dafür tritt Strache gemeinsam mit Vertretern des Vlaams Belang als Gastredner beim Europakongress der Republikaner in Rosenheim auf. Schon 2007 war er Gastredner bei solch einem Kongress der Republikaner, damals in Mainz. Es sei an der Zeit, die »Büßerkutte« abzulegen und »ein neues nationales Selbstbewusstsein für freie Völker in Europa« zu entwickeln[19], meinte Strache dort.

Es ist ein doppeltes Spiel, das die FPÖ auf europäischer Ebene betreibt. Während sie ihre europäischen Kontakte konsequent vertieft, sagt Strache, »der EU-Beitritt war ein Fehltritt«[20], »die Einleitung eines Austrittsprocederes hat Charme«[21], und führt unter dem Titel »Österreich bleib frei« ein Anti-EU-Volksbegehren durch, das von 258.000 Österreichern unterzeichnet wird. Er findet es »überlegenswert«, eine »Raus aus der EU-Initiative« zu starten, und meint, »mein Modell wäre eine gemeinsame neutrale Zone mit der Schweiz«.[22] Dieses Hin und Her in der Europapolitik gefällt selbst manchem Hardliner in der Partei nicht. »Ich habe dem Strache gesagt, Kritik an der EU kann durchaus ein Schwerpunkt in der Wahlauseinandersetzung sein, EU-Austritt halte ich für falsch«, sagt Otto Scrinzi.

Die Kritik an der EU ist das verbindende Element all dieser Rechtsparteien. Neu hinzugekommen sind das Feindbild Islam sowie eine Bekenntnis zum christlichen Abendland.

Zur Rettung des christlichen Abendlandes reist eine freiheitliche Delegation im September 2008 nach Köln zum »Anti-Islamisierungs-Kongress« mit dem Untertitel »Nein zu Moscheebau, Nein zu Minaretten, Nein zu Muezzinruf«, zu dem die mit der FPÖ freundschaftlich verbundene Bewegung Pro Köln aufrief. Strache hat bereits am 16. Juni 2007 unter dem Motto »Es gibt kein Grundrecht auf den Bau einer Großmoschee« an einem Schweigemarsch von Pro Köln durch den Kölner Stadtteil Ehrenfeld teilgenommen.[23] Zum Anti-Islamismus-Kongress 2008 schickt er neben einer Videobotschaft Generalsekretär Harald Vilimsky, die Nationalratsabgeordnete Dagmar Belakowitsch-Jenewein, deren Bruder, den Wiener Landesparteisekretär Hans-Jörg Jenewein, sowie die Wiener Landtagsabgeordneten Johann Herzog und Johann Gudenus. Während des Kongresses befindet sich Köln im Ausnahmezustand. Zuerst demonstrieren mehrere tausend Menschen friedlich gegen den Kongress. Auch die deutsche Bundesregierung erklärt, »die Veranstaltung der rechten Gruppierung Pro Köln stehe im Gegensatz zu den Bemühungen der Bundesregierung, den interreligiösen und interkulturellen Dialog zu fördern«[24]. Nach kurzer Zeit kommt es aber zu heftigen Ausschreitungen. Die Rechten aus ganz Europa, die sich an diesem Kongress beteiligen, darunter neben der FPÖ auch der Vlaams Belang, der Lega Nord sowie Vertreter der British National Party[25], flüchten vor den Pflastersteinen mit dem Boot auf den Rhein, wo sie Stunden hindurch nicht mehr anlegen können, weil überall Demonstranten auf sie warten. Eine für den nächsten Tag geplante Großdemonstration muss wegen der Proteste in eine Bar am Kölner Flughafen verlegt werden. »Wir sind die Nadelstreif-Rechten«, ärgert sich Gudenus, »waren brav, ruhig und haben überhaupt nichts gemacht. Trotzdem waren wir die Bösen. Der schwarze Block, der uns mit Pflastersteinen beworfen hat, war fein raus.«[26] Am 9. Mai 2009 möchte die FPÖ erneut mit Pro Köln und anderen europäischen Rechtsparteien am 2. Anti-Islamisierungs-Kongress in Köln teilnehmen.[27]

167

Strache erzählt auch gerne, dass er als erster freiheitlicher Politiker »zu einem offiziellen Staatsbesuch in Israel« eingeladen wurde. Allerdings stellte sich in einem ORF-Sommergespräch mit Armin Wolf auf Nachfrage heraus, dass abgesehen von der Tatsache, dass nur der Bundespräsident befugt ist, offizielle Staatsbesuche zu machen, auch Strache nicht von hochrangigen Repräsentanten des Staates Israel eingeladen wurde. Die Einladung erhielt er von einem Ausstellungsmacher, der in der Residenz des damaligen Präsidenten Moshe Katzav eine Schau über Salvatore Dali zeigte. Strache hatte aber nach eigenen Angaben auch die Gelegenheit, »mit Politikern Gespräche zu führen«.[28] Und er meint: »Israel hat wie jedes Volk ein Recht auf einen eigenen Staat.«[29]

Der Kampf gegen den Islam und für ein christliches Abendland ist auch das Thema, mit dem Strache in Serbien und Russland punktet. Im April 2008 reist er gleich zweimal nach Serbien. Bei seiner ersten Reise mit einer »Österreich-Delegation mit Vertretern aus Politik und Wirtschaft«, Velimir Ilic, Vorsitzender der Partei »Neues Serbien« und Minister für Infrastruktur und Kapitalinvestitionen, sowie Tomislav Nikolic, damals noch Chef der »Serbischen Radikalen Partei«. Ilic gilt als Macho-Politiker, der von Journalisten gefürchtet wird: Als eine Reporterin ihm im Jahr 2005 auf einer Pressekonferenz eine kritische Frage stellte, schrie dieser: »Sie sind unausstehlich! So aggressiv, wie Sie sich benehmen, werden Sie nie einen Mann zum Heiraten finden.«[30] Am 29. April besuchte Strache auf Einladung von Premierminister Vojislav Kostunica Belgrad. Laut Mölzer beruhe das Naheverhältnis der FPÖ zu den Serben darauf, dass Freiheitliche wie Serben lange Zeit als »Outlaws« gesehen wurden. »Da ist bei uns natürlich schon ein gewisses Verständnis da.«[31] Im Mai tritt Strache im Wahlkampf als Ehrengast auf der Abschlusskundgebung der extrem nationalistischen SRS auf. »Kosovo ist Serbien« ruft er den jubelnden Menschenmassen auf Serbisch zu. Kurz zuvor unterzeichnet er ein Partnerschaftsabkommen mit der SRS.[32] Auch der Erzbischof der Serben predigt für Strache, holt ihn auf die Kanzel und ruft dazu auf, FPÖ zu wählen.[33] Laut Strache wurde dieser von 35.000 Serben bejubelte Auftritt am Hauptplatz von Belgrad live im Fernsehen übertragen.[34] Die Strategie geht auf: Nicht nur in Serbien kann Strache punkten. Serbische Bekannte hätten ihm sogar erzählt, dass er in einer Umfrage einer serbischen Tageszeitung zum beliebtesten ausländischen Politiker vor dem Italiener Silvio Berlusconi und dem Russen Wladimir Putin gewählt worden sei[35], erzählt der FPÖ-Chef. Auch bei der Nationalratswahl 2008 wählen zahlreiche Österreicher mit serbischem Migrationshintergrund die FPÖ. Strache hat nun auch zur ins Nationalistische abgeglittenen »Allianz der Unabhängigen Sozialdemokraten« der serbischen Bevölkerung in Bosnien und Herzegowina Kontakte geknüpft.[36]

Aufgrund seines Engagements für Serbien und gegen die Unabhängigkeit des Kosovo wurde auch die Putin-Partei »Einiges Russland« auf Strache aufmerksam. Zu Georgien, speziell zur oppositionellen Partei »Die Industrie wird Georgien retten« hat er bereits zuvor Kontakte geknüpft. »Serbien ist für Russland wie ein kleiner Bruderstaat und Strache war in Österreich der einzige Politiker, der öffentlich erklärt hat, dass die Abspaltung des Kosovo völkerrechtswidrig ist«, sagt Johann Gudenus.[37] Im Sommer 2008 meldet sich das Sekretariat des Vizechefs der russischen Duma, Oleg Morosow, bei der FPÖ und bittet um einen Termin für einen offiziellen Besuch bei Strache.[38] Am 10. September 2008 treffen Strache und Morosow einander im freiheitlichen Klub im Parlament. Morosow zeigt sich »erfreut über den Einsatz Straches für die offizielle Anerkennung einer Diözese der russisch-orthoxen und der serbisch-orthodoxen Kirche in Österreich«[39]. Im Dezember 2008 fliegt Strache zum ersten Mal nach Moskau, wo er von Juri Luschkow, dem Moskauer Bürgermeister, empfangen wird, das russisch-orthodoxe Patriarchat in Moskau besucht und in der Duma mit hochrangigen Vertretern von »Einiges Russland« Gespräche führt.[40]

Nach seiner Rückkehr erklärte Strache, es sei »notwendig, die partnerschaftlichen Beziehungen zu Russland in Richtung engere Freundschaftsbeziehungen auszubauen, denn Russland ist ein ganz wichtiger Teil Europas. Dieses Land darf man nicht vor den Kopf stoßen, wie dies in den vergangenen Jahren durch orange Revolutionen, die durchaus von der Bush-Administration Unterstützung fanden, geschehen ist. Da wurde versucht, rund um Russland Satellitenstaaten zu errichten unter dem Titel, Demokratie in diese Länder zu bringen«.[41]

Neben den intensiven Kontakten zu den Balkanstaaten und Russland ist neu, dass unter dem Parteichef Strache auf eine klare Abgrenzung zu offen neonazistischen Parteien wie die NPD verzichtet wird und der rechtsextreme Vlaams Belang offizieller Partner der Freiheitlichen ist. Bis zum Jahr der Spaltung 2005 gab es lediglich Einzelkontakte zwischen Vertretern der FPÖ und den Belgiern, eine Kooperation mit dem Vlaams Belang war nie offizielle Parteilinie. Offizielle Beziehungen zu Parteien wie NPD und DVU wurden von FPÖ-Spitzenpolitikern tunlichst vermieden.

Das hat sich unter Strache geändert. Dieser sagt zwar nach wie vor, dass NPD und DVU keine Bündnispartner wären. Gleichzeitig fädelte der EU-Abgeordnete Mölzer 2007 in Strassburg ein Treffen zwischen NPD, DVU, Republikanern und Pro Köln ein. Eingeladen waren unter anderem der Chef der NPD, Udo Voigt, sowie Holger Apfel, Fraktionschef der NPD im sächsischen Landtag, der Vorsitzende der DVU, Gerhard Frey, hochrangige Funktionäre der Republikaner und die rechtspopulistische Regionalpartei Pro Köln.[42] Die NPD ist, wie auch die italienische Forza Nuova, Teil der »Europäischen Nationalen Front«[43], einem Zusammenschluss extremistischer Rechtsparteien, darunter die spanische Faschisten-Organisation »La Falange« und die »Noua Dreapta« aus Rumänien.

Dieses Treffen mit NPD, DVU und Republikanern kostete Mölzer eine lange politische Freundschaft. Dieter Stein, Geschäftsführer und Chefredakteur der rechten Zeitschrift *Junge Freiheit*, die Mölzer beim Aufbau seiner *Zur Zeit*, die als Schwesternblatt der *Jungen Freiheit* startete, unterstützte, schreibt Anfang Oktober 2007: »Die *Junge Freiheit* hat sich von ihrem langjährigen Kolumnisten Andreas Mölzer getrennt und die Zusammenarbeit mit der Wiener Wochenzeitung *Zur Zeit* (ZZ) beendet.«[44]

In einem Brief schreibt Stein seinem langjährigen Verbündeten, weshalb Mölzers Kontaktaufnahme mit der NPD so verwerflich ist:

»*Daß sich diese Partei nicht nur nach Auffassung linksgerichteter Antifa-Journalisten, sondern ausweislich ihrer eigenen Verlautbarungen in der Tradition des Nationalsozialismus und des Dritten Reiches sieht, daß sie offen mit neo-nationalsozialistischen, tatsächlich rechtsextremen Kameradschaften, Freien Nationalisten kooperiert und deren Führungsfiguren sogar in ihre Vorstände holt. Auf dem jüngsten NPD-Parteitag in Niedersachsen durfte sogar Christian Worch, die Leitfigur der deutschen Neonazi-Szene, sprechen und erhielt große Zustimmung. (…) Ihre Nähe zum Dritten Reich muß man nicht entlarven, sie bekennt sich ungeschminkt dazu, und dies ist offenkundig der Wesenskern der erotischen Anziehung auf den Großteil des NPD-Umfeldes. (…) Sie sieht sich in der Tradition des Nationalsozialismus, sie will den vermeintlich guten Kern des Dritten Reiches retten.«*[45]

In Deutschland sorgte der von Mölzer initiierte Dammbruch Richtung NPD selbst unter Rechten für Aufregung. In Österreich war dies kaum ein Thema.

Mölzers Wunsch nach einer geeinten Rechten in Deutschland mit Chancen auf Einzug ins EU-Parlament ist zumindest für die Wahl 2009 nicht in Erfüllung gegangen. »Die werden sicher keine Einheit finden«, sagt er. Nicht zuletzt aus pragmatischen Gründen, aufgrund des Images und aufgrund von »Äußerungen, die wirklich nicht mehr akzeptabel sind«, sei es aufgrund der pragmatischen Vernunft sinnlos, eine Kooperation in irgendeiner Form einzugehen. Er stehe trotzdem dazu, dass man mit jeder Partei, die sich im geltenden rechtsstaatlichen Rahmen ihres Landes bewegt und demokratisch legitimiert ist, Gespräche führen kann, und habe auch mit etlichen Leuten von der NPD gesprochen. »Das ist überhaupt keine Frage für mich.«[46]

In der neuen Periode des EU-Parlaments nach der Wahl im Juni 2009 möchte sich die FPÖ laut ihrem EU-Abgeordneten Mölzer aber neu orientieren. Auslöser für diesen Schwenk ist nicht zuletzt die akute Krise des französischen Front National, die unter Umständen so weit gehen kann, dass die Partei zerfällt. Außerdem sei der FN für andere Gruppierungen, etwa die Dänische Volkspartei oder die Lega Nord, nicht akzeptabel, inhaltlich oder aufgrund persönlicher Antipathien. Der Vlaams Belang habe wiederum beschlossen, künftig zu extremistischen Gruppierungen Distanz zu halten. »Das ist auch unser Weg«, meint Mölzer[47] und deshalb sei die Fraktion »Union für das Europa der Nationen (UEN)« eine interessante Option für die FPÖ. Dort versammeln sich Parteien, die »schon rechts sind, auch EU-kritisch, aber doch im staatstragenden Bereich, wenn nicht sogar im Regierungsbereich«[48]. Also lud Strache Ende Jänner 2009 hochrangige Vertreter der Dänischen Volkspartei, der Lega Nord, der Schweizer Volkspartei, von Einiges Russland, des Vlaams Belang, des Front National, von Ataka und Pro Köln zu einem »Gedankenaustausch« im Rahmen einer Konferenz unter dem Titel »Europa ist mehr als die EU« nach Wien und zu einer gemeinsamen Pressekonferenz ins Parlament.[49] Die irische Regierungspartei Fianna Feil hat aber bereits angekündigt, eine von der FPÖ gewünschte Aufnahme in die nationalistisch orientierte UEN zu blockieren.[50]

Auswahl europäischer Parteien, zu denen die FPÖ oder ihre Vertreter Kontakte pflegen

Belgien:
Vlaams Belang (»Flämisches Interesse«)
»Eigen volk erst«, »Europa den Europäern« und »Schön, ein Weißer zu sein« – so lauten die Slogans des Vlaams Belang. 1979 als Vlaams Blok gegründet, nennt sich die Partei am 11. November 2004 in Vlaams Belang um. Wenige Tage zuvor bestätigt das Oberste Berufungsgericht Belgiens, dass der Vlaams Blok »separatistisch, ausländerfeindlich und rassistisch« ist. Der VB fordert unter anderem einen Einwanderungsstopp für Nicht-EU-Bürger, ein separates Gesundheitssystem für Ausländer, ein Verbot der Abtreibung sowie die Abspaltung vom französischsprachigen Teil Belgiens, oder, wie es der VB-Parteivorsitzende Frank Vanhecke formuliert: »Wir flämischen Nationalisten wollen, dass der belgische Staat zusammenbricht.«[51]
Der VB kam bei der EU-Wahl 2004 auf 23,16 Prozent und 3 Mandate.
Der VB war gemeinsam mit der FPÖ Mitglied der rechten Fraktion ITS im EU-Parlament.

Bulgarien:
Ataka (»Angriff«)
Radikale Protestpartei mit Slogans wie »Türken und Roma raus!«[52], die dagegen kämpft, dass Bulgarien zu einem Land wird, »dessen Bevölkerung Diener der Ausländer ist«[53]. Parteichef Wolen Siderow sieht Bulgarien »bedroht von außen durch die Ausländerflut«[54], fordert den Tatbestand des »nationalen Verrats«[55], verspricht ein »Re-

gierungsprogramm zur Eingrenzung und Liquidation der Zigeuner-kriminalität«[56] und fordert »Lager für Zigeuner«[57]. In seinen Büchern entwarf Siderow das Szenario »einer weltweiten, von Juden gelenk-ten Verschwörung«[58], in seinen politischen Reden kritisiert er die »unter jüdischem Einfluss stehenden« USA[59]. Amnesty International schreibt in einem Länderbericht über Bulgarien: »Atakas Ideologie beinhaltet Themen wie die Wiedereinführung der Todesstrafe, das Leugnen des Holocausts sowie ausländerfeindliche Propaganda.«[60] Ataka kam bei der Direktwahl ins EU-Parlament im Mai 2007 auf 14,2 Prozent und zwei Mandate.

Ataka war gemeinsam mit der FPÖ Mitglied der rechten Fraktion ITS im EU-Parlament und Teilnehmer der EU-Konferenz der FPÖ am 30. 1. 2009 in Wien.

Dänemark:
Dansk Folkeparti (»Dänische Volkspartei«)

1995 von ehemaligen Mitgliedern der ebenfalls rechts angesiedel-ten Fortschrittspartei gegründet, fällt die Dansk Folkeparti vor al-lem durch rassistische Äußerungen auf. So erklärte die Parteichefin Pia Kjaersgaard 2002 im dänischen Fernsehen: »Asylwerber sind oft nicht ausgebildete Analphabeten. Ich brauche sie nicht.« Au-ßerdem führe »das Vorkommen von Muslimen zu Massenvergewal-tigungen«.[61] Die Dansk Folkeparti toleriert seit 2001 eine liberal-konservative Minderheitsregierung und hat seither ihren Stimmen-anteil bei nationalen Wahlen kontinuierlich vergrößert.

Die Dansk Folkeparti kam bei der EU-Wahl 2004 auf 6,8 Prozent und 1 Mandat und bei den Parlamentswahlen 2006 auf 22,1 Prozent.

Die Dänische Volkspartei nahm an der EU-Konferenz der FPÖ am 30. 1. 2009 in Wien teil.

Deutschland:
Deutsche Volksunion

Die 1971 vom deutschen Verleger Gerhard Frey gegründete Partei fiel rasch durch »Initiativen und Kampagnen zur Rehabilitierung des Nationalsozialismus«[62] auf. »Wesentliche Themen der verfassungsfeindlichen Agitation der Partei sind geprägt von Antisemitismus, Revisionismus und Ausländerhetze. Dies zeigt besonders die einseitig negative und verzerrende Berichterstattung in der parteinahen *National-Zeitung/Deutsche Wochen-Zeitung.*«[63] Die DVU lud Holocaust-Leugner wie den Amerikaner Arthur R. Butz oder den Briten David Irving, Front National-Chef Jean-Marie Le Pen, den russischen Rechtsextremisten Wladimir Schirinowski oder den früheren Ku-Klux-Klan-Führer David Duke zu ihren Veranstaltungen ein.[64] Seit 2002 gibt es auch Kooperationen zwischen DVU, NPD und den Freien Kameradschaften, einer militanten neofaschistischen Gruppierung.

Die DVU hat mit der NPD einen »Deutschlandpakt« geschlossen, der verhindern soll, dass beide Parteien einander Wähler wegnehmen. Die DVU verzichtete daher bei der Bundestagswahl 2005 auf eine Kandidatur, die NPD nahm dafür Kandidaten der DVU auf ihre Liste und erhielt bundesweit 1,6 Prozent der Stimmen. Bei der EU-Wahl 2009 soll dafür die DVU kandidieren und Funktionäre der NPD auf ihre Liste setzen. Bei den Kommunalwahlen in Brandenburg 2008 kam die DVU auf 1,5 Prozent.

FPÖ-Chef Strache lehnt Verhandlungen mit der DVU ab.[65] Der freiheitliche EU-Abgeordnete Mölzer lud am 25. September 2007 die Vorsitzenden von NPD und DVU zur europäischen Rechtsfraktion ITS nach Straßburg, um über eine gemeinsame Europawahlliste zu verhandeln.[66]

Republikaner
Die Republikaner nennen ihre wichtigste Forderung »Bewahrung der deutschen Heimat, keine multikulturelle Gesellschaft, kein Vielvölkerstaat!«, denn jede multikulturelle Gesellschaft sei eine Konfliktgesellschaft.[67] Die Republikaner wollen den Zuzug nach Deutschland nur für »Personen mit nachweislich deutscher Abstammung«[68] sowie die »Streichung des Grundrechts auf Asyl«[69]. Nach dem Tod des Populisten Franz Schönhuber, der die NPD näher an die Republikaner band.[70] 2005 ist Rolf Schlierer neuer Vorsitzender. 2006 gab es laut deutschem Verfassungsschutz inner

174

halb der Partei »nach wie vor Kräfte, die rechtsextremistische Ziele verfolgten oder unterstützten«[71], im Verfassungsschutzbericht 2007 werden die Republikaner »nicht mehr als rechtsextremistisch geführt«[72].

Die Republikaner kamen bei der EU-Wahl 2004 auf 1,9 Prozent und kein Mandat und bei den Bundestagswahlen 2005 auf 0,6 Prozent. FPÖ-Parteichef Heinz-Christian Strache war im Oktober 2007 Gastredner beim Europakongress der Republikaner in Mainz.

Nationaldemokratische Partei Deutschland

Die rechtsextreme NPD fordert die Ausweisung der nichtdeutschen Bevölkerung aus der BRD, die Wiederherstellung Deutschlands innerhalb der Grenzen von 1937, die Wiedereinführung der D-Mark, die Abschaffung des Asylrechts und die Einführung der Todesstrafe. »In zahlreichen Verlautbarungen der Partei zeigt sich ihre grundsätzliche Feindschaft zur freiheitlichen demokratischen Grundordnung. Sie belegen zudem eine Affinität zu Ideen des Nationalsozialismus. Die Vorstellung von der ›Volksgemeinschaft‹, in der das ›Volk‹ als kollektive – nach ethnischen und rassischen Kriterien definierte – Ganzheit verstanden wird, ist der Gegenentwurf zum Grundgesetz und gilt der NPD als Allheilmittel für alle Probleme, die Globalisierung und die Migration mit sich bringen. Dabei werden diejenigen Teile der Bevölkerung, die nach Ansicht der Partei nicht der ›Volksgemeinschaft‹ angehören, oft als Asoziale und Schmarotzer diffamiert.«[73] Die NPD weigert sich Anfang 2006, an einer Gedenkfahrt des Sächsischen Landtages ins Konzentrationslager Auschwitz teilzunehmen: »Die NPD-Fraktion wird sich nicht an einseitigen Sühnebekenntnissen beteiligen – weder in Auschwitz noch anderswo«, sagt der NPD-Fraktionsvorsitzende Holger Apfel.[74]

Die NPD kam bei der EU-Wahl 2004 auf 0,9 Prozent und kein Mandat und bei den Bundestagswahlen 2005 auf 1,6 Prozent.

Die FPÖ-Spitze geht offiziell auf Distanz zur NPD. Der freiheitliche EU-Abgeordnete Mölzer lud aber am 25. September 2007 die Vorsitzenden von NPD und DVU nach Straßburg, um mit ihnen über eine gemeinsame Europawahlliste zu verhandeln.[75]

Pro Köln

1996 gegründete Bürgerbewegung, die gegen den Bau von Moscheen, für die rasche Abschiebung krimineller Ausländer und sogenannter »Roma-Klau-Kids«, eine eigene Stadtpolizei für Köln und gegen »ungebremste Masseneinwanderung« ankämpft.[76] Ihr Gründungsmitglied und Vorsitzender Markus Beisicht war zuvor bei den Republikanern sowie bei der rechtsextremen »Deutschen Liga für Volk und Heimat«. Das mittelfristige Ziel dieser Bewegung ist laut Beisicht die »Schaffung einer gemeinsamen europäischen Rechtspartei«[77]. Pro Köln ist seit 2004 wegen »Verdacht einer rechtsextremistischen Bestrebung« im Verfassungsschutzbericht Nordrhein-Westfalen angeführt. Im deutschen Verfassungsschutzbericht 2007 ist über Pro Köln zu lesen: »Bemerkenswert war insbesondere ein Zusammentreffen der Vorsitzenden u. a. von NPD, ›Deutsche Volksunion‹ (DVU) und ›Pro Köln‹ am 25. September 2007 in Straßburg, die sich auf Initiative der ITS-Fraktion in einer ›Gruppenerklärung‹ schriftlich zu deren Grundsätzen bekannten. Pressemeldungen, die Parteien hätten überdies beschlossen, zur Europawahl 2009 in Deutschland mit einer gemeinsamen Liste anzutreten, haben sich jedoch nicht bestätigt.«[78]

Die Bürgerbewegung erhielt bei den Kölner Stadtratswahlen 2004 4,7 Prozent und ist mit einer eigenen Fraktion im Stadtrat der Stadt Köln vertreten.

Pro Köln steht bereits seit Längerem mit der FPÖ in engem Kontakt. Am 28. September 2008 war die Pro-Köln-Fraktionsvorsitzende Judith Wolter Ehrengast auf der FPÖ-Wahlparty zur Nationalratswahl. Pro Köln beteiligte sich an der EU-Konferenz der FPÖ am 30. 1. 2009 in Wien.

Frankreich:

Alsace d'abord (»Das Elsass zuerst)

Regionale Splitterpartei im französischen Elsass, die sich für die Autonomie des Elsass und gegen die Ausbreitung des Islam durch Einwanderung einsetzt. Gegründet wurde Alsace d'abord 1989 von Robert Spieler, einem ehemaligen Mitglied des Front National, der

als »eine Schlüsselfigur der elsässischen Rechtsextremisten«[79] gilt.
Alsace d'abord ist pro-europäisch eingestellt, lehnt aber den EU-
Beitritt der Türkei ab.

Bei den Regionalwahlen 2004 erreichte Alsace d'abord 9,42 Prozent und verpasste damit knapp den zweiten Wahlgang.

Alsace d'abord ist Mitglied im »Städte-Bündnis gegen Islamisierung«, dem auch die FPÖ angehört.[80]

Front National

Der Front National (FN), 1972 als Sammelbewegung der französischen Rechten gegründet, fordert die Beschränkung der Einwanderung, insbesondere die Zuwanderung aus nichteuropäischen
Ländern. Außerdem seien französische Staatsbürger bei der Ar-
beitsplatzsuche und bei Sozialleistungen besserzustellen als
Nicht-Franzosen. Der FN sieht die »Substanz unserer Zivilisation«
bedroht, »von außen durch die Ausländerflut, von innen durch unsere eigene Dekadenz«[81].

1998 wurde Parteichef Jean-Marie Le Pen zu einem Jahr Unwähl-
barkeit und drei Monaten Gefängnis auf Bewährung wegen Körper-
verletzung verurteilt. Im Februar 2008 wurde der Europaparlamen-
tarier Bruno Gollnisch wegen versuchter Holocaustleugnung von
einem französischen Gericht zu drei Monaten bedingter Haft und
5000 Euro Geldstrafe verurteilt.[82] Gollnisch verlangte eine »freie
Debatte« darüber, wie die Menschen in den KZs gestorben seien.[83]

Der FN kam bei der EU-Wahl 2004 auf 9,81 Prozent und 7 Mandate.
Bei den Kommunalwahlen 2008 erzielte die Partei landesweit nur
0,93 Prozent der Stimmen.[84]

Der FN pflegte bereits unter Jörg Haider Kontakte zur FPÖ und war
gemeinsam mit der FPÖ Mitglied der rechten Fraktion ITS im EU-
Parlament.

Italien:
Forza Nuova

Neofaschistische Partei, dessen Vorsitzender Roberto Fiore in den
Achtzigerjahren wegen Unterstützung einer terroristischen Ver-

einigung verurteilt wurde und fast zehn Jahre in Großbritannien flüchtig war.[85] Die beiden Gründungsmitglieder Fiore und Massimo Morsello »leiteten die Gruppe zunächst aus dem Exil in Großbritannien, wohin sie nach ihrer Verurteilung wegen Mitgliedschaft in einer kriminellen Vereinigung, der rechtsextremistischen Terrorgruppe NAR, die für den Bombenanschlag in Bologna im Jahr 1980 verantwortlich war, geflohen waren«[86]. Fiore bezeichnete sich als »einziger wahrer Vertreter des Faschismus«[87]. Laut Medienberichten organisieren Mitglieder der Forza Nuova Demonstrationen, »angeführt von ›Veneto Fronte Skinheads‹, mit Slogans wie: ›Juden raus!‹ und ›Nationaler Kampf gegen die Globalisierung‹«![88] Die FN fordert die Ausweisung aller Roma aus Italien, die Aufhebung der Reisefreiheit innerhalb der EU für Roma aus Rumänien und Bulgarien sowie die Ausweisung aller straffälliger Nicht-Italiener.[89]

Die Forza Nuova erreichte bei den Parlamentswahlen 2008 0,3 Prozent.

Am 4. Oktober 2008 stattete der steirische FPÖ-Landesparteiobmann und Nationalratsabgeordnete Gerhard Kurzmann der Forza Nuova einen offiziellen Besuch ab.[90] Fiore kündigte anlässlich dieses Besuches eine Wahlkampagne mit der FPÖ bei der EU-Wahl 2009 an.[91] FPÖ-Chef Strache erklärte etwas mehr als zwei Wochen später, »inhaltliche Gespräche über mögliche Kooperationen mit der Forza Nuova« habe es nicht gegeben.[92]

Alternativa Sociale con Alessandra Mussolini

Neofaschistisches Bündnis zwischen Forza Nuova, Azione Sociale und Fronte Sociale Nazionale unter der Führung von Alessandra Mussolini, das im Jänner 2004 gegründet[93] und bereits zwei Jahre später aufgelöst wurde. Mussolini war führendes Mitglied der Alleanza Nationale unter Gianfranco Fini, verließ die Partei aber 2003, nachdem Fini den Faschismus als »Verkörperung des Bösen« verurteilte. Am 17. November 2004 besuchte der deutsche NPD-Vorsitzende Udo Voigt auf Einladung Mussolinis das EU-Parlament in Straßburg, wo diese ihm ihre Unterstützung für deutsche Interessen im EU-Parlament zusagte. 2006 erklärte die Duce-Enkelin, es sei »besser, ein Faschist zu sein, als eine Schwuchtel«.[94]

Die Alternativa Sociale kam bei der EU-Wahl 2004 auf 1,2 Prozent und ein Mandat.

Mussolini saß gemeinsam mit der FPÖ in der rechten EU-Fraktion ITS.

Die Freiheitlichen

Die Südtiroler Freiheitlichen wurden 1992 in der autonomen Provinz Bozen – Südtirol gegründet und waren viele Jahre hindurch Schwesterpartei der FPÖ, in deren Vorstand sie einen Vertreter stellten. Sie treten für die Wiedervereinigung Südtirols mit Österreich, die Stärkung des Tiroler Landesstolzes und gegen den Zuzug von Migranten nach Südtirol ein.

Bei den Landtagswahlen 2008 erreichten die Südtiroler Freiheitlichen in der autonomen Provinz Bozen 14,3 Prozent.

Die Südtiroler Freiheitlichen waren seit ihrer Gründung Schwesterpartei der FPÖ, stellten aber im November 2008 wegen der Zusammenarbeit der FPÖ mit der neofaschistischen italienischen Forza Nuova ihre Kontakte zur FPÖ ein. Dieser Vorstandsbeschluss sei aber kein endgültiger Bruch, sondern es wurden »die Beziehungen mit der Partei unter dieser Leitung auf Eis gelegt«, erklärte der Obmann der Südtiroler Freiheitlichen.[95]

Lega Nord

1991 aus einem Zusammenschluss mehrerer norditalienischer Bewegungen gegründete Partei unter Umberto Bossi, die in den Neunzigerjahren für die Trennung des wirtschaftlich starken vom ökonomisch weniger starken Süden eintrat und heute die Übertragung der Kompetenzen vom Zentralstaat auf die Regionen fordert. Für Bossi, seit 2008 Minister in der Regierung Berlusconi, »ist die EU ein ›Henkersland‹ und Ausländer sind ›Schmarotzer und Vergewaltiger‹«[96]. Der Lega-Nord-EU-Abgeordnete Mario Borghezio wurde in Italien zu einer Geldstrafe verurteilt, weil er in Turin Zelte von Einwanderern anzündete.[97] Roberto Caldeori, ebenfalls Minister unter Berlusconi, forderte, Flüchtlingsschiffe im Mittelmeer mit scharfen Schüssen vor den Bug zu stoppen. Einwanderern empfahl er, »nach Hause zu gehen, um in der Wüste mit Kamelen oder im

Dschungel mit Affen zu sprechen«.[98] 2006 löste Caledori in Libyen heftige Unruhen mit zehn Toten aus, weil er in einer TV-Sendung ein T-Shirt mit einer umstrittenen Mohammed-Karikatur trug.[99]

Die LN erreichte bei den EU-Wahlen 2004 fünf Prozent und 4 Sitze, bei den Parlamentswahlen 2008 8,3 Prozent.

Die FPÖ hatte bereits unter Jörg Haider Kontakt mit der LN, der nun laut Andreas Mölzer intensiviert werden soll. Zuletzt traf FPÖ-Chef Strache Pietro Fontanini, Präsident der Provinz Udine der Lega Nord, am 4. November 2008 zu einem »gemeinsamen Gedenken an das Ende des Ersten Weltkriegs«.[100]

Kroatien:

Hrvatska stranka prava (»Kroatische Partei des Rechts«)

Rechtsaußen-Partei, die momentan über einen Sitz im kroatischen Parlament verfügt.[101] Die *Neue Zürcher Zeitung* schreibt: »Die Partei hat ihre Wurzeln im kroatischen Ultranationalismus und steht in der Tradition der faschistischen Ustascha-Bewegung.«[102]

DIE HSP erreichte bei den Parlamentswahlen 2007 3,8 Prozent.

FPÖ-Parteichef Heinz-Christian Strache schreibt im Sommer 2008 in der *Aula*, »in Kroatien gibt es sehr gute Gespräche mit der HSP«.[103]

Niederlande:

Partij voor de Vrijheid (»Freiheitspartei«)

Die 2006 von Geert Wilders gegründete Partei gehörte zuvor der zweitstärksten Regierungspartei VVD (Volkspartij voor Vrijheid en Democratie) an, verließ diese aber wegen ihres Pro-Türkei-Kurses in der Frage des EU-Beitritts. Die Partij voor de Vrijheid zeichnet sich durch radikalen Anti-Islamismus sowie eine Anti-EU-Politik aus und fordert unter anderem einen Einwanderungsstopp für Muslime und ein Verbot der Errichtung von Moscheen und Koranschulen. Ihr Vorsitzender Wilders leitete die Kampagne und verglich den Koran mit Adolf Hitlers »Mein Kampf«[104]. Wegen der Veröffentlichung seines anti-islamischen Hetzfilmes »Fitna« (»Zwietracht«), einer Kollage islamistischer Terroranschläge mit aggressiven Passagen aus dem

Koran, im Internet wurde in den Niederlanden aus Angst vor Anschlägen sogar die Terrorwarnstufe angehoben. Am Ende des Filmes steht zu lesen: »Die Regierung besteht darauf, dass Sie den Islam respektieren. Doch der Islam respektiert Sie nicht. 1945 wurde der Nazismus besiegt, 1989 der Kommunismus. Jetzt muss die islamische Ideologie besiegt werden. Stoppen Sie die Islamisierung. Verteidigen Sie unsere Freiheit.«[105]

Die PVV erreichte bei den Parlamentswahlen 2006 auf Anhieb 5,9 Prozent der Stimmen.

Die FPÖ hat laut Andreas Mölzer über die Dänische Volkspartei Kontakt zur PVV, eine offizielle Einladung der FPÖ für Wilders nach Wien sei geplant.

Rumänien:
Großrumänienpartei
Ausländerfeindlich und antisemitisch geprägte Partei des früheren Ceaucescu-Hofdichters Vladimir Tudor. Tudor ist für die Wiedereinführung der Todesstrafe, fordert Lager für die ungarische Minderheit und meinte, man solle »Zigeunerbanden kurzerhand liquidieren«[106]. Einen einschlägigen Namen hat sich Dumitru Dragomir, Europaabgeordneter der Großrumänienpartei, gemacht. Er wollte einst »Juden zu Seife verarbeiten«.[107]

Die Großrumänienpartei kam bei den Wahlen 2004 auf 13 Prozent. Die Großrumänienpartei war gemeinsam mit der FPÖ Mitglied der rechten Fraktion ITS im EU-Parlament.

Russland:
Jedinaja Rossija (»Einiges Russland«)
Russische Regierungspartei unter dem Vorsitz von Wladimir Putin, die 2001 als Zusammenschluss der Fraktionen »Jedinstwo« (Einheit) und »Otetschestwo – wsja Rossija« (Vaterland – ganz Russland) entstand. »Im parteipolitischen Spektrum positioniert sich ›Einiges Russland‹ als eine zentristische politische Kraft, die einen moderaten Liberalismus mit den traditionellen Werten der russi-

schen Gesellschaft zu verbinden sucht. Programmatisch ist die Partei eher farblos. Ihr Programmgrundsatz erschöpft sich weitgehend in der Unterstützung des Präsidenten, dessen politischen Kurs sie in der Duma treu mitträgt.«[108] Bei den Duma-Wahlen 2007 kritisierte die Opposition massive Wahlmanipulationen sowie die Behinderung im Wahlkampf durch die Putin-Partei.[109] Auch der Europarat und die OSZE bezeichneten die Wahl als »unfair«.[110]
Einiges Russland erhielt bei den Parlamentswahlen 2007 63,5 Prozent der Stimmen.
Im September 2008 vereinbarte Einiges-Russland-Mitglied Oleg V. Morosov, erster stellvertretender Vorsitzender der Staats-Duma, mit FPÖ-Chef Heinz-Christian Strache, ihre politischen Beziehungen zu vertiefen.[111] Im Dezember 2008 besuchte Strache mit einer freiheitlichen Delegation Spitzenrepräsentanten von Einiges Russland in Moskau.[112] Einiges Russland nahm an der EU-Konferenz der FPÖ am 30. 1. 2009 teil.

Schweiz:
Schweizerische Volkspartei
Die rechtspopulistische Partei ist mittlerweile die stärkste Partei in der Schweiz sowie die erfolgreichste Rechtspartei Europas. Die SVP fordert eine Verschärfung des Asylrechts, eine restriktive Migrationspolitik sowie ein Verbot des Baus von Minaretten. Wegen ihres ausländerfeindlichen Wahlkampfes wurde die SVP 2007 sogar von der UNO wegen Rassismus kritisiert.[113] Auf den SVP-Plakaten wurden Ausländer als schwarze Schafe dargestellt, die es aus dem Land zu werfen gilt. Was weiße Schäfchen, die Schweizer Bürger darstellen sollten, auf dem Plakat auch mit einem kräftigen Huftritt taten. Der Spiegel schrieb 2007 über die SVP: »Der Gebrauch nationalsozialistischen Jargons ist eine ausgesprochene Spezialität der SVP 2007. Im vergangenen Jahr verglich ein SVP-Volksvertreter im Berner Stadtrat Asylbewerber mit Ungeziefer. Und vor drei Jahren wurden die Sozialdemokraten als rote, wimmelnde Rattenschar auf Plakaten dargestellt, die angeblich den Staat ruinieren würden. Bekanntlich verhöhnten die Nazis Juden als Ratten, die den gesun-

den deutschen Volkskörper aushöhlten und deshalb auszurotten waren.«[114]

Die SVP kam bei den Nationalratswahlen 2007 auf 28,8 Prozent.

Die SVP nahm an der EU-Konferenz der FPÖ am 30. 1. 2009 in Wien teil.

Serbien:
Srpska Radikalna Strana (»Serbische Radikale Partei«)

Die SRS ist eine ultra-nationalistische Partei, die für ein Groß-Serbien inklusive Bosnien und Herzegowina und der Hälfte Kroatiens eintritt.[115] Ihr Parteigründer, Vojislav Seselj, ist seit 2003 in Den Haag inhaftiert. »Wir sind keine Faschisten«, erklärte Seselj, »wir sind nur Chauvinisten, die Kroaten hassen«[116], und er sei »sehr stolz darauf, der größte lebende serbische Nationalist genannt zu werden«[117]. Seseljs Einheiten sollen »Anfang der Neunzigerjahre mordend und plündernd durch Kroatien und Bosnien-Herzegowina gezogen sein, um alle nicht-serbischen Bewohner aus der Region zu vertreiben oder zu töten«.[118] Die SRS unterstützte Großkundgebungen gegen die Überstellung des mutmaßlichen Kriegsverbrechers Radovan Karadzic an das UN-Tribunal für das ehemalige Jugoslawien.[119] Seseljs Statthalter und Parteivize Tomislav »Toma« Nikolic war einst enger Mitarbeiter des gestürzten serbischen Diktators Slobodan Milosevic.[120]

Im Oktober 2008 spaltete sich Nikolic von der SRS ab und gründete die Serbische Fortschrittspartei (SNS), die eher pro europäisch orientiert ist.[121]

Im Mai 2008 unterzeichnete die FPÖ mit der SRS ein Partnerschaftsabkommen.[122]

»NORMALE MENSCHEN, DIE MIT MESSER UND GABEL ESSEN«

Die Aufregung beginnt einen Tag bevor HC Strache zum ersten Mal zum Parteichef der FPÖ gewählt wird. Am 22. April 2005 fährt ein Autobus mit Mitgliedern des Rings Freiheitlicher Jugendlicher vom Wiener RFJ-Keller Richtung Salzburg. Udo Landbauer, damals RFJ-Obmann von Niederösterreich und heute RFJ-Bundesgeschäftsführer, wird wenige Tage nach dem Parteitag ein Protokoll verfassen, das unter anderem an das FPÖ-Parteigericht, den Wiener Landesparteivorstand und an HC Strache ergeht: »Auf der Höhe Sattledt wurde vom Wiener RFJ-Landesobmann M. O.[1] und drei seiner Begleiter in einer für das gesamte Fahrzeuginnere vernehmbaren Lautstärke das Horst-W.-Lied angestimmt«, schreibt Landbauer.[2] Ähnliche Szenen mit denselben Protagonisten wiederholen sich um drei Uhr früh im »Jugendgästehaus Salzburg«.

Das Horst-Wessel-Lied, dessen erste Strophe »Die Fahne hoch! Die Reihen fest geschlossen! SA marschiert mit ruhig festem Schritt. Kameraden, die Rotfront und Reaktion erschossen, marschier'n im Geist in unsern Reihen mit« lautet, ist seit 1945 verboten, das Singen dieses Liedes fällt unter nationalsozialistische Wiederbetätigung. Dementsprechend fordert Landbauer in seinem Schreiben, »die Personen O., T., F. und R.[3] aus dem Ring Freiheitlicher Jugend auszuschließen«.[4]

Es gibt kaum eine RFJ-Landesgruppe, die in den vergangenen Jahren nicht einschlägig auffiel. Der RFJ Kärnten (»Eine Jugend erhebt sich«) warb auf seiner Homepage mit dem Spruch »Unsere Ehre ist die Treue zur Heimat«[5], eine Anlehnung an den einstigen Fahnenspruch der Waffen-SS »Unsere Ehre heißt Treue«.

In Tirol stellen RFJ-Funktionäre das Existenzrecht des »Unrechtsstaates Israel« in Frage. »Wenn sich nun die Palästinenser in ihrer Verzweiflung mit behelfsmäßig gebastelten Raketen gegen das Unrecht zu wehren trachten, antwortet Israel mit einem blutigen Vernichtungskrieg, einem ›Totalen Krieg‹, einem ›Krieg bis zum bitteren Ende‹«, schreiben die Aktivisten des RFJ Tirol. Die österreichische Regierung wird aufgefordert, den israelischen Botschafter des Landes zu verweisen.[6] Der Text wurde mittlerweile von der RFJ-Homepage genommen, die RFJ-Mitglieder aus dem Vorstand ausgeschlossen.[7]

Auch bei den jungen Blauen in Oberösterreich ist einiges los. »Zuwanderung kann tödlich sein«, verteilt der RFJ Oberösterreich im Sommer 2008 als Aufkleber in den Straßen von Bad Ischl. »Auf den Klebebildern, die verteilt wurden, ist eine Zigarettenschachtel mit dem Namen »Gemischte Sorte« abgebildet. Auf der Schachtel ist auch die Warnung »Zuwanderung kann tödlich sein« abgedruckt. Wie das »tödlich« zu verstehen ist, erklärt RFJ-Landesobmann Detlef Wimmer auf Anfrage von *Land & Leute*, einer Lokalbeilage der *Oberösterreichischen Nachrichten*, so: »Wenn die Zuwanderung aus dem Ausland weiterhin so stark bleibt, besteht langfristig die Gefahr, dass unser eigenes Volk ausstirbt.«[8] Der Bad Ischler FPÖ-Obmann erklärte dazu im Gemeinderat, er sei »Nationalist und kein Rassist«, über die Diktion der Aufkleber könne man reden, aber »es ist der Jugend freigestellt, sich kantiger zu artikulieren«.[9] Was kantig bedeutet, zeigt Wimmer auf der Homepage des RFJ Oberösterreich: »Bevor fremde Völker unseren Staat lenken können, muss ein Schlussstrich unter die Massenzuwanderung gezogen werden.«[10]

Hinzu kommt, dass in den vergangenen Jahren immer wieder Kontakte zwischen dem RFJ und dem Bund freier Jugend (BfJ) dokumentiert wurden. Der Verfassungsrechtsexperte Heinz Mayer, Dekan der rechtswissenschaftlichen Fakultät der Universität Wien, schreibt im Jahr 2005 über den BfJ:

»Offenkundige und verbrämte Verherrlichung nationalsozialistischer Ideen und Maßnahmen, zynische Leugnung von nationalsozialistischen Gewaltmaßnahmen, eine hetzerische Sprache mit deutlich aggressivem Ton gegen Ausländer, Juden und ›Volksfremde‹ sowie eine Darstellung ›des Deutschen‹ als Opfer sind typische und stets wiederkehrende Signale. Von besonderer Aggressivität sind die Beiträge im JUGEND ECHO. *Hier wird ständig ›Kampfbereitschaft‹ der nationalen Jugend eingefordert; NS-Biografien werden als Vorbild dargestellt, Rassenhass wird propagiert.* JUGEND ECHO *wird in der Erstausgabe als* Kampfschrift der nationalen Jugend in Österreich *bezeichnet und vom ›Bund freier Jugend‹ (BfJ), einer unselbständigen Unterorganisation der AFP, gestaltet.«*[11]

Im Verfassungsschutzbericht 2007 ist über den BfJ zu lesen:

»Im Streben um Fortbestand des rechtsextremen Gedankengutes haben sich die führenden Ideologen im Jahr 2006 auch der Förderung und Unterstützung eigenständiger Jugendgruppierungen gewidmet. Das markanteste Beispiel dafür stellt der ›Bund freier Jugend‹ (BfJ) in Oberösterreich dar, der im Jahr 2006 einen wesentlichen Schwerpunkt der sicherheitsbehördlichen Maßnahmen bildete. Diese Gruppierung versuchte sich im Berichtsjahr verstärkt als harmlose, heimatverbundene Jugendgruppe zu präsentieren. Der BfJ verfügt über gute Kontakte zu allen wesentlichen Szenebereichen und versucht Jugendliche aus verschiedenen Gesellschaftsbereichen zu rekrutieren. Der BfJ war in Summe auch der aktivste Träger rechtsextremen Gedankengutes im Jahr 2006.«[12]

2008 schreibt der österreichische Verfassungsschutz über den BfJ: »Diese Organisation hat durch ihre Aktivitäten im Jahr 2007 gezeigt, dass sie als wesentlicher Träger und Erhalter rechtsextremen Gedankengutes fungiert.«[13]

Fünf Funktionäre des BfJ stehen ab Frühjahr 2008 wegen des Vorwurfs des Aufbaus einer nationalsozialistischen Organisation vor Gericht. Die Staatsanwaltschaft wirft ihnen vor, »die verfassungsmäßige Struktur der Republik Österreich durch eine Volksgemeinschaft mit nationalsozialistischer Prägung zu ersetzen« sowie ein Programm im Sinne des NSDAP-Parteiprogramms erstellt und verbreitet zu haben.[14] Am 5. November 2008 werden alle fünf in einem Geschworenenprozess – nicht rechtskräftig – freigesprochen.[15] Die Staatsanwaltschaft meldet Nichtigkeitsbeschwerde an.

Der oberösterreichische FPÖ-Vorsitzende Lutz Weinzinger sagt über das Verhältnis zwischen RFJ und BfJ: »Der RFJ Oberösterreich ist im Jahre 2005 von der Führung her ins BZÖ übergeführt worden als ›Generation Zukunft Österreichs‹. Dieser RFJ, den hat es auf einmal nicht mehr gegeben, und wir haben einen neuen RFJ aufgebaut. Inzwischen hat sich eine Gruppe junger Buben zusammengetan, die haben gesagt, na, einen RFJ gibt's nicht und wir sind rechtsgerichtete und rechts stehende Jugendliche und haben diesen Bund freier Jugend gegründet. Aber nicht als Verein, sondern einfach so als lose Vereini-

186

gung. In dieser losen Vereinigung, weil sie eben nicht ordentlich im Griff war.«[16] Für Weinzinger sind die BfJ-Burschen »Dummlacks« und es war »nicht so tragisch, was die da aufgeführt haben«. Als Weinzinger gemeinsam mit den jungen Blauen im Land wieder eine RFJ-Landesgruppe aufgebaut hatte, »waren gewisse Freundschaften von BfJlern mit RFJlern und ich habe von vornherein klargestellt, die BfJler können Mitglied des RFJ werden, aber den BfJ, den gibt's bei uns nicht. Daraus hat man konstruiert, dass wir vom BfJ unterwandert sind. Aber das wäre völlig falsch gewesen, weil der BfJ waren vielleicht 25 Buben und der RFJ hat inzwischen an die 1000 Mitglieder in Oberösterreich«.[17]

Richard Pfingstl, Vorstandsmitglied des RFJ Graz[18], ist während einer Kundgebung gegen den BfJ-Prozess vor dem Gerichtsgebäude in Wels auf einem Foto abgebildet, wo er mit Hemma Tiffner plaudert. Tiffner ist Herausgeberin der Zeitschrift *Die Umwelt*, wo sie schreibt, »Hitler ist 1939 auch der unter dem polnischen Mordterror gemarterten deutschen Minderheit zu Hilfe gekommen«, sowie dass »nicht Hitler und die Deutschen, sondern die kriegstreibenden freimaurerischen Staatsmänner der Alliierten und die dahinter stehende jüdische Hochfinanz den Krieg geplant und provoziert« hätten.[19] Pfingstl nahm wie auch Stefan Juritz, Obmann des RFJ Deutschlandsberg, im Sommer 2007 gemeinsam mit Gottfried Küssel am Sommerfest des BfJ teil.[20]

Der RFJ Deutschlandsberg ist jene Bezirksgruppe, die im April 2007 die Abschaffung des NS-Verbotsgesetzes forderte. Parteichef Strache sagt, »ich bin für eine offene Diskussion darüber, ob dieses Gesetz überhaupt noch zweckdienlich ist«[21].

Auch bei den älteren Freiheitlichen scheinen Berührungsängste zum Rechtsextremismus kaum vorhanden zu sein. Ein Beispiel ist das Büroteam des Dritten Nationalratspräsidenten Martin Graf, Mitglied der Burschenschaft Olympia.

Grafs Büroleiter Walter Asperl, zuständig für »Personal, Presse und Präsidium/Plenum«[22], war schon in den Neunzigerjahren Referent von Graf im Parlament und jahrelang Pressesprecher der rechtsextremen Burschenschaft Olympia. Als solcher fordert er im Jahr 2000, als die FPÖ mit der ÖVP erstmals eine Koalition bildet, dass »sich Minister mit burschenschaftlichem Hintergrund für den Freiheitsgedanken einsetzen –

besonders in der Justiz, wo endlich etwas gegen die menschenrechtswidrigen Bestimmungen wie das Verbotsgesetz getan werden muss«.[23] 2002 meint Asperl, er habe von der »Geschichtspsychose des Landes« und den »Berufsantifaschisten« genug. Schließlich habe es in der Geschichte »immer wieder Holocausts gegeben«. Nämlich in Indonesien, in Afrika und »auch in Israel sollte man sich ansehen, was dort der Sharon macht«[24]. Damals beschrieb er »seine Aversionen, wenn er in der U-Bahn neben ›Asiaten aus Anatolien sitzt, die man nicht einmal in Istanbul haben will‹. Auch in der Natur würden ›Löwen mit Löwen und Elefanten mit Elefanten leben‹«.[25]

Zwei Jahre später sagt Asperl auf einer Pressekonferenz, Horst Mahler stünde »mit seinen Werten« dem national-freiheitlichen Milieu »sehr nahe«.[26] Der Mitbegründer der Roten Armee Fraktion und nunmehrige Neonazi Horst Mahler war zu diesem Zeitpunkt noch führender Aktivist des »Deutschen Kollegs«, das die Wiedererrichtung des »Großdeutschen Reiches« vorantreiben will und die Vertreibung »der nichtweißen Rassen aus der gemäßigten Klimazone« fordert.[27]

Grafs Mitarbeiter Marcus Vetter und Sebastian Ploner fielen vor allem wegen Artikel über ihre rege Bestelltätigkeit beim Neonazi-Versand »Aufruhr« auf. Anfang 2009 machte der grüne Abgeordnete Karl Öllinger deren Bestelllisten publik. Vetter, Grafs parlamentarischer Mitarbeiter für den Wahlkreis und Obmann der RFJ-Bezirksgruppe Donaustadt, bestellte laut Öllingers Listen Musik des Rechtsextremisten Michael Müller, zu dessen Repertoire auch Liedtexte wie »Mit sechs Millionen Juden, da fängt der Spaß an, bis sechs Millionen Juden, da ist der Ofen an (…) wir haben reichlich Zyklon B …«[28] gehören, aber auch Bücher wie »National Knights of the Ku Klux Klan«.

Vetter hat anscheinend ein gewisses Problem mit der neuen Werbelinie der FPÖ unter Strache. Am 13. September 2007 schreibt er in einem Brief an den RFJ-Vorsitzenden Johann Gudenus: »Mit größter Verwunderung nehme ich Deine neue ›StraCHE – FPÖ – Vota el Partido de Libertad‹-Kampagne zur Kenntnis.« Damals warben die jungen Freiheitlichen mit einem Che-Guevara-Sujet und dem Spruch »Viva StraCHE« um Jungwähler. »Beabsichtigst Du, unserem Parteiobmann ein ähnliches Schicksal, wie jenes von Che Guevara, zu bereiten?«, fragt Vetter Gudenus in seinem Brief, »soll Heinz-Christian Strache demnächst vom Bundesheer im Wienerwald gestellt werden, leicht verwahrlost mit struppigem Bart?« Vetter fordert von seinem RFJ-Kollegen eine Abkehr von der »freakigen« Jugendpolitik der FPÖ: »Wir müssen uns darüber im Klaren sein, dass wir vor der Faschismuskeule der Hetzschreiber des periodischen Druckwerkes, das, den Namen unserer Heimat täglich auf das neue missbraucht, niemals zurückweichen dürfen. Gerade jetzt, wo uns der Wind ins Gesicht bläst, heißt die Parole eindeutig ›Flagge zeigen und Farbe bekennen.‹«[29]

Vetters Arbeitskollege Ploner ist wie Graf Mitglied der Burschenschaft Olympia und im Büro des Dritten Nationalratspräsidenten für den Internet-Auftritt und IT zuständig. Er soll 2003 beim Aufruhr-Versand T-Shirts mit Aufschriften wie »White Power« oder »Es lebe das Deutsche Reich« sowie »Funkenflug – Das Handbuch für nationale Aktivisten« bestellt haben. Bei einer weiteren Bestellung im Jahr 2004 habe er als Lieferadresse »Ostmark« angegeben. Ploner scheint als Organisator sogenannter »Jugendbund-Sturmadler«-Sommerlager für 8- bis 18-Jährige auf. Beworben wurden diese Lager 2007 auf der Homepage des RFJ Salzburg. Laut Ankündigung steht auf diesen Lagern das »Erlernen des Fechtsports, ein Zielschießen mit Armbrust und Luftdruckgewehr sowie Unterricht in diversen Arten der Selbstverteidigung« auf dem Programm.

FPÖ-Chef Strache spricht von einer »ganz bewussten Hetzjagd« gegen die parlamentarischen Mitarbeiter und behauptet, die von Öllinger veröffentlichten Bestelldateien seien »nachweislich gefälscht«[30]. Als *profil* bereits ein Jahr zuvor eben diese Bestelllisten veröffentlichte, klagte zwar einer der Graf-Mitarbeiter. Das Verfahren wurde allerdings »ergebnislos eingestellt«.[31]

Ihr Dienstgeber, der Dritte Nationalratspräsident Graf, fiel in der Vergangenheit ebenfalls auf: »Unter der presserechtlichen Mitverantwortung von Martin Graf, mittlerweile zum hochschulpolitischen Sprecher der Freiheitlichen im Nationalrat aufgestiegen, darf im ›Olympen‹ (Vereinszeitschrift der Burschenschaft Olympia, Anm.) auch der NS-Barde Frank Rennicke, Aktivist der 1994 verbotenen deutschen Kaderschmiede Wiking-Jugend und 1993 Stargast am ›Innenhoffest‹ der Olympia, eine Selbstdarstellung abgeben«, schreiben Heribert Schiedel und Klaus Zellhofer bereits 1995[32]. Und so lautete Rennikes Selbstdarstellung im »Olympen«:

»Die ständige Hetze gegen Deutschland (...) und die ›Aufklärung‹ in der Schule sorgten für die Grundlage meiner volkstreuen Einstellung. (...) Seit Jahren lese ich sehr viel und erkannte bald, wie sehr uns Lüge, Umerziehung und Überfremdung weich klopfen. (...) In der Wiking-Jugend lernte ich eine Gemeinschaft kennen, die mich Kameradschaft und Volkstum lehrte – hier fand ich zum deutschen Liedgut.«[33]

Der Dritte Nationalratspräsident ist zumindest bis 2003 Obmann des »Witikobundes« in Österreich und auch in den Vorstand des deutschen Witikobundes kooptiert. Der Witikobund wurde »1947 von ehemaligen Parteigängern des Führers der sudetendeutschen Völkischen und späteren NS-Gauleiters Konrad Henlein in Deutschland gegründet«[34]. Laut Dokumentationsarchiv des österreichischen Widerstandes ist diese Organisation »die am weitesten rechts außen angesiedelte Gruppierung im sogenannten Vertriebenen-Milieu«[35]. Das deutsche Bundesamt für Verfassungsschutz meinte laut Dokumentationsarchiv Ende 2001 über den Witikobund, es habe »eine Verdichtung von tatsächlichen Anhaltspunkten für rechtsextremistische Bestrebungen festgestellt«[36]. Unklar ist, ob Graf immer noch im Vorstand des Witikobundes ist, es muss aber zumindest bis Ende 2008 Kontakte zu dieser Organisation gegeben haben.[37]

Momentan ermittelt die Staatsanwaltschaft Wien aus einem anderen Grund gegen Graf: Er wird des Förderungsmissbrauchs und der Untreue in seiner früheren Funktion als Geschäftsführer des Austrian Research Centers verdächtigt.[38]

Auch Hans-Jörg Jenewein, Landesparteisekretär der Wiener FPÖ, fällt einschlägig auf. Im Oktober 2008 erzählt er von einem besonderen Treffen: »Ich habe dort durch die Bank normale Menschen kennengelernt, die mit Messer und Gabel essen. Die waren sehr nett zu mir.«[39] Die Menschen mit guten Tischmanieren sind von der 1963[40] gegründeten »Aktionsgemeinschaft für demokratische Politik« (AfP). »Die ungebrochen eine ausgeprägte Affinität zum Nationalsozialismus aufweisende AfP ist weiterhin als aktivstes und größtes Sammelbecken der rechtsextremen Szene in Österreich einzustufen«, ist im Verfassungsschutzbericht 2007 über die AfP zu lesen.[41] Im September 2008 ist der Wiener FPÖ-Politiker und langjährige Strache-Vertraute Jenewein Ehrengast bei der AfP.

Am ersten Tag steht laut Einladung der »Besuch des Grabes von

Joseph Hieß und des von roten Verbrechern zerstörten Dichtersteins« auf dem Programm[42]. Der glühende Nationalsozialist Hieß stieg 1940 »zum ›Gaugeschäftsführer‹ des ›Grenzlandamtes‹ der NSDAP in Linz auf. Nach der militärischen Zerschlagung des ›Dritten Reiches‹ war er in Glasenbach, einem von den Alliierten errichteten Lager für Nationalsozialisten und Kriegsverbrecher, inhaftiert. Nach seiner Freilassung betätigte sich Hieß weiter für die ›großdeutsche‹ Sache, unter anderem als ›Bundesdietwart‹ des Österreichischen Turnerbundes (ÖTB). Daneben machte er sich als Gründer des Vereins Dichterstein Offenhausen in der rechtsextremen Szene einen Namen. Dieser Verein wurde 1999 von den Behörden wegen NS-Wiederbetätigung aufgelöst«.[43]

Gleich nach seiner Rede über »die Rechte in Österreich nach der Wahl 2008« ist laut Programm Ursula Haverbeck am Wort. Sie war Vorsitzende des »Collegium Humanum« und Mitglied im »Verein zur Rehabilitierung der wegen Bestreitens des Holocausts Verfolgten«. Haverbeck kam auch schon mit der Justiz in Kontakt. »Im November 2005 hatte sie Adolf Hitler als einen Friedenspolitiker umschrieben, der ›einen göttlichen Auftrag‹ erhalten habe.«[44] Im Mai 2008, wenige Monate vor der Politischen Akademie der AfP, verbietet der deutsche Innenminister Wolfgang Schäuble sowohl den »Verein zur Rehabilitierung der wegen Bestreitens des Holocausts Verfolgten« als auch das »Collegium Humanum«, weil es sich bei diesen Vereinen um Holocaust-Leugner handle.[45]

Jenewein ist Landesparteisekretär der Wiener FPÖ, der für die Partei den Wien-Wahlkampf 2010 maßgeblich mitgestalten wird. Und er zählt zum engeren Kreis rund um Strache. Jenewein hat auch kein Problem damit, dass der Verfassungsschutz der AfP eine ausgesprochene Affinität zum Nationalsozialismus bescheinigt. »Solange es sich nicht um eine verbotene Organisation handelt, gibt es keinen Grund, einer Einladung nicht nachzukommen«, sagt er. »Nächstes Jahr würde ich wieder hinfahren.«[46] Die AfP hat 2008 eine Wahlempfehlung für die »volks- und heimattreuen Kräfte in der FPÖ« abgegeben.[47]

Jeneweins Position zur AfP beschreibt recht klar, wie sich in der FPÖ unter Parteichef Heinz-Christian Strache der Umgang mit Rechtsextremisten verändert hat. Erlaubt scheint, was vom Gesetzgeber nicht dezidiert verboten ist.

Aber auch diese Grenze wird immer wieder überschritten. Gleich zwei führende Mitarbeiter des Rings Freiheitlicher Jugend wurden im Jahr 2008 rechtskräftig verurteilt. Ein damaliges Mitglied des Landesvorstandes des RFJ Tirol wegen nationalsozialistischer Wiederbetätigung[48], und Michael Winter, Vorsitzender des RFJ Steiermark, wegen Verhetzung. Er hat in einem Artikel in der freiheitlichen Jugendzeitschrift *Tangente* Muslimen eine Tendenz zur Sodomie unterstellt und als »Sofortmaßnahme« gegen Vergewaltigungen in Graz gefordert, »eine Schafherde im Stadtpark grasen« zu lassen.[49] Später entschuldigte er sich für den Artikel. Er wurde am 10. Oktober rechtskräftig zu drei Monaten bedingter Haft verurteilt.[50] Erst mehr als zwei Monate danach, am 19. 12. 2008, legte er »aus persönlichen Gründen« seine Funktion als RFJ-Landeschef in der Steiermark zurück.[51]

Winters Mutter Susanne, Nationalratsabgeordnete aus der Steiermark, wurde am 22. Jänner 2009 wegen Verhetzung – nicht rechtskräftig – zu einer Geldstrafe von 24.000 Euro und einer bedingten Freiheitsstrafe von drei Monaten verurteilt.[52] Sie hatte beim FPÖ-Neujahrstreffen 2008 in Graz vor etwa 3000 Zuhörern den islamischen Propheten Mohammed attackiert. Dieser wäre »im heutigen System« ein »Kinderschänder«, weil er ein sechsjähriges Mädchen geheiratet habe. Mohammed sei ein »Feldherr« gewesen und habe den Koran in »epileptischen Anfällen« geschrieben. Der Islam sei ein »totalitäres Herrschaftssystem« und gehöre »dorthin zurückgeworfen, wo er hergekommen ist, hinter das Mittelmeer«[53].

Strache sagte über dieses Urteil: »Es ist empörend, wie eine Frau und Mutter verfolgt und diffamiert wird, die nur den Schutz unserer Kinder im Auge hat. Und die die Wahrheit angesprochen hat.«[54] Die Verteidigungsstrategie von Winters Anwalt, Bernhard Lehofer: »Man muss eine Religion beleidigen dürfen.«[55]

Die FPÖ-Nationalrätin Winter ist eine verbale Wiederholungstäterin. Von Journalisten darauf angesprochen, wieso sie das negativ konnotierte Wort »Neger« verwende, sagte sie: »Das Wort kommt aus dem Lateinischen und ist die Bezeichnung für die Menschenrasse in Afrika südlich der Sahara. Soll ich meinen Enkelkindern eines Tages vielleicht das Buch vorlesen: ›Zehn kleine Schwarzafrikanerlein‹?«[56] Einem Grazer Bürger mit schwarzer Hautfarbe, der Sie mit rassistischen Übergriffen in Graz konfrontierte, erklärte sie: »Da ist etwas in Ihren Genen, das Sie noch nicht verarbeiten konnten.« Denn was sich mit einer gewissen

Menschenschicht in der Geschichte abgespielt, werde in den Genen weitergegeben. »Sie haben dadurch automatisch zu wenig Selbstbewusstsein und zu viel Hoheitsdenken der anderen Hautfarbe gegenüber in sich, deshalb sehen Sie das so.«[57]

Winters Kollege, der steirische FPÖ-Nationalratsabgeordnete Wolfgang Zanger, meinte im ORF-Magazin Report, »natürlich hat es gute Seiten am Nationalsozialismus gegeben, nur die hören wir heute alle nicht mehr. Eine Dame aus Deutschland hat mir vor Kurzem erzählt, in einer großen Gasthausrunde, wo sie dann eigentlich fürchterlich beschimpft worden ist, dass damals die Situation so gewesen sei, dass die Menschen keine Arbeit hatten, alle lechzten nach Beschäftigung, nach ein bisschen Hoffnung. Und als dann der Führer gekommen ist, der dann angefangen hat mit verschiedenen Bauideen oder Straßenbau – die Autobahnen sind damals entstanden. Das hat den Leuten Hoffnung gegeben«.[58] Parteichef Strache attestierte Zanger daraufhin eine »lupenreine demokratische Gesinnung«[59].

Die niederösterreichische FPÖ-Chefin Barbara Rosenkranz war im September 2007 eine der Rednerinnen bei den von Otto Scrinzi organisierten »Kärntner Kulturtagen«. In ihrem Vortrag stellte sie dem »Emanzenunwesen und Feminismus« eine echte »Weiblichkeit« und die »Mutterrolle« gegenüber. Neben Rosenkranz trat auch der Deutsche Jürgen Schwab auf. Schwab war von 2000 bis 2004 Mitglied im Parteivorstand der rechtsextremen NPD und ist Mitbegründer und Organisator der »Deutschen Akademie«. Das Landesamt für Verfassungsschutz Baden-Württemberg bezeichnet die »Deutsche Akademie« als eines der wichtigsten Beispiele »für Zirkel beziehungsweise selbst ernannte ›Kollege‹ und ›Akademien‹, die sich der rechtsextremistischen Theorie- und Strategiebildung verschrieben haben«[60].

Wolfgang Caspart, Vorsitzender des Freiheitlichen Akademikerverbandes Salzburg, hat in einer Analyse, die 2007 in der neonazistischen Parteizeitung der NPD, *Deutsche Stimme*, veröffentlicht wurde, eine Erklärung für die wirtschaftlichen und sozialen Schwierigkeiten in Afrika: »Wir können nichts dafür, dass die Farbigen die Weißen hinausgeworfen haben und nun nicht mehr zurechtkommen.«[61] Caspart sieht für Europa die Gefahr, seine Intelligenz nach Übersee abzugeben, »und als Ersatz den Auswurf der Welt« zu erhalten.[62]

Der oberösterreichische FPÖ-Chef Lutz Weinzinger ist am 9. November 2008 Ehrenredner am Grab von Walter Nowotny am Wiener Zentralfriedhof. Die Stadt Wien erkannte 2003 die Ehrengrabwürde für Nowotnys letzte Ruhestätte ab: »Nowotny, am 7. Dezember 1920 in Gmünd geboren, scheint in den Unterlagen des Berliner Document Center als NSDAP-Mitglied mit der Nummer 6,382.781 auf. Als Aufnahmedatum ist der 1. Mai 1938 angeführt, Nowotny war zu diesem Zeitpunkt also 17 Jahre alt. Nach Angaben des Dokumentationsarchivs des Österreichischen Widerstandes berichtete zudem der *Völkische Beobachter* am 16. November 1944 in seiner Wiener Ausgabe, Nowotny sei anlässlich seines Begräbnisses dafür gewürdigt worden, dass er ›als junger Führer der Hitler-Jugend trotz aller Verfolgungen in der Verbotszeit begeistert und unentwegt Adolf Hitler die Treue hielt‹.«[63] Weinzinger lobt den nationalsozialistischen Kampfflieger als Vorbild und Helden, der »unendlich große Taten vollbracht hat«:

»Ich stehe vor Ihnen und wegen diesem Ehrengrab, das in meinem Herzen noch immer selbstverständlich ein Ehrengrab sein wird, als Soldat, als freiheitlicher gewählter Abgeordneter des Nationalrates und als Mann, der seine Herkunft nicht vergessen hat, seine sprachliche, seine kulturelle Herkunft. Der sich nach wie vor zu seiner deutschen Volksgruppe bekennt, offen, klar und ohne Hintergedanken. (…) Vergessen wir nicht, dass Walter Nowotny in die Schule gegangen ist und politisch zu denken beginnen können als 14-, 15-Jähriger, er lebte in Österreich in einer austrofaschistischen Diktatur, und das kannte er und nach der austrofaschistischen Diktatur, die wirtschaftlich nicht besonders erfolgreich war, kam die nationalsozialistische Diktatur, die offensichtlich wirtschaftlich erfolgreicher war. (…) Wir wissen, welche Taten der hier Geehrte gemacht hat. (…) Einsatz für sein Volk, Einsatz für seine Heimat, Einsatz für seine Mitbürger. Denn die Front fernzuhalten, in seinem speziellen Fall die Ostfront fernzuhalten, war Einsatz für seine Mitbürger und so manche Wiener Frau und so manches Wiener Mädchen wäre glücklich gewesen, wenn dieser Einsatz gelungen wäre. (…) Walter Nowotny, für uns, die wir hier stehen, und für mich, der ich weiß, wer ich bin und wer ich sein will und wer ich bleiben will, bleibst du ein ehrenhafter Mann, bleibst du ein Vorbild.«[64]

Strache erklärt, auch er sei »immer wieder auch bei diesen Veranstaltungen« gewesen: »Ich finde das immer wieder unglaublich. Das ist ein Gesinnungsterror, den man erlebt.« Beim Nowotny-Gedenken gehe es »darum, dass man einen Menschen, der sich eben nichts zuschulden kommen hat lassen, der gefallen ist, wenn man so will, auch eine Ehrdarbietung im Sinne eines Gedenkens auch jährlich sicherstellt, und das ist nichts Verwerfliches«.[65] In Straches Büro steht hinter anderen Büchern etwas versteckt auch eine Nowotny-Biografie.

»ER WAR IMMER EIN GROSSER FAN VON MIR«

»Ich will nicht springen«, denkt sich Heinz-Christian Strache, als er 2005 auf der Jauntalbrücke steht.

Er macht es doch, springt mit dem Bungee-Seil 96 Meter in die Tiefe. Jörg Haider hat dies von derselben Brücke bereits 1993 getan.

Sowohl Strache als auch Haider verwendeten denselben prägnanten Wahlkampfspruch: »Sie sind gegen ihn, weil er für euch ist.« Haider 1996, Strache im Nationalratswahlkampf 2008. Das sind nur zwei Beispiele für viele Parallelen zwischen den beiden ehemaligen Kontrahenten.

Original oder Kopie? Ein Urheberstreit auf allen Ebenen. Während Strache die FPÖ als »Das Original« vor sich herträgt, sah sich Haider selbst als »Original« und nannte Strache eine »Kopie«. Das ärgert Andreas Mölzer, denn Haider wäre »einer der größten Kopierer überhaupt« gewesen. Als Beispiel führt er an, dass Haider in den Siebzigerjahren die Pfeife à la Zeilinger geraucht hat[1]. Der Jurist Gustav Zeilinger hat mit Politikern wie Friedrich Peter und Wilfried Gredler das Grundgerüst der freiheitlichen Fraktion gebildet. Er war Klubobmann und später Volksanwalt.

Walter Ötsch hat sich in seinem Buch »Haider light« mit der Demagogik beschäftigt und Teile aus dem Lexikon von Robert Anton Wilson über Verschwörungstheorien zitiert. Demnach war Haider und ist Strache wohl auch ein Demagoge: »Das demagogische Welt-Bild ist in seinem Kern ein Verschwörungs-Mythos. DIE DA haben sich gegen UNS verschworen. Der erfundenen Gruppe DER ANDEREN werden dabei geheimnisvolle Vorgänge unterstellt. Alles, was man nicht versteht und was einen bedrückt, kann DEN ANDEREN in die Schuhe geschoben werden. Schuld sind DIE.«[2]

Auch österreichische Kommentatoren beschäftigen sich seit der Spaltung 2005 mit dieser Frage. Die *Presse* schreibt: »Er (Strache) ist eigentlich bloß eine Kopie des einstigen FP-Chefs Jörg Haider. Ob eine

Kopie das Original übertreffen kann? Selbst Haider dürfte sich in dieser Einschätzung nicht sicher gewesen sein. Ansonsten wäre er dem direkten Vergleich wohl nicht aus dem Weg gegangen, sondern hätte sich einer Kampfabstimmung [gemeint ist der Bundesparteitag der FPÖ am 23. April 2005, Anm.] gestellt.«[3] – »Angriff der Klonkrieger« titelt *Presse*-Chefredakteur Michael Fleischhacker ein Jahr später einen seiner Leitartikel und weist auf das »Naheliegende« und »Gefährliche« dieser Diskussion hin. »Naheliegend deshalb, weil er (Strache) in Themenwahl, Rhetorik, Bildsprache und destruktiver Grundenergie tatsächlich wie eine Kopie des populistischen Altmeisters wirkt, die durch Verdoppelungen oder Weglassungen an etlichen Abschnitten der DNA-Sequenz teils lächerlicher, teils aber auch gefährlicher wirkt als das Original. Gefährlich ist die Klon-These, weil sie suggeriert, dass Strache nur ein ›müder Abklatsch‹ Haiders sei, dass er weder in den Qualitäten noch in der Gefährlichkeit an das ehemalige Über-Ich heranreicht. Dass dem nicht so ist, hat Strache bei der Wiener Wahl gezeigt.«[4]

Wie beantworten die beiden Politiker und ihre Weggefährten die Frage nach dem Original? Haider selbst sah sich naturgemäß als das Original und den »*Haider-Fan* Strache«, der sich »offenbar sehr intensiv mit meiner Art, Politik zu machen, auseinandergesetzt hat, dass er jetzt wirklich zu Recht immer als die Kopie bezeichnet wird«[5].

Bei den meisten bestimmt natürlich der politische Standort auch den Standpunkt in dieser Frage. Andreas Mölzer versucht es mit Ironie: »Den Messias haben wir schon gehabt. Mit bekanntem Erfolg. Er hat sich als ein falscher Messias erwiesen. Jetzt haben wir einen guten Kameraden, das ist was wert.«[6]

Ewald Stadler meint 2006, noch vor seinem Wechsel zum BZÖ: »Strache macht Politik aus seiner Weltanschauung heraus. Haider macht Politik als Schauspieler. Ihm war es kein Problem, am Vormittag das Trachtenjopperl anzuziehen, am Nachmittag vor der Waffen-SS zu sprechen und am Abend in eine zeitgeistverblödete Diskothek zu gehen.«[7] Heute klingt das anders, obwohl Stadler festhalten will, dass Peter Westenthaler »der Schlimmste« war, »der begonnen hat, Haider zu kopieren«[8]. Strache sei ebenfalls eine Eins-zu-eins-Kopie Haiders, »nicht nur die Inhalte, auch seine Auftritte sind in Wahrheit nur Kopien der Auftritte des Jörg Haider. Strache ist irrsinnig unsicher. Es verleiht ihm Sicherheit, wenn der Haider schon einmal etwas gemacht hat oder damit erfolgreich war. Strache ist ein wahnsinnig feiger Mensch«.[9]

Für Norbert Steger war Strache ein »wirklicher Anhänger Jörg Haiders, ein gelehriger Schüler, der ihn sehr genau studiert hat«[10]. Steger beschreibt Strache als »weichen Menschen, ängstlich, sozial intelligent.« Haider hingegen sei »wechselhaft, unberechenbar, ein Egomane«[11] gewesen. Steger erinnert sich an die vielen inhaltlichen Kehrtwendungen Haiders in der FPÖ, nennt als Beispiel den Parteitagsbeschluss »Gegen Atomenergie«, einige Zeit später »Für Atomenergie« oder »Beitritt zur EU« und »Nein« zu einem Beitritt der EU.

Der Historiker Lothar Höbelt relativiert die Diskussion um die Kopie, denn schließlich würden die rechtsextremen Populisten einander permanent nachahmen. »Strache ist natürlich eine Art Kopie von Haider, aber Haider und Umberto Bossi waren einander auch so ähnlich«. Strache sei aber auf keinen Fall ein »neuer Haider«, so Höbelt. Vor über zwanzig Jahren sei die Politik von Proponenten wie Haider und Bossi etwas gänzlich Neues gewesen. Man musste neben den Großparteien ein neues Parteimodell zusammenstückeln und das laufe automatisch, stellt Höbelt fest. »Inzwischen kann es nichts Neues mehr geben.« Strache bringt den einen Slogan immer und immer wieder, was propagandistisch vielleicht nicht schlecht ist. Er bedient ein etabliertes Modell, wo die Abläufe und Ideen vorgegeben sind. Haider musste den Platz erst erkämpfen.[12] Mölzer wünscht sich persönlich von seinem Parteichef Heinz-Christian, dass er noch wächst, »menschlich, fachlich, charakterlich auch. Ich würde ihm wünschen, dass er früher aufsteht, denn jemand, den ich um acht Uhr früh nicht erreichen kann, da habe ich schon meine Probleme. Aber er hat das Potenzial und man muss ihm wünschen, dass er es auch entwickeln will«.[13]

Der ehemalige Justizminister Böhmdorfer hat am 28. September 2008 dem BZÖ und damit Jörg Haider seine Stimme gegeben. Er lobt aber auch Strache. Für ihn sind beide »Alphatiere«. Er ist überrascht von Strache, der »konsequent in der Zielverfolgung ist, das hätte ich ihm in dieser Form nicht zugetraut. Dass aber eine politische Partei dieser Größenordnung nicht auf Dauer ohne Gesamtkonzept in den Bereichen EU, Globalisierung, Gentechnik, Verwaltungsreform, Staatserneuerung, Budgetpolitik, Steuerpolitik oder profunde Justizpolitik auskommt, ist klar. Da muss Strache noch beweisen, dass er diesen nächsten Schritt schafft«.[14]

Der Vorteil von Strache liegt laut Böhmdorfer im demokratischen Grundsatz, dass die Stimme eines Hochschulprofessors mit der eines »einfachen« Menschen gleichgesetzt wird. Strache habe eben die »einfachen, nicht die organisierten« Menschen. Haider habe neben sich nie lange starke Persönlichkeiten geduldet, von Heide Schmidt über Norbert Guggerbauer, Karl-Heinz Grasser bis hin zu Susanne Riess-Passer. »Schauspieler, Pfarrer und Politiker sind aus einem Holz geschnitzt. Die wollen dauernd die Prinzessinnen spielen und die Prinzen. Da gibt's sehr viele, die können nicht in der zweiten Reihe stehen. Das ist in der Freiheitlichen Partei besonders so«, sagt Böhmdorfer.[15]

Nur die »überheblichen Akademiker« würden ständig davon reden, dass Strache Haider nachahmt, schimpft Otto Scrinzi. Der emeritierte Nervenfacharzt hat seine eigene Diagnose: »Wo sie sich gänzlich unterscheiden, ist, dass Strache psychisch im Wesentlichen eine stabile Persönlichkeit ist, der durch Grundsatzüberzeugungen gesteuert ist. Haider war eine psychisch höchst instabile Persönlichkeit bis an die Grenze des Normalen, diese auch überschreitend, instabil, ohne für ihn verbindliche Grundüberzeugungen.«[16] Strache ist kaum älter als Haider bei seinem Start als FPÖ-Chef 1986. Daher müsse man Strache ein paar Jahre Zeit einräumen, um Statur und Profil zu gewinnen, sagt Scrinzi.

Der Journalist Frido Hütter von der *Kleinen Zeitung* hat Haiders Karriere an den Kriterien der Pop- und Konsumkultur gemessen. Er qualifiziert Haider wie *Falter*-Chefredakteur Armin Thurnher, der diesen Ausdruck prägte, als »Feschist«. Hütters Analyse trifft auch auf Strache zu: »*Die nachhaltigsten Popkarrieren begannen damit, dass die Exponenten von ihren Fans für etwas anderes geliebt wurden als für das, weswegen ihre Gegner sie ablehnten: Der Erfolg der Rolling Stones lag zweifellos in ihrem rebellischen Gestus, den sie optisch und akustisch zu vermitteln wussten. Die bestürzte Welt der Eltern indes sah bloß fünf Drogenkonsumenten, geeignet, die Verderber ihrer kostbaren Brut zu sein. Strukturell ging es bei Haider ähnlich her: historische Ignoranz, Fremdenfeindlichkeit, verantwortungsloser Umgang mit dem blutigen Erbe des Nationalsozialismus, Kulturbanausentum. Jene Klientel indes, welche die FPÖ von ein paar Prozent Ewiggestrigen fast zur Drittelpartei aufstockte, hätte Haider mit den oben erwähnten Wi-*

derlichkeiten wohl nicht begeistert. Die sahen einen Jörg, der sich was traut. Hemmungslos wie keiner vor ihm mischte er konstruktive, wichtige Kritik am System mit haltlosen, aber populären Behauptungen. Wo andere mühselig eine Wende versuchten, war Haider wendig. Er exerzierte unermüdlich und auch mühelos die Rituale des mehrheitsfähig gewordenen Zeitgeistes: ein Bungeejump am Höhepunkt dieser Welle. Ein Trend-Parasit. Konsumtechnisch ein Kind der Siebzigerjahre. Beweis dafür, dass alles möglich ist. Ein Wortführer der reuelosen Gesellschaft. Weitgehend angstfrei, weil ihm jede Scham fehlt. Ein ›Feschist‹. Jörg Haider ist, wie es Popstars zwangsläufig sind, ein Symbol des Unverbindlichen. So einem wird von den Fans alles verziehen.«[17]

»Den Streit Kopie – Original muss man nicht übertreiben. Man muss die Wähler dort abholen, wo sie sind, und als Disco-Geher ist Strache authentischer als Haider. Ob das ein Kompliment ist, steht auf einem anderen Blatt: de gustibus non est disputandum«, über Geschmack kann man nicht streiten, meint Höbelt.[18]

Kurz nach der Nationalratswahl 2008 gibt der BZÖ-Chef und Landeshauptmann Jörg Haider für dieses Buch ein letztes Interview über sein Verhältnis zu Strache, die Spaltung der Partei und wie sich das dritte Lager aus seiner Sicht weiterentwickeln wird. Am 2. Oktober 2008 um 10 Uhr 30 im Café Landtmann in der Wiener Innenstadt. Haider bestellt sich einen grünen Tee, wirkt ungewöhnlich entspannt, gleichzeitig müde und gezeichnet vom Wahlkampf. Haider erzählt, dass er anschließend zum Bundespräsidenten muss und heute dem »Pezi« (Peter Westenthaler) sagen werde, dass er nicht mehr Klubobmann wird. Das werde sicher schwierig, meint er.

Sehen Sie sich als den politischen Ziehvater von Heinz-Christian Strache?
Haider: An sich schwer, weil er erst relativ spät in der Bundespolitik aufgetreten ist. Er war in Wien, war natürlich immer ein großer Fan von mir und hat sich offenbar sehr intensiv mit meiner Art, Politik zu machen, auseinandergesetzt, sodass er jetzt wirklich zu Recht immer als die Kopie bezeichnet wird.

Können Sie sich an Ihre erste Begegnung mit Strache erinnern?
Das war im Zuge eines Wien-Wahlkampfes 1991, wo wir einmal unterwegs gewesen sind bei Verteilungsaktionen und am Viktor-Adler-Markt. Da ist er mir das erste Mal in Erscheinung getreten, als Junger, der da mitzieht.

Und was haben Sie sich damals über Strache gedacht?
Durchaus eine sympathische Erscheinung, immer sehr korrekt. Und in der Folge hat er mir ja dann oft Briefe geschrieben, seitenweise Briefe.

Was für Briefe? Private oder politische?
Er hat uns immer wieder ermuntert, weiterzumachen. Und dann hat er wieder meiner Frau Briefe geschrieben, also er war ja umfassend aktiv.

Das heißt, da gab es eine große gegenseitige Sympathie?
Irgendwie ja.

Warum hat Ihnen der junge Strache Briefe geschrieben? Das ist doch etwas sehr Privates.
Ich weiß es nicht. Ich habe bisher nur von zwei meiner Jungen Briefe bekommen. Der eine war Karl-Heinz Grasser, nachdem er 1998 im Konflikt aus der FPÖ ausgeschieden und zu Magna gegangen ist. Nach einem halben, dreiviertel Jahr hat er offenbar erkannt, dass er da wirklich einen Fehler gemacht hat und dass das nicht fair war. Da hat er mir dann einen langen Brief geschrieben, wo er sich entschuldigt hat. Das war auch der Grund, warum ich dann später überhaupt mit ihm über ein Ministeramt geredet habe, als wir in die Regierung eingetreten sind. Der andere war der HC. Es gibt zwei Deutungen bei mir. Die eine Deutung ist, er selbst hat keinen Vater gehabt und ich war ein bisschen Vaterersatz für ihn. Ein Vorbild, zu dem man aufschauen kann, von dem man sagt, so möchte ich einmal werden wie der. Das andere kann sein, also die negativere Variante, dass er gezielt, strategisch versucht hat, sich seine Zukunft aufzubauen. Denn in Wien hatte er keine Gelegenheit, Wien war damals natürlich zugepflastert mit dem Hilmar Kabas, der ein Meister des Sesselverteidigens war, und sonst im Bund hätte er nicht viele Möglichkeiten gehabt. Die Idee war schon immer, glaube ich, dass alle

ihm gesagt haben, du wirst einmal in Wien Landesobmann und dann ohnehin einmal der FPÖ-Chef.

Als er in Wien Parteichef wurde, war das von Ihnen mitinitiiert?
Nein, das war ein logischer Prozess, dass er sich da durchgesetzt hat.

Wer sind aus Ihrer Sicht Straches Förderer?
In Wien ist es sicherlich der Johnny Herzog, der im Hintergrund für ihn wirkt. In letzter Zeit aber auch Martin Graf, der eher immer sein Gegner war. Graf war früher sehr loyal zu mir, muss man sagen, und später sehr loyal zum Ewald Stadler. Er war eigentlich ein Stadler-Mann. Und dann hat der Kabas Strache massiv gefördert.

Und was ist mit Herbert Kickl und Harald Vilimsky?
Der Kickl ist in Ordnung, das ist ein tüchtiger Bursche, der ihn natürlich steuert, weil vom Kickl kommt die Intellektualität. Zu Vilimsky hab ich nie eine Beziehung gehabt, der ist mir eigentlich fremd.

Herbert Scheibner und Westenthaler haben erzählt, dass sie Strache nicht in den RFJ aufgenommen haben, weil er ihnen zu rechts gewesen sei.
Da hat es immer Streitereien gegeben, aber ich hab das nie ernst genommen, weil das war eher eine Eifersüchtelei der Jungmandatare, wo jeder halt näher beim Chef sein wollte. Und da hat man dann versucht, einen anderen hinauszuschießen. Mein Gott, es hat ja schon genügt, dass man Strache abschätzig betrachtet hat, weil er mit der Burger-Tochter verlobt war. So kann man das auch nicht machen. Ich kann mir das zumindest leisten, dass ich sage, ich hab nichts Anstößiges bei ihm gefunden.

Strache hat einmal gesagt, er war nie ein Neonazi. Glauben Sie das auch?
Mein Gott, er hat halt das gemacht, was alle – wie man so schön sagt – dummen Buben einmal tun, ein bisschen Krieg spielen.

Aber kein strammer rechter Ideologe im Sinne seines Ziehvaters Norbert Burger?

Nein, das glaub ich nicht, das glaub ich absolut nicht. Dann dürfte man einen Präsidenten Gerhard Holzinger vom Verfassungsgerichtshof nie akzeptieren, denn sein Vater war der Stellvertreter vom Norbert Burger. Da darf ich dem Heinz-Christian auch nicht vorwerfen, dass er irgendwo einen Bazillus hat.

Steht Strache rechts von Ihnen?
Ich halte diese Kategorien überhaupt nicht mehr für brauchbar, in unserer Gedankenwelt haben sich die Dinge verschoben. Die alten, traditionellen politischen Koordinaten stimmen nicht mehr, weil die Sozialdemokratie vielfach sehr rechts geworden ist und die Rechtsparteien vielfach sehr links sind, in Bezug auf Sozialpolitik oder die Staatseingriffe.

Wie hat sich die FPÖ unter einem Parteichef Strache verändert?
Mein Ziel war es immer, die FPÖ von der simplen Form aufzuweiten zu einer Art Volkspartei. Wir haben im Jahr 1986 maximal fünf bis sechs Prozent Stammwähler im Sinne des freiheitlichen Lagers gehabt, das waren also national-liberale Honoratioren in der Bandbreite vom alten SS-Obersturmbannführer, oder was er da war, der Friedrich Peter, bis hin zu den Liberalen wie Willfried Gredler, der alles andere als national rechts war, sondern der war ein liberaler, großbürgerlicher Freigeist. Das war der Kern. Dann sind uns von der SPÖ und von der ÖVP immer mehr Wähler zugewachsen. Die FPÖ, so wie sie heute da steht, ist in Wirklichkeit eine Sammelbewegung von enttäuschten Roten und Schwarzen. Und auch das BZÖ hat natürlich profitiert davon. Wir haben ganz neue Wähler angesprochen. Wir haben bei der Nationalratswahl 2008 mit unserer Linie sehr stark bei Familien, bei Frauen gepunktet, also mehr als fünfzig Prozent unserer Wähler sind Frauen zum Beispiel. Die FPÖ kann das nicht und wird es auch nicht können, weil sie ein viel zu hartes Profil hat. Mein Ziel war, das immer zu verbreitern, mit Quereinsteigern oder mit neuen Ideen, etwa wo wir nach Amerika gefahren sind und mit Flat-Tax-Modellen für Österreich etwas Neues machen wollten.

Was unterscheidet die Strache-FPÖ von der FPÖ unter Ihrer Führung?
Die FPÖ genügt sich heute selbst. Das heißt, sie sagt, wir haben die Kernthemen Ausländer und Sicherheit und das ist es. Damit punkten

wir, was brauchen wir mehr? Das kauen wir bis zum Erbrechen wieder. Und als Rest übernehmen wir das, was der Jörg in den Neunzigerjahren gesagt hat, das wiederholen wir.

Wurde das BZÖ wegen Stadler oder wegen Strache gegründet?
In Wirklichkeit wegen der Konflikte mit der Wiener Landesgruppe.

Strache war also schuld an der Spaltung?
Selbstverständlich. Strache hat Ursula Haubner, die damals Parteivorsitzende war, mit Strafanzeigen bedroht und sie kriminalisieren wollen wegen irgendwelcher Parteifinanzen, absurde Dinge. Ich war damals eigentlich nicht mehr in den Führungsgremien, habe dann aber einmal eine Vorstandssitzung erlebt und mir gedacht: »Nein, das ist nicht mehr meine Partei. Das sind auch nicht die Leute, mit denen ich zusammen sein will.«

Was war da konkret?
Kabas, Strache, die haben der Ursula damals zugesetzt und ihr vorgeworfen, dass sie Parteigelder nicht ordentlich verwendet hätte, ganz obskure Geschichten. Also das, was man dann später auch mit der Susanne Riess-Passer versucht hat, nämlich sie zu kriminalisieren.

Sie haben aber kurz vor der BZÖ-Gründung noch mit Strache ein gemeinsames Papier paraphiert.
Wir wollten einen Versuch machen und haben gesagt: »Okay, damit die Partei nicht zerbricht, machen wir eine Art Koexistenz.« Der Strache soll die Parteiführung übernehmen, beziehungsweise ich mache den Obmann und er übernimmt die Geschäftsführung. Da haben wir uns in Klagenfurt getroffen in einem Restaurant. Wir haben zu Mittag gegessen und haben das eigentlich ausgemacht. Das haben wir auch aufgeschrieben. Ich habe ihm dann noch, er hat da ein Konzept gehabt, meine Korrekturen dazu gegeben, die für mich vertretbar erschienen sind, und wir haben gesagt, er soll jetzt einmal in seine Gremien in Wien gehen und schauen, ob das von denen mitgetragen wird. Meine Leute haben gesagt, das ist in Ordnung. Und bevor wir uns wieder getroffen haben, hat er in der *Oberösterreichischen Rundschau* dann auf einmal angefangen, da ge-

gen mich loszulegen. Ich weiß nicht mehr, was da auf einmal los war, das war die Türkei-Geschichte und auch, dass ich ein Verräter bin und solche Geschichten, dass ich mir gesagt habe, wozu sitzt der mit mir zusammen und versucht da eine Lösung?

Also hat Strache den verbalen Waffenstillstand gebrochen? Haben Sie ihn danach angerufen und gefragt, was das soll?
Mir war das dann schon zu blöd. Ich hab dann nur mehr, als wir uns entschlossen haben, das BZÖ zu gründen, den Kabas und ihn noch einmal in ein Lokal in Wien zu einem Gespräch gebeten. Da bin ich hingegangen und habe gesagt: »Freunde, das werdet ihr verstehen, mit mir könnt ihr so nicht mehr verfahren. Mir tut das auch weh, wenn ich von der FPÖ gehen muss, aber ich verlasse dieses Schiff, weil das ist nicht mehr meine Partei. Ich trete jetzt aus mit heutiger Wirkung. Ich gründe eine neue Partei.«

Sie sind also nicht aus der FPÖ ausgeschlossen worden, sondern selbst ausgetreten?
Ich bin ausgetreten. Und habe das auch in Kabas' Anwesenheit gesagt.

Kabas hat etwas anderes ausgeschickt …
Das war eine formale Geschichte dann.

Wie hat Strache damals reagiert?
Total konsterniert waren sie, weil sie nicht gerechnet haben, dass wir das tun. Sie haben geglaubt, sie können weiterhin das Rad drehen.

Was wollten Strache, Kabas und Co. Ihrer Meinung nach?
Sie wollten die totale Machtübernahme. Mir war dann klar, dass es nicht mehr darum gegangen ist, irgendeinen Kompromiss zu finden, sondern nur mehr darum, dass jetzt der Zeitpunkt ist, wo sie das Sagen haben.

Warum haben sich Strache und seine Anhänger so stark gefühlt in der Situation?
Weil wir nicht stark waren. Ich war damals angeschlagen nach Knittelfeld, es ist mir nicht wirklich extrem gut gegangen. Dann habe ich 2004

die Landtagswahlen in Kärnten gemacht. Das hat mich wieder neu positioniert. Aber innerparteilich hat sich einfach viel verändert. Da waren diese Wiener Kräfte, die schon in der alten FPÖ vor meiner Zeit 1986 da waren, die aber in Wirklichkeit nie etwas zusammengebracht haben. Das ist immer der gleiche Haufen, der da agiert. Immer die gleichen Funktionäre, die halten immer ihre Organisation klein. Die wollen immer nur Mandate und nichts leisten. Das sind eine Handvoll Funktionäre. Sie haben von Norbert Steger gelernt und tyrannisieren so ihre Partei.

Welche Bedeutung hatte die Wiener Landesgruppe der FPÖ bei Ihrer Machtübernahme 1986?
Wien hat damals einen sehr, sehr wichtigen Mann gehabt, das war der Erwin Hirnschall. Der Hirnschall hat eigentlich 1986 verhindert, dass es sofort zum Riesendebakel für uns gekommen ist, nach dem Parteitag. Hirnschall war geschäftsführender Parteiobmann. Und Steger wollte unbedingt in Wien wieder die Macht übernehmen. Da hat es in Wien eine lange Vorstandssitzung gegeben. Da ist es darum gegangen, ob der Hirnschall abtreten muss, weil der Steger wieder die Macht übernehmen will. Der Hirnschall hat eine Herzattacke gehabt, er hat eine Kreislaufschwäche bekommen und die Sitzung nicht mehr weiterführen können. Er war aber so clever, dass er die Sitzung unterbrochen hat, und daher konnte niemand anderer die Sitzung wieder aufnehmen. Nachdem es ihm besser gegangen ist, hat er die Sitzung wieder aufgenommen und die ganze Steger-Partie ins Eck gestellt. Er hat gesagt, er respektiert die Ergebnisse des Parteitages, und das muss auch die Wiener Landesgruppe tun. Das haben die dann zähneknirschend zur Kenntnis nehmen müssen. Weil die waren alle massiv gegen mich.

Gibt es Parallelen zwischen Steger und Strache?
Sie bedienen sich derselben Methoden, um sich an der Macht zu halten, ohne wirklich starke Strukturen zu haben. Da wird jeder in einem bestimmten Geflecht und Netzwerk von Abhängigkeiten gehalten. Das ist deren System, das ist genau das Gegenteil von mir. Ich habe mich nie gekümmert um meine Strukturen. Das war mir nie wichtig. Ich habe gesagt, solange ich Erfolg habe, läuft das eh. Und wenn du keinen Erfolg hast, dann werden es ohnehin andere übernehmen.

Warum nennt Strache Sie immer einen Verräter?
Das ist sein Vokabular, das muss er immer herunterbeten, damit er glaubwürdig erscheint. Nur wird das immer weniger glaubwürdig, je weniger
kooperationsbereit er ist. Er hat nicht damit gerechnet, dass wir so einen
Wahlerfolg haben und seinen Wahlerfolg damit relativieren. Alle Leute in
diesem blauen Lager, auch viele seiner Anhänger sagen, der Haider macht
das nicht so schlecht, warum tun wir nicht wieder mit denen.

Er hat Ihnen ja gratuliert am Wahlabend.
Ja klar, da hat er sich ja schon geändert. Da hat er plötzlich im *Standard*
gesagt, er kann sich auch eine Dreierkoalition vorstellen. Bis zum Wahlabend hat er immer gesagt, nichts, weil er gehofft hat, Rot-Blau geht sich
aus, dann braucht er niemanden und wir sind weg.

Gibt es Ihrer Meinung nach irgendwann eine Wiedervereinigung?
Realistisch ist eine Wiedervereinigung nicht, weil ich glaube, dass keiner
von uns beiden Interesse daran hat, seine Partei aufzulösen. Warum sollten wir auch? Wir haben uns als BZÖ österreichweit etabliert und bauen
das jetzt auf. Wir sind auch in Salzburg oder beispielsweise in der Steiermark in vielen Gemeinden stärker als die FPÖ. Der Erfolg der FPÖ ist
nur durch Wien möglich. Die sind sonst nirgends wirklich gut aufgestellt
und haben auch nicht wirklich gute Leute. Es sind zwei Parteien, wir
haben die gleichen Wurzeln, aber wir entwickeln uns in unterschiedliche
Richtungen, jeder spricht ein anderes Wählerpotenzial an. Wenn wir *eine*
Partei gewesen wären, hätten wir das nie angesprochen. Wir haben auch
deshalb stark gepunktet, weil es gelungen ist, in den Wahlkonfrontati-
onen Konzepte zu bringen, über das hinaus, dass straffällige Ausländer
abgeschoben werden sollen. Strache ist schlicht, er ist schlicht.

Aber würden Sie eine Versöhnung ausschließen?
Überhaupt nicht. Ich bin auch ihm gegenüber nicht feindselig gewesen.
Das bin ich nie. Ich bin keinem der früheren FPÖ-Funktionäre feindselig gegenüber, weil ich das für falsch halte. Wenn ich so viele Jahre
mit denen zusammengearbeitet habe, dann ist es nicht sehr glaubwürdig,
wenn ich sage, das sind alles Gauner, das sind alles Verräter, das sind alles
unehrenhafte Menschen.

Was ist mit Stadler passiert? Zuerst loyal zu Strache, dann plötzlich beim Bienenzüchterverein, wie er das BZÖ einmal nannte?

Der Stadler war einer meiner ersten Verbündeten im Jahr 1986. Ich habe ihn von Vorarlberg geholt, dort war er Klubobmann, da hat es einen Konflikt mit Hubert Gorbach gegeben. Das wäre letal ausgegangen, vor der Landtagswahl war das schlecht, weil der Hubert die Chance gehabt hat, dort die Nummer zwei zu werden. Da habe ich gesagt: »Okay, der Ewald kommt zu mir, weil ich vertrage mich mit ihm gut.« Das war eine sehr gute Zeit. Wir haben das gut gemacht miteinander. Es war eine tolle Vertrauensbasis. Dass er dann so verärgert war, hat einfach damit zu tun, dass wir bei der BZÖ-Gründung vergessen haben, ihn einzubinden. Ich habe das damals einfach übersehen. Er war als Freund gekränkt, er war enttäuscht. Das war eine persönliche Kränkung.

Wie könnte jetzt eine Kooperation zwischen FPÖ und BZÖ aussehen?

Auf der Ebene einer Koalition gibt es halt zwei Parteien, die sich leichter auf ein Regierungsprogramm einigen, weil sie in vielen Bereichen identere Vorstellungen haben. Auf der parlamentarischen Ebene natürlich auch, dass es ein schrittweises Annähern gibt oder es Kooperationsvereinbarungen geben kann. Dass man gemeinsam die Stärke, die man hat, auch zum Ausdruck bringt, um leichter Mehrheiten zu ermöglichen. Das genügt ja schon vollkommen. Jeder soll seinen eigenen Weg gehen.

Wie ist das Verhältnis zwischen Strache und Ihnen jetzt, wenn die Kameras nicht aufgedreht sind?

Normal, wie man halt mit einem Parteiobmann von einer anderen Partei redet.

Sind Sie wieder per Du mit ihm?

Nein, ich nicht mehr. Ich habe auch der Heide Schmidt das Du-Wort nicht mehr zurückgegeben. Die hat es mir ja auch vor laufender Kamera entzogen, im Jahr 1993, glaube ich, als sie aus der FPÖ ausgetreten ist. Und dann 2004, nach meiner Landtagswahl, war ich Mittagessen mit Gerd Bacher. Da sitzt sie mit Hans-Peter Haselsteiner zwei Tische weiter. Ich habe den Haselsteiner begrüßt und zu ihr natürlich auch »Grüß

Gott« gesagt. Sagt der Haselsteiner: »Unglaublich, da habe ich eine Wette verloren, dass du das noch einmal machst.« Sie hat dann auch gesagt: »Das hätte ich von dir nicht erwartet, dass *du* das noch einmal schaffst.« Ich sage: »Frau Doktor Schmidt, ich glaub, bei uns zwei hat sich im Jahr 1993 etwas verändert.«

Gibt es eine unterschiedliche Behandlung von Strache und Ihnen in den Medien?
Er wird anders behandelt als ich. Die Hemmung der Medien, alles zu kritisieren und zu unterstellen, ist bei ihm viel höher als bei mir. Er wird ja verhätschelt.

Was wäre gewesen, wenn Sie in den Neunzigerjahren Jean-Marie Le Pen vom Front National und Vertreter des Vlaams Belang ins Parlament eingeladen hätten?
Das wäre ein Skandal gewesen. Ja klar. Ich kann mich erinnern, in Klagenfurt ist der Mölzer bei einer Klausurtagung in einem Schlössl mit dem Vlaams Belang dahergekommen. Rosenkranz war da. Strache war da. Eine Riesenaufregung, aber der Vlaams-Belang-Chef macht immer in Kärnten, in Patergassen, Urlaub.

War das der damalige Vlaams-Belang-Chef Filip Dewinter?
Ja, der Dewinter ist gekommen, um uns zu begrüßen. Das war ein Riesenskandal. Was glauben Sie, was die SPÖ gemacht hätte, wenn der Abgeordnete Graf damals von uns zum Präsidenten vorgeschlagen worden wäre? Den armen Herbert Haupt, der ja so was von harmlos ist, haben sie verhindert, weil er sich angeblich nicht ausreichend distanziert hat von irgendwelchen Sagern von mir.

Das war der Sager über die ordentliche Beschäftigungspolitik.
Ich weiß es jetzt gar nicht, irgendwas, Beschäftigungspolitik, ja. Den Harald Ofner haben sie auch verhindert damals, wegen irgendetwas. Bei uns wird alles auf die Goldwaage gelegt. Das hat schon damit zu tun, dass Strache als Leichtgewicht gilt. Er gilt als nicht wirklich gefährlich für die Mächtigen. Die SPÖ fährt eine Doppelstrategie, die aber nicht aufgehen kann. Offiziell grenzen sie die FPÖ aus, gleichzeitig versuchen sie aber, eine

Kooperationsschiene aufzubauen, so wie es seinerzeit Bruno Kreisky mit Friedrich Peter versucht hat. Kreisky hat immer gesagt: »Nein, mit *der* FPÖ nicht.« Jetzt heißt es auch wieder, mit *der* FPÖ nicht. Aber gleichzeitig sind wir verhabert. Aber in der Zwischenzeit ist der Herr Cap ja schon der Busenfreund vom Strache. Der Strache geht schon in den FPÖ-Klub und sagt: »Der Cap möchte das so und so soll es gemacht werden.«

Hätte es solche Fotos von Ihnen gegeben wie die von Strache …
… wäre das ein Riesenskandal gewesen. Das sage ich eben, aber wenn einer ein Leichtgewicht ist, dann tut man das mit ihm natürlich nicht.

Ein Beschäftigungspolitik-Sager, wie Sie ihn gemacht haben, würde Strache Ihrer Meinung nach nicht schaden?
Strache würde sich distanzieren und würde sagen, er ist völlig missverstanden worden. Er wollte genau das Gegenteil sagen. Es ist ja auffallend, wie zahm der Herr [Ariel] Muzicant agiert. Da hat Strache seinen Freund David Lazar. Mit dem haben sie Strache nach Israel geschleppt zu irgendeinem Präsidenten. Das war ja noch zu FPÖ-Zeiten, als Strache zu mir immer gesagt hat, wir müssen dort gute Verbindungen haben. Wenn uns die Juden akzeptieren, da haben wir dann kein Problem. Da wollte er mich immer mitnehmen. Ich stehe nicht zur Verfügung für solche Aktionen. In Israel haben sie sich abgesichert und gesagt, wir sind ohnehin viel harmloser als der Haider.

Aber wird Strache nicht auch unterschätzt?
Nein, ich glaube nicht. Die Frage ist ja eher, wie stark ist sein Umfeld? Wie stark kann ihn sein Umfeld lenken? Denn das, was er jetzt inhaltlich repräsentiert, ist ja das Produkt seiner Berater.

Wer lenkt ihn Ihrer Meinung nach?
Mölzer eher weniger, der Graf in letzter Zeit. Aber der Kickl hat sich damit unentbehrlich gemacht.

Will diese Beratergruppe Ihrer Meinung nach nicht in die Regierung?
Ja, es waren immer Fundamentalisten. Das war vielleicht auch der Grund, warum der Kickl schon bei der BZÖ-Gründung bei uns war.

Der ist noch einmal hin und her gehüpft?
Ja, es hat ein Gespräch im Café Schwarzenberg gegeben. Er hat gesagt: »Was kann ich machen? Ich möchte eigentlich nicht mehr in eine Parteifunktion, ich möchte etwas anderes machen.« Da habe ich gesagt: »Dann kommst halt zu uns. Zu mir nach Kärnten, ich brauche ohnehin im Medienbereich jemanden.« Das war ausgemacht. Am nächsten Tag hat er dann gesagt: »Nein«, er hat es sich doch überlegt. Er hätte ein Angebot gehabt, er geht zur FPÖ.

Gab es einen speziellen Grund, warum Kickl Sie nicht mehr leiden kann?
Nein. Das muss er tun. Kickl ist es eher ein bisschen peinlich, dass er auf Krieg spielen muss. In Wirklichkeit weiß er, dass er mir alles verdankt, was er ist, und er weiß, was ich in meinem Leben in diese ganze Arbeit investiert habe.

Aber wenn diese Berater um Strache weg wären, könnte es dann eine neue vereinte Partei unter Ihrer Führung geben?
Nein. Ich glaube, eine Wiedervereinigung wird es erst geben, wenn der Strache oder ich nicht mehr sind.

Was ist mit der These, dass schon Thomas Prinzhorn gesagt hat, »getrennt marschieren, vereint kämpfen«. In dieser Form ist das rechte Lager wohl stärker als ein wiedervereinigtes drittes Lager?
Prinzhorn hat es nur anders gemeint, glaube ich. Das war auf seiner Jagd in der Steiermark in der Murauer Gegend. Das war 2001 im Sommer, bevor dann 2002 der ganze Konflikt ausgebrochen ist. Da waren ja immer schon diese Spannungen. Da hat Prinzhorn zu mir gesagt: »Du machst mit der FPÖ quasi die rechte Politik, wir machen eine kleine Wirtschaftstruppe.«

Also eine wirtschaftsliberale Partei?
Ja, Karl-Heinz Grasser, Thomas Prinzhorn, Susanne Riess-Passer. Wir repräsentieren die Wirtschaftsliberalen. Getrennt marschieren, vereint schlagen. Das war seine Idee. Es ist dann mit dem BZÖ anders gekommen. Aber in Wirklichkeit hat er das schon richtig gesehen. Wir wollten

2005 nicht noch einmal erleben, dass diese Partie die Regierung sprengt, nur weil in Wien ein paar ängstlich sind, dass ihnen irgendeine Stimme abhanden kommt. Das war ja der wahre Grund, warum die so opponiert haben, weil sie Angst gehabt haben bei allem. Ob das die Pensionsreform war oder sonst was. Dass in Wien wer sagen könnte: »Was habt ihr denn da gemacht, jetzt kann ich euch nicht mehr wählen.« Ich kann mich noch erinnern. Ich habe dem Strache immer gesagt: »Geh hinein und mach den Staatssekretär für Sport. Du kannst da in Wien berühmt werden.« Er hat Nein gesagt.

Was ist mit Ihrer alten Idee einer rechten Europa-Partei? Strache wird das auch machen wollen.

Da gibt es ja unterschiedlichste Intentionen. Er hat sicherlich andere Partner im Auge als ich, weil ich meine Kontakte mit den Italienern habe. Mit denen sind wir gut aufgestellt, mit denen arbeiten wir zusammen. Wir haben in Friaul-Julisch-Venetien eine Mitte-Rechts-Regierung jetzt mit dem Renzo Tondo. Wir haben mit dem Veneto ein Regierungsübereinkommen, dort sind auch ein Forza-Mann an der Spitze und die ganze Bandbreite der Mitte-Rechts-Parteien. Wir sind mit der Lega Nord sehr gut, und überlegen uns da auch etwas für die Europawahlen. Das heißt, diese anderen Gruppierungen will ich nicht, die soll die FPÖ machen. Ich überlege so eine grenzüberschreitende Liste zu gründen, vor allem mit den Italienern, weil dort bin ich sehr gut aufgestellt und wir machen sicher sehr viele Stimmen. Wenn in Oberitalien der Haider auf einer Liste für die EU-Wahl mit dabei ist – die sind wirklich »Haider damisch« dort – da habe ich, glaube ich, fünfzig Prozent. Überhaupt jetzt, nach den Nationalratswahlen. Interessant ist auch, dass zum Beispiel Pius Leitner von den Freiheitlichen in Südtirol mir auch ein euphorisches Glückwunschtelegramm schickt und auf eine Zusammenarbeit mit uns hofft, obwohl die FPÖ sagt, dass das ihre Partner seien. Leitner freut sich über uns und hofft, dass wir zusammenarbeiten. Die Südtiroler Freiheitlichen sind von der FPÖ auch weg. Weil Strache akzeptiert hat, dass man mit der Mussolini kooperiert. Das ist wirklich Verrat, das zu akzeptieren, diese Neofaschisten, die immer Südtirol auslöschen wollten. Das sage ich auch als jemand, dessen Familie mütterlicherseits von Südtirol kommt. Mit denen dann ein Bündnis zu bilden, und das als FPÖ, die im Parteiprogramm Österreich als Schutzmacht immer als wichtig betrachtet hat, das ist Verrat. Strache wird bald in die Situation kommen, wo er nicht unbestritten ist. Das hat er jetzt schon am Wahltag ein bisschen gemerkt.

Innerparteilich?
Innerparteilich. Er hängt wirklich total ab von der Politik. Alleine durch seine Scheidung. Der Peter Fichtenbauer hat ihm ja eine Scheidungsvereinbarung ausverhandelt, dass ihm nichts mehr übrig bleibt. Wenn er nicht Klubobmann oder Minister ist, kann er sein Leben so reduzieren. Ich glaube, das wird sein Problem werden.

Ist Strache ein mutiger Mensch?
Das ist in diesen Kreisen, wo er halt gerne dazu gehören möchte. Jetzt ist er kein Akademiker, er hat nicht einmal eine Matura, ihm ist auf einmal so wichtig, dass er aufgenommen ist, bei diesen Waffenstudenten, dass er ein Couleur hat. Das ist bei ihm so, wie wenn ein anderer einen Ehrendoktor kriegt, der selbst noch nie auf einer Uni war.

Nach der Nationalratswahl 2008 ist Haiders Comeback perfekt, die bundespolitische Bühne hat ihn wieder. Dabei hat er noch wenige Jahre zuvor gemeint: »Es gab Zeiten, da wollte ich den Bundeskanzler anstreben. Beim Regierungsalltag in Wien ist man aber vom Volk weit weg. Darunter leide ich. Da bin ich lieber noch fünf Jahre Landeshauptmann. Dann ziehe ich mich mit 59 aus der Politik zurück«.[19]
Haider stirbt zwei Wochen nach der Wahl im 59. Lebensjahr bei einem Verkehrsunfall. Lothar Höbelt nimmt an, die Strache-FPÖ »sieht sich als lachenden Erben, der wenig zu tun braucht, und wird damit viele zu Weiß-Wählern treiben«.[20]

RESÜMEE

Kurz nach Jörg Haiders Tod ruft sich HC Strache als einziger Erbe des einst europaweit gefürchteten Rechtspopulisten aus, bemüht seitdem regelmäßig die Phrase vom »freiheitlichen Haus«, das er »von Kärnten aus wiedererrichten« will. Dabei muss er das gar nicht. In das »freiheitliche Haus« ist Strache schon drei Jahre zuvor eingezogen. Es gelang ihm, die großen Risse innerhalb der Blauen halbwegs zu kitten.

Im kleineren Trakt, den das BZÖ bewohnt, ist das Dach hingegen seit Haiders Tod an einigen Stellen undicht und es regnet hinein. Nur der »Salon Kärnten« scheint vorerst intakt. Der Hausherr ist tot, es lebe die Erinnerung.

Inhaltlich trennt die Bewohner in vielen Bereichen weniger als eine dünne Rigipswand. Strache hat die FPÖ *vorwärts zurück* geführt, zu dem, was die Partei schon in den Neunzigerjahren war. Er punktet mit einem Aufguss dessen, was Haider bereits ein Jahrzehnt zuvor Erfolg brachte – eine Mischung aus Populismus, Ausländerfeindlichkeit und Aggressivität. FPÖ und BZÖ wollen »Österreich für Österreicher« und haben sich den Islam als neuen Hauptfeind auserkoren. Dafür musste die FPÖ, die gerne antiklerikal auftritt, extra einen ideologischen Unterbau finden. Also nennt sich Strache heute einen »Kulturchrist«, der zwar nicht brav in die Kirche geht, dafür aber umso fleißiger für das christliche Abendland kämpft.

Die FPÖ profitiert auch davon, dass Haider vieles salonfähig gemacht hat, was vorher tabu war, dass er die politische Auseinandersetzung im Land veränderte. Das erklärt wohl auch, wieso die Bergauf-Bewegung heute unter Strache dynamischer ist als unter Haider: 2005 lag die FPÖ in Umfragen bei etwa drei Prozent. Etwas mehr als drei Jahre später prognostizieren Meinungsforscher für Strache mehr als zwanzig Prozent der Wählerstimmen.

Was sich tatsächlich verändert hat, ist das Verhältnis der politischen Nachbarn zum »freiheitlichen Haus«. SPÖ und ÖVP drohen zu »verhaidern«.

1991 lobt der damalige Kärntner Landeshauptmann Jörg Haider die

»ordentliche Beschäftigungspolitik« im Dritten Reich und wird deswegen von SPÖ und ÖVP abgewählt.

2006 sagt der FPÖ-Nationalratsabgeordnete Wolfgang Zanger, »natürlich hat es gute Seiten am Nationalsozialismus gegeben«. Strache attestiert ihm daraufhin eine »lupenreine demokratische Gesinnung«. Sonst passiert nichts.

1996 weigert sich die SPÖ, den damaligen FPÖ-Mandatar Herbert Haupt zum Dritten Nationalratspräsidenten zu wählen. Er habe sich nicht ausreichend von Haiders Rede in Krumpendorf, in der dieser Waffen-SS-Veteranen dafür dankte, dass diese »ihrer Überzeugung bis heute treu geblieben sind«, distanziert.

2008 wird der FPÖ-Abgeordnete Martin Graf zum Dritten Nationalratspräsidenten gewählt. Er erhält mit 109 Stimmen mehr Zustimmung als die übrigen freiheitlichen Dritten Nationalratspräsidenten, Heide Schmidt mit eingeschlossen. Dass Graf Mitglied der rechtsextremen Burschenschaft Olympia ist und sich weigert, aus seinem »Lebensbund« auszutreten, stört bloß die Grünen. SPÖ-Klubobmann Josef Cap und ÖVP-Chef Josef Pröll begründen Grafs Wahl mit parlamentarischen Usancen, nach denen der drittstärksten Fraktion der Dritte Nationalratspräsident zustehe.

1992 protestieren mehr als 200.000 Menschen in einem Lichtermeer gegen die rassistische Politik der Freiheitlichen und deren Ausländervolksbegehren. Und wer ging gegen »Daham statt Islam« auf die Straße?

Die ÖVP hat die FPÖ im Jahr 2000 mit ihrer Regierungsbeteiligung salonfähig gemacht. Was macht die SPÖ fast zehn Jahre später? Auch wenn Bundeskanzler Werner Faymann die Tür wieder ein wenig zumachen wollte, liebäugeln viele seiner Landeshauptleute offen mit der FPÖ. Wenn es ums Regieren geht, will man das Feld nicht nur der ÖVP überlassen. Ewald Stadler wirft den Sozialdemokraten vor, Heinz-Christian Strache den »antifaschistischen Persilschein« ausgestellt zu haben. Auch wenn dieser Vorwurf vor dem Hintergrund des Streits Strache versus Stadler zu bewerten ist, trifft er einen wunden Punkt.

Mit der Aussage des damaligen Bundeskanzlers Alfred Gusenbauer von der SPÖ, dass Straches »Paintball-Spiele« als »Jugendtorheit« zu werten seien, hat er die Tür zu den Freiheitlichen weit aufgemacht. Unsere Recherchen haben gezeigt, dass Strache mehrere Jahre intensiv in der rechten Szene unterwegs war. Kommt man nur durch Zufall zu einer Wehrsportübung, bei der der damalige VAPO-Chef Gottfried Küssel anwesend war? Ist die Meinung von Straches historischem Lehrmeister Andreas Mölzer, dass die EU eine »Diktatur« sei, wo es doch im »Nationalsozialismus weniger Vorschriften für die Bürger« gegeben habe, tragbar?

Wiens Bürgermeister Michael Häupl könnte der Laisser-faire-Stil der roten Granden bald auf den Kopf fallen. Spätestens im Herbst 2010 treffen SPÖ und FPÖ bei Wiener Landtagswahlen aufeinander. Strache weiß, dass sein Hebel zur Macht die Bundeshauptstadt ist. Er hat einen Vorteil: Wenn er etwas aus dem Jahr 2000, als die FPÖ unter Haider in eine Regierung ging und daran beinahe zerbrach, gelernt hat, dann, dass es manchmal besser ist, zu warten. Zeit hat er genug. Strache ist erst knapp 40 Jahre alt.

Weiterhin offen bleibt, ob es künftig in Straches »freiheitlichem Haus« einen Hausherrn oder noch immer zwei geben wird. Eines steht fest: Der Krieg ums Erbe ist noch lange nicht vorbei.

ANHANG

ANMERKUNGEN

KAPITEL 1

1   Gespräch mit Heinz-Christian Strache am 3. 11. 2008.
2   Gespräch mit Jörg Haider am 2. 10. 2008.
3   Gespräch mit Jörg Haider am 2. 10. 2008.
4   Gespräch mit Jörg Haider am 2. 10. 2008.
5   Gespräch mit Jörg Haider am 2. 10. 2008.
6   Gespräch mit Jörg Haider am 2. 10. 2008.
7   Gespräch mit Jörg Haider am 2. 10. 2008.
8   Gespräch mit Jörg Haider am 2. 10. 2008.
9   Ötsch, Walter: Haider light. Handbuch für Demagogie; Wien 2000.
10 Gespräch mit Jörg Haider am 2. 10. 2008.
11 Gespräch mit Heinz-Christian Strache am 27. 11. 2008.
12 *profil* 8/2003.
13 APA-Meldung vom 5. 3. 2003
14 Gespräch mit Heinz-Christian Strache am 29. 7. 2008.
15 Gespräch mit Heinz-Christian Strache am 29. 7. 2008.
16 Gespräch mit Jörg Haider am 2. 10. 2008.
17 Gespräch mit Heinz-Christian Strache am 3. 11. 2008.
18 Gespräch mit Norbert Steger am 3. 10. 2008.
19 APA-Meldung vom 13. 6. 2004.
20 Vgl. *News* 32/2004.
21 *Neue Kärntner Tageszeitung* vom 5. 2. 2006.
22 Gespräch mit Heinz-Christian Strache am 29. 7. 2008.
23 Gespräch mit Stefan Petzner am 25. 11. 2008.
24 Gespräch mit Stefan Petzner am 25. 11. 2008.
25 Gespräch mit Stefan Petzner am 25. 11. 2008.
26 Gespräch mit Stefan Petzner am 25. 11. 2008.
27 Gespräch mit Heinz-Christian Strache am 3. 11. 2008.
28 Gespräch mit Heinz-Christian Strache am 3. 11. 2008.
29 Gespräch mit Heinz-Christian Strache am 3. 11. 2008.
30 Gespräch mit Heinz-Christian Strache am 3. 11. 2008.
31 Gespräch mit Heinz-Christian Strache am 3. 11. 2008.
32 Gespräch mit Heinz-Christian Strache am 29. 1. 2009.

33 *Die Presse* vom 8. 10. 2008.
34 *Die Presse* vom 8. 10.2008.
35 Gespräch mit Stefan Petzner am 25. 11. 2008.
36 *Der Standard* vom 10. 10. 2008.
37 *News* 41/2008.
38 Gespräch mit Heinz-Christian Strache am 3. 11. 2008.
39 OTS-Meldung vom 14. 10. 2008.
40 APA-Meldung vom 14. 10. 2008.
41 Gespräch mit Jörg Haider am 2. 10. 2008.
42 Gespräch mit Stefan Petzner am 25. 11. 2008.

KAPITEL 2
1   Gespräch mit Heinz-Christian Strache am 3. 11. 2008.
2   Gespräch mit Heinz-Christian Strache am 29. 7. 2008.
3   Gespräch mit Heinz-Christian Strache am 3. 11. 2008.
4   Gespräch mit Heinz-Christian Strache am 3. 11. 2008.
5   OTS-Meldung vom 5. 4. 2004.
6   *Kurier* vom 4. 2. 2007.
7   Gespräch mit Heinz-Christian Strache am 29. 7. 2008.
8   Gespräch mit Heinz-Christian Strache am 29. 7. 2008.
9   Gespräch mit Heinz-Christian Strache am 29. 7. 2008.
10 Andreas Mölzer: Neue Männer braucht das Land. Wien 2006, S. 12.
11 *Die Presse* vom 6. 9. 1848.
12 *Falter* 36/2008.
13 Gespräch mit Heinz-Christian Strache am 27. 11. 2008.
14 Gespräch mit Heinz-Christian Strache am 3. 11. 2008.
15 *profil* 35/2006.
16 *profil* 35/2006.
17 Gespräch mit Heinz-Christian Strache am 27. 11. 2008.
18 Andreas Mölzer: Neue Männer braucht das Land. Wien 2006, S.16 f.
19 Andreas Mölzer: Neue Männer braucht das Land. Wien 2006, S. 16.
20 *Kurier* vom 25. 2. 2007.
21 Dokumentation des österreichischen Widerstandes: www.doew.at/projek-te/rechts/organisations/autor.html.
22 Gespräch mit Heinz-Christian Strache am 29. 7. 2008.
23 Gespräch mit Heinz-Christian Strache am 29. 7. 2008.
24 *Der Standard* vom 23. 9. 2005.
25 Wahlkampfslogan im Wiener Wahlkampf 2005.

26 Plakatwerbung im Wiener Wahlkampf 2005.
27 Rede am 28. ordentlichen Parteitag der FPÖ am 2. 6. 2007 in Innsbruck.
28 *profil* 44/2005.
29 Strache-Rede zum Wahlkampfabschluss am 26. 9. 2008 am Viktor-Adler-Markt.

KAPITEL 3
1   *News* 38/2006.
2   Andreas Mölzer: Neue Männer braucht das Land. Wien 2006, S. 22.
3   FPÖ-Chef Strache am 19. 9. 2008 im Online-Chat der Tiroler Tageszeitung, http://portal.tt.com/tt/home/storycsp?cid=16472&sid=57&fid=21 vom 9. 10. 2008.
4   *News* 38/2006.
5   Gespräch mit Heinz-Christian Strache am 29. 7. 2008.
6   *Kurier* vom 4. 2. 2007.
7   Gespräch mit Heinz-Christian Strache am 27. 11. 2008.
8   *Kurier* vom 4. 2. 2007.
9   *News* 38/2006.
10 Gespräch mit Heinz-Christian Strache am 29. 7. 2008.
11 Gespräch mit Heinz-Christian Strache am 29. 7. 2008.
12 Gespräch mit Heinz-Christian Strache am 29. 7. 2008.
13 *Kurier* vom 4. 2. 2007.
14 ORF-Konfrontation mit Jungwählern vom 17. 9. 2008.
15 *Österreich* vom 20. 9. 2008.
16 Gespräch mit Heinz-Christian Strache am 29. 7. 2008.
17 Gespräch mit Heinz-Christian Strache am 29. 7. 2008.
18 Gespräch mit Heinz-Christian Strache am 29. 7. 2008.
19 Siehe www.vandalia-wien.at/veranstaltungen.htm vom 11. 12. 2008.
20 *Kurier* vom 4. 2. 2007.
21 Andreas Mölzer: Neue Männer braucht das Land. Wien 2006, S. 30 f.
22 *Kurier* vom 4. 2. 2007.
23 Gespräch mit Johann Gudenus am 30. 7. 2008.
24 Gespräch mit Heinz-Christian Strache am 3. 11. 2008.
25 *Falter* 36/2008.
26 *Neue Ordnung* IV/2007.
27 Gespräch mit Harald Stefan am 6. 11. 2008.
28 Gespräch mit Harald Stefan am 6. 11. 2008.

29 Siehe http://www.tradition-mit-zukunft.de/community/glossar/entry.php/
    Wiener%20Korporations-Ring vom 23. 12. 2008.
30 Rudolf Heß, geb. 1894, »Stellvertreter des Führers«, wurde 1946 zu
    lebenslanger Haft verurteilt, in der er 1987 verstarb.
31 Vgl. *Falter* 20/2000.
32 Gespräch mit Lutz Weinzinger am 10. 12. 2008.
33 Gespräch mit Otto Scrinzi am 11. 10. 2008.
34 Gespräch mit Heinz-Christian Strache am 3. 11. 2008.
35 Gespräch mit Heinz-Christian Strache am 3. 11. 2008.
36 Landesgericht für Strafsachen Wien: Heinz-Christian Strache gegen
    Tageszeitung Österreich, Hauptverhandlung vom 1. 4. 2008.
37 *Wikinger* 1/1978.
38 Interview in der Zeit im Bild 2 vom 23. 8. 2007.
39 *Der Spiegel* vom 13. 4. 1999.
40 Gespräch mit Heinz-Christian Strache am 3. 11. 2008.
41 *Falter* 37/2007.
42 Landesgericht für Strafsachen Wien: Gerd Honsik gegen Tageszeitung
    Österreich, Hauptverhandlung vom 19. 6. 2008.
43 Andreas Mölzer: Neue Männer braucht das Land. Wien 2006, S. 46.
44 *Falter* 37/2007.
45 Gespräch mit Heinz-Christian Strache am 29. 7. 2008.
46 *profil* 4/2007.
47 Heribert Schiedl: Der rechte Rand. Extremistische Gesinnungen in
    unserer Gesellschaft. Wien 2007, S. 80.
48 Gespräch mit Heinz-Christian Strache am 29. 7. 2008.
49 Gespräch mit Heinz-Christian Strache am 3. 11. 2008.
50 Rainer Fromm: Am rechten Rand. Lexikon des Rechtsradikalismus.
    Marburg 1993, S. 173.
51 Gespräch mit Heinz-Christian Strache am 27. 11. 2008.
52 Gespräch mit Heinz-Christian Strache am 27. 11. 2008.
53 Gespräch mit Heinz-Christian Strache am 27. 11. 2008.
54 *Österreich* vom 4. 9. 2007.
55 *Falter* 37/2007.
56 *Österreich* vom 22. 8. 2007
57 APA-Meldung vom 23. 8. 2007.
58 Gespräch mit Heinz-Christian Strache am 29. 7. 2008.
59 Heinz-Christian Strache in der ORF-Pressestunde vom 23. 9. 2007.
60 Siehe Chloé Lachauer: Die dunkle Seite Europas. Rechtsextreme auf dem
    Weg zum politischen Akteur? Marburg 2005, S. 39.

61 Thomas Brehl: Bewegte Zeiten, http://www.kds-im-netz.de/schriften/ brehl_bio.htm vom 9. 11. 2008.

62 *Fuldaer Zeitung*: Der 9. November 1989 im Kreis Fulda, veröffentlicht am 7. 11. 2008, http://www.fuldaerzeitung.de/newsroom/regional/dezentral/ fulda/art5879,728093 vom 22. 12. 2008.

63 Gespräch mit Heinz-Christian Strache am 29. 7. 2008.

64 Landesgericht für Strafsachen Wien: Heinz-Christian Strache gegen Tageszeitung Österreich, Hauptverhandlung am 1. 4. 2008.

65 Vgl. Chloé Lachauer: Die dunkle Seite Europas. Rechtsextreme auf dem Weg zum politischen Akteur? Marburg 2005, S. 33 f.

66 *Falter* 37/2007.

67 *Österreich* vom 23. 9. 2007.

68 *Österreich* vom 23. 9. 2007.

69 Andreas Mölzer: Neue Männer braucht das Land. Wien 2006, S. 47.

70 Andreas Mölzer: Neue Männer braucht das Land. Wien 2006, S. 48.

71 Landesgericht für Strafsachen Wien: Gerd Honsik gegen Tageszeitung Österreich, Hauptverhandlung vom 19. 6. 2008

72 Brief von Gerd Honsik vom 19. 1. 2009.

73 Brief von Gerd Honsik vom 19. 1. 2009.

74 Beilage 2, S. 236–249 aus dem Akt, der den Autorinnen vorliegt.

75 Heribert Schiedel, Klaus Zellhofer: Personal für die Dritte Republik. Die Studiosi. Vom RFS zum FSI zum RFS. In: Wolfgang Purtscheller (Hg.), Die Rechte in Bewegung. Wien 1995, S. 48.

76 Gespräch mit Heinz-Christian Strache am 3. 11. 2008.

77 Volkstreue außerparlamentarische Opposition (VAPO): Die VAPO (gegründet 1986) war eine weder als Partei noch als Verein konstituierte militante neonazistische Gruppe.

78 Gespräch mit Heinz-Christian Strache am 3. 11. 2008.

79 Anklageschrift gegen Franz Radl jun. und Peter Binder, Staatsanwaltschaft Wien, ZI15 St. 106.767/93, S. 189, zitiert nach Heribert Schiedel, Klaus Zellhofer: Personal für die Dritte Republik. In: Wolfgang Purtscheller (Hg.), Die Rechte in Bewegung. Wien 1995, S. 48.

80 Gespräch mit Andreas Mölzer am 26. 8. 2008.

81 Christa Zöchling: »Deutsch, treu und ohne Scheu«. In: *profil* 8/2003.

82 *profil* 44/2005.

83 Oberlandesgericht Wien, Urteil vom 20. 9. 2004, 18 Bs 184/04.

84 *Salzburger Nachrichten* vom 22. 12. 2004.

85 Dokumentationsarchiv des österreichischen Widerstandes: Neues von ganz rechts – Jänner 2007.

86 *Jugend Echo* 2/2006.
87 *Sieg* 9/1987.
88 Zit. n. Busch, Thomas *Fasching*, Rosinen, Pillwein, Christian: Im rechten Licht. Ermittlungen in Sachen Haider-FPÖ. Linz 1991, S. 70.
89 Gespräch mit Günther Barnet am 4. 8. 2008.

KAPITEL 4
1   Gepräch mit einem Teilnehmer, der anonym bleiben möchte, am 13. 11. 2008.
2   Landesgericht für Strafsachen Wien: Prozess Heinz-Christian Strache gegen Tageszeitung *Österreich*, Hauptverhandlung vom 4. 12. 2007.
3   Gespräch mit Heinz-Christian Strache am 27. 11. 2008.
4   Gespräch mit Heinz-Christian Strache am 27. 11. 2008.
5   Gespräch mit Heinz-Christian Strache am 27. 11. 2008.
6   Gespräch mit Heinz-Christian Strache am 29. 1. 2009.
7   Gerd Honsik, ist in den Neunzigerjahren nach seiner Verurteilung nach dem NS-Verbotsgesetz nach Spanien geflohen, wurde am 4. Oktober 2007 nach Österreich ausgeliefert und sitzt derzeit seine Strafe von 18 Monaten ab.
8   Gerd Honsik Abschied von Andreas Mölzer! http://de.altermedia.info vom 29. 11. 2006.
9   APA-Meldung vom 26. 1. 2007.
10 Gespräch mit Heinz-Christian Strache am 27. 11. 2008.
11 Gespräch mit Heinz-Christian Strache am 29. 1. 2009.
12 *profil* 44/2005.
13 Gespräch mit Ewald Stadler am 12. 1. 2009.
14 Gespräch mit Werner Neubauer am 13. 11. 2008.
15 Gespräch mit Werner Neubauer am 13. 11. 2008.
16 Gespräch mit Werner Neubauer am 13. 11. 2008.
17 Gespräch mit Werner Neubauer am 13. 11. 2008.
18 Gespräch mit Werner Neubauer am 13. 11. 2008.
19 Gespräch mit Werner Neubauer am 13. 11. 2008.
20 Gespräch mit Werner Neubauer am 13. 11. 2008.
21 Gespräch mit Werner Neubauer am 13. 11. 2008.
22 Gespräch mit Werner Neubauer am 13. 11. 2008.
23 Gespräch mit Robert Stelzl am 22. 1. 2009.
24 Gespräch mit Ewald Stadler am 12. 1. 2009.
25 Gespräch mit Werner Neubauer am 13. 11. 2008.
26 Gespräch mit John Gudenus am 3. 10. 2008.

27 Gespräch mit John Gudenus am 3. 10. 2008.
28 Gespräch mit Heinz-Christian Strache am 29. 1. 2009.
29 Gespräch mit Johann Gudenus am 30. 7. 2008.
30 Gespräch mit Johann Gudenus am 30. 7. 2008.
31 Johann Gudenus: Eidesstattliche Erklärung vom 28. 1. 2008.
32 Gespräch mit Johann Gudenus am 30. 7. 2008.
33 Gespräch mit Johann Gudenus am 30. 7. 2008.
34 Gespräch mit Herbert Kickl am 27. 10. 2008.
35 Gespräch mit Herbert Kickl am 27. 10. 2008.
36 Gespräch mit Herbert Kickl am 27. 10. 2008.
37 Gespräch mit Heinz-Christian Strache am 29. 1. 2009.
38 Gespräch mit Ewald Stadler am 28. 8. 2008.
39 Landesgericht für Strafsachen Wien: Prozess Heinz-Christian Strache
    gegen Tageszeitung *Österreich*, Hauptverhandlung vom 23. 8. 2007.
40 Gespräch mit Johann Gudenus am 30. 7. 2008.
41 Gespräch mit Lutz Weinzinger am 10. 12. 2008.
42 Gespräch mit Lutz Weinzinger am 10. 12. 2008.
43 Gespräch mit Lutz Weinzinger am 10. 12. 2008.
44 Gespräch mit Lutz Weinzinger am 10. 12. 2008.
45 Gottfried Küssel wurde Anfang Jänner 2009 schriftlich um eine
    Stellungnahme ersucht, hat aber nicht reagiert.
46 Gespräch mit Ewald Stadler am 28. 8. 2008.
47 Gespräch mit Ewald Stadler am 28. 8 2008.
48 Gespräch mit Ewald Stadler am 28. 8. 2008.
49 Gespräch mit Barbara Rosenkranz am 25. 11. 2008.
50 Gespräch mit Hilmar Kabas am 28. 8. 2008.
51 Gespräch mit Hilmar Kabas am 28. 8. 2008.
52 Gespräch mit Hilmar Kabas am 28. 8. 2008.
53 Gespräch mit Lutz Weinzinger am 10. 12. 2008.
54 Telefonisches Gespräch mit Manfred Haimbuchner am 28. 1. 2009.
55 Gespräch mit Lutz Weinzinger am 10. 12. 2008.
56 Gespräch mit Nikolaus Amhof am 18. 1. 2009.
57 Gespräch mit Heinz-Christian Strache am 29. 1. 2009.
58 Gespräch mit Ewald Stadler am 12. 1. 2009.
59 Gespräch mit Ewald Stadler am 28. 8. 2008.
60 Gespräch mit Ewald Stadler am 28. 8. 2008.
61 Gespräch mit Ewald Stadler am 28. 8. 2008.
62 Gespräch mit Werner Neubauer am 13. 11. 2008.
63 Gespräch mit Werner Neubauer am 13. 11. 2008.

64 Gespräch mit Werner Neubauer am 13. 11. 2008.
65 Gespräch mit Werner Neubauer am 13. 11. 2008.
66 Gespräch mit Werner Neubauer am 13. 11. 2008.
67 Gespräch mit Ewald Stadler am 28. 8. 2008.
68 Gespräch mit Peter Westenthaler am 20. 8. 2008.
69 Heinz-Christian Strache in der Zeit im Bild 2 am 18. 1. 2007.
70 Gespräch mit Norbert Stanzl am 7. 10. 2008.
71 Gespräch mit Norbert Stanzl am 7. 10. 2008.
72 Gespräch mit Ewald Stadler am 28. 8. 2008.
73 Gespräch mit Ewald Stadler am 28. 8. 2008.
74 APA-Meldung vom 29. 1. 2007.
75 Gespräch mit Heinz-Christian Strache am 27. 11. 2008
76 Heinz-Christian Strache in der Zeit im Bild 2 am 23. 1. 2007.
77 Gespräch mit Wolfgang Fellner am 19. 12. 2008.
78 *Österreich* vom 24. 1. 2008.
79 Ö1-Abendjournal vom 26. 1. 2007.
80 Heinz-Christian Strache in der Zeit im Bild 2 vom 26. 1. 2007.
81 Gespräch mit Heinz-Christian Strache am 3. 11. 2008.
82 *Österreich* vom 24. 1. 2008.
83 *Österreich* vom 24. 1. 2008.
84 Standard-Online vom 25. 6. 2008.
85 OTS-Meldung vom 29. 1. 2007.
86 APA-Meldung vom 29. 1. 2007.
87 Gespräch mit Heinz-Christian Strache am 29. 1. 2009.
88 Gespräch mit Heinz-Christian Strache am 29. 1. 2009.
89 Gespräch mit Heinz-Christian Strache am 29. 1. 2009.
90 Heinz-Christian Strache in der Zeit im Bild 2 vom 8. 3. 2007.
91 Gespräch mit Wolfgang Fellner am 19. 12. 2008.
92 Zeit im Bild um 13 Uhr vom 23. 8. 2007.
93 Gespräch mit Heinz-Christian Strache am 27. 11. 2008.
94 *Falter* 37/2007.
95 *Falter* 37/2007.
96 Vgl. *profil* 11/2007.
97 Gespräch mit Ewald Stadler am 28. 8. 2008.
98 Gespräch mit Herbert Kickl am 27. 10. 2008.
99 Gespräch mit Ewald Stadler am 14. 11. 2008.
100 Gespräch mit Heinz-Christian Strache am 29. 1. 2009.
101 Gespräch mit Ewald Stadler am 14. 11. 2008.
102 Vgl. *profil* 11/2007.

103 Gespräch mit Ewald Stadler am 28. 8. 2008.
104 Gespräch mit Ewald Stadler am 28. 8. 2008.
105 Gespräch mit Andreas Mölzer am 26. 8. 2008.
106 Gespräch mit Ewald Stadler am 28. 8. 2008.
107 Gespräch mit Ewald Stadler am 28. 8. 2008.
108 Gespräch mit Heinz-Christian Strache am 29. 1. 2009.
109 Gespräch mit Barbara Rosenkranz am 25. 11. 2008.
110 Gespräch mit Ewald Stadler am 28. 8. 2008.
111 Gespräch mit Ewald Stadler am 28. 8. 2008.
112 Gespräch mit Ewald Stadler am 28. 8. 2008.
   Die Autorinnen und der Verlag distanzieren sich von diesem Ausdruck
   und machen sich diese Beschimpfung nicht zu eigen. Angesichts der
   vormaligen politischen Verbundenheit von Ewald Stadler und Heinz-
   Christian Strache besteht aber an der wortwörtlichen Wiedergabe dieser
   Äußerung ein eminentes öffentliches Interesse.
113 Gespräch mit Stefan Petzner am 25. 11. 2008.
114 Gespräch mit Stefan Petzner am 25. 11. 2008.
115 Gespräch mit Ewald Stadler am 28. 8. 2008.
116 Gespräch mit Lutz Weinzinger am 10. 12. 2008.
117 Gespräch mit Werner Neubauer am 13. 11. 2008.
118 Gespräch mit Ewald Stadler am 28. August 2008.
119 Gespräch mit John Gudenus am 3. 10. 2008.
120 Gespräch mit Werner Neubauer am 13. 11. 2008.
121 Gespräch mit Ewald Stadler am 14. 11. 2008.
122 Gespräch mit Ewald Stadler am 28. 8. 2008.
123 Gespräch mit Heinz-Christian Strache am 29. 7. 2008.
124 Gespräch mit Andreas Mölzer am 26. 8. 2008.
125 Mölzer, Andreas (Hg.): Vogelfrei – Beiträge zur Radikalismusdebatte,
   Wien 2007, S. 31.
126 Gespräch mit Otto Scrinzi am 11. 10. 2008.
127 Gespräch mit Otto Scrinzi am 11. 10. 2008.
128 Gespräch mit Otto Scrinzi am 11. 10. 2008.
129 Gespräch mit Norbert Steger am 3. 10. 2008.
130 Mölzer, Andreas (Hg.): Vogelfrei – Wien 2007, S.136 f.
131 Gespräch mit Lutz Weinzinger am 10. 12. 2008.
132 Gespräch mit Lutz Weinzinger am 10. 12. 2008.
133 *profil* 5/2007.
134 Landesgericht für Strafsachen: Prozess Heinz-Christian Strache gegen
   Tageszeitung *Österreich*, Hauptverhandlung vom 24. 1. 2008.

135 *Österreich* vom 25. 1. 2008.
136 Gespräch mit Heinz-Christian Strache am 27. 11. 2008.
137 Gespräch mit Heinz-Christian Strache am 27. 11. 2008.
138 Gespräch mit Heinz-Christian Strache am 27. 11. 2008.

KAPITEL 5
1   Rathauskorrespondenz vom 7. 4. 2003.
2   Gespräch mit Hilmar Kabas am 28. 8. 2008.
3   Gespräch mit Heinz-Christian Strache am 29. 1. 2009.
4   Entscheidung des Verfassungsgerichtshofs vom 28. 2. 1991, Geschäftszahl WI-11/90.
5   Gespräch mit Heinz-Christian Strache am 29. 1. 2009.
6   OTS-Meldung vom 25. 4. 1993.
7   OTS-Meldung vom 3. 5. 1995.
8   OTS-Meldung vom 3. 8. 1995.
9   OTS-Meldung vom 16. 2. 1994.
10 Gespräch mit Herbert Scheibner am 2. 9. 2008.
11 Gespräch mit Peter Westenthaler am 20. 8. 2008.
12 Gespräch mit Johann Gudenus am 30. 7. 2008.
13 *profil* 44/2005.
14 *profil* 44/2005.
15 *Der Ring* 23/2005.
16 *Falter* 12/1996.
17 APA-Meldung vom 23. 1. 1995.
18 Gespräch mit Johann Gudenus am 30. 7. 2008.
19 *Freitag* vom 19. 7. 2002.
20 *Junge Freiheit* 29/1998.
21 *Jungle World* 23/2000.
22 Gespräch mit Heinz-Christian Strache am 3. 11. 2008.
23 Gespräch mit Heinz-Christian Strache am 3. 11. 2008.
24 Gespräch mit Herbert Scheibner am 3. 9. 2008.
25 Gespräch mit Johann Gudenus am 30. 7. 2008.
26 APA-Meldung vom 24. 1. 1995.
27 Gespräch mit Johann Gudenus am 30. 7. 2008

KAPITEL 6
1   *Falter* 42/1996.

228

2   *Aktiv* Nr. 116 vom 9. 9. 1996.
3   *Kurier* vom 31. 8. 1998.
4   Andreas Mölzer: Neue Männer braucht das Land. Wien 2006, S. 198.
5   *Kronen Zeitung* vom 13. 9. 1996.
6   *Falter* 42/1996.
7   *Der Standard* vom 27. 9. 1996.
8   Gespräch mit Rüdiger Stix am 30. 7. 2008.
9   Das Programm der Freiheitlichen Partei Österreichs vom 30. 10. 1997, S. 13.
10 *Wiener Zeitung* vom 25. 4. 1997.
11 Programm der Freiheitlichen Partei Österreichs vom 30. 10. 1997, S. 43.
12 Heinz-Christian Strache: Mehr Seriosität. In: *Junge Freiheit* 27/1997.
13 *profil* 37/1996.
14 Gespräch mit Günther Barnet am 4. 8. 2008.
15 Heribert Schiedel: Der rechte Rand. Extremistische Gesinnungen in unserer Gesellschaft. Wien 2007, S. 77.
16 *News* 48/1996.
17 *profil* 36/1996.
18 Gespräch mit Johann Gudenus am 30. 7. 2008.
19 *Kurier* vom 13. 12. 1996.
20 *Kurier* vom 13. 12. 1996.
21 Gespräch mit Heinz-Christian Strache am 29. 7. 2008.
22 Dokumentiert in *Junge Freiheit* 15/1997.
23 *Jungle World* 22/1998.
24 Gespräch mit Andreas Mölzer am 26. 8. 2008.
25 Gespräch mit Andreas Mölzer am 26. 8. 2008.
26 Gespräch mit Rüdiger Stix am 30. 7. 2008.
27 Rüdiger Stix wurde im Mai 1998 als Wiener Landtagsabgeordneter aus der FPÖ ausgeschlossen, weil er sich weigerte, einen von der FPÖ-Parteispitze geforderten »Vertrag mit dem Bürger« zu unterzeichnen, der Strafzahlungen für FPÖ-Politiker vorsieht, die Wahlversprechen nicht einhalten.
28 *Falter* 51/52/1997.
29 *Der Standard* vom 28. 2. 1998.
30 *Der Standard* vom 28. 2. 1998.
31 *Wiener Freie Zeitung* Nr. 6 b/98.
32 Gespräch mit Heinz-Christian Strache am 29. 7. 2008.
33 Gespräch mit Heinz-Christian Strache am 29. 1. 2008.
34 ORF.at vom 18. 8. 2005, http://kaernten.orf.at/stories/52404/ vom 18. 8. 2005.

35 *Falter* 10/2004.
36 *Die Presse* vom 2. 8. 2003.
37 *Der Standard* vom 28. 2. 1998.
38 OTS-Meldung vom 9. 10. 2004.
39 OTS-Meldung vom 24. 1. 2003.
40 *Falter* 7/2000.
41 OTS-Meldung vom 25. 11. 2004.
42 *Der Standard* vom 27. 11. 2004.
43 *Falter* 12/2005.
44 Liedtext der Skin Band »Gestapo«.
45 OTS-Meldung vom 26. 4. 2002.
46 Klaus Nordbruch: Selbstachtung statt Selbsthaß – Offener Umgang mit der Zeitgeschichte, www.nordbruch.org.
47 Dokumentationsarchiv des österreichischen Widerstandes: Neues von ganz rechts, April 2002.
48 www.bigbrotherawards.at/2003/nominees/list_2003.php#politik.
49 Gespräch mit Heinz-Christian Strache am 27. 11. 2008.
50 OTS-Meldung vom 8. 7. 2002.
51 OTS-Meldung vom 17. 12. 2004.
52 *Der Standard* vom 15. 4. 2002.
53 *Kurier* vom 25. 4. 2001.
54 *Der Standard* vom 19. 1. 2001.
55 APA-Meldung vom 18. 1. 2001.
56 *Der Standard* vom 19. 1. 2001.
57 *Format* 9/2001.
58 *Format* 9/2001.
59 *Der Standard* vom 26. 1. 2001.
60 Gespräch mit Heinz-Christian Strache am 3. 11. 2008.

KAPITEL 7
1 Gespräch mit Heinz-Christian Strache am 3. 11. 2008.
2 Gespräch mit Peter Westenthaler am 20. 8. 2008.
3 APA-Meldung vom 28. 1. 2000.
4 Gespräch mit Peter Westenthaler am 20. 8. 2008.
5 Gespräch mit Heinz-Christian Strache am 3. 11. 2008.
6 Gespräch mit Peter Westenthaler am 20. 8. 2008.
7 Gespräch mit Peter Westenthaler am 20. 8. 2008.
8 Gespräch mit Andreas Mölzer am 26. 8. 2008.

9 Gespräch mit Andreas Mölzer am 26. 8. 2008.
10 Gespräch mit Peter Westenthaler am 20. 8. 2008.
11 Gespräch mit Herbert Scheibner am 3. 9. 2008.
12 Gespräch mit Ewald Stadler am 28. 8. 2008.
13 Gespräch mit Heinz-Christian Strache am 29. 7. 2008.
14 Obdacher Papier, Abb. 3 a, in: Berndt Ender: Der Jörg Haider Faktor und das Ende der Blauen, Wien 2004.
15 Gespräch mit Heinz-Christian Strache am 27. 11. 2008
16 Gespräch mit Heinz-Christian Strache am 29. 7. 2008.
17 Gespräch mit Ewald Stadler am 28. 8. 2008.
18 Gespräch mit Johann Gudenus am 30. 7. 2008.
19 Gespräch mit Heinz-Christian Strache am 29. 7. 2008.
20 Gespräch mit Ewald Stadler am 28. 8. 2008.
21 Gespräch mit Heinz-Christian Strache am 29. 1. 2009.
22 *profil* 15/2005.
23 Gespräch mit Heinz-Christian Strache am 29. 7. 2008.
24 Gespräch mit Heinz-Christian Strache am 29. 7. 2008.
25 Gespräch mit Lutz Weinzinger am 10. 12. 2008.
26 Gespräch mit Lutz Weinzinger am 10. 12. 2008.
27 Gespräch mit Heinz-Christian Strache am 29. 7. 2008.
28 APA-Meldung vom 2. 5. 2007.
29 Gespräch mit Jörg Haider am 2. 10. 2008.
30 *profil* 41/2004.
31 Gespräch mit Heinz-Christian Strache am 29. 1. 2009.
32 Gespräch mit Herbert Scheibner am 3. 9. 2008.
33 Gespräch mit Ursula Haubner am 9. 12. 2008.
34 Gespräch mit Herbert Scheibner am 3. 9. 2008.
35 Gespräch mit Jörg Haider am 2. 10. 2008.
36 Gespräch mit Stefan Petzner am 25. 11. 2008.
37 Gespräch mit Jörg Haider am 2. 10. 2008.
38 Gespräch mit Ursula Haubner am 9. 12. 2008.
39 Gespräch mit Ursula Haubner am 9. 12. 2008.
40 Gespräch mit Heinz-Christian Strache am 29. 7. 2008.
41 Gespräch mit Heinz-Christian Strache am 29. 7. 2008.
42 Gespräch mit Heinz-Christian Strache am 29. 7. 2008.
43 Gespräch mit Ursula Haubner am 9. 12. 2008.
44 Gespräch mit Heinz-Christian Strache am 29. 7. 2008.
45 Gespräch mit Herbert Kickl am 27. 10. 2008.
46 Gespräch mit Herbert Kickl am 27. 10. 2008.

47 Gespräch mit Herbert Kickl am 27. 10. 2008.
48 Gespräch mit Arno Egger am 16. 1. 2009.
49 *Format* 16/2005.
50 Gespräch mit Heinz-Christian Strache am 29. 7. 2008.
51 Gespräch mit Jörg Haider am 2. 10. 2008.
52 Gespräch mit Heinz-Christian Strache am 29. 7. 2008.
53 Gespräch mit Jörg Haider am 2. 10. 2008.
54 *Neue Kärntner Tageszeitung* vom 8. 4. 2005.
55 *Neue Kärntner Tageszeitung* vom 30. 3. 2005.
56 *Oberösterreichische Nachrichten* vom 15. 3. 2005.
57 *Neue Kärntner Tageszeitung* vom 30. 3. 2005.
58 Gespräch mit Heinz-Christian Strache am 29. 7. 2008.
59 Gespräch mit Jörg Haider am 2. 10. 2008.
60 *Oberösterreichische Rundschau* vom 3. 4. 2005.
61 Gespräch mit Stefan Petzner am 25. 11. 2008.
62 Gespräch mit Stefan Petzner am 25. 11. 2008.
63 Gespräch mit Heinz-Christian Strache am 29. 1. 2009.
64 Gespräch mit Ursula Haubner am 9. 12. 2008.
65 *profil* 15/2005.
66 Gespräch mit Heinz-Christian Strache am 29. 7. 2008.
67 Gespräch mit Jörg Haider am 2. 10. 2008.
68 Gespräch mit Jörg Haider am 2. 10. 2008.
69 Gespräch mit Heinz-Christian Strache am 29. 7. 2008.
70 Gerulf Stix in: Tiroler Jahrbuch für Politik 2008/2009; in: Kathrin Hämmerle, Peter Plaikner (Hg.), Wien 2008, S. 110 f.
71 Gespräch mit Karlheinz Klement am 17. 10. 2008.
   Die Autorinnen und der Verlag distanzieren sich von diesem Ausdruck und machen sich diese Beschimpfung nicht zu eigen. Angesichts der vormaligen politischen Verbundenheit von Karlheinz Klement und Heinz-Christian Strache besteht aber an der wortwörtlichen Wiedergabe dieser Äußerung ein eminentes öffentliches Interesse.
72 Gespräch mit Norbert Steger am 3. 10. 2008.
73 APA-Meldung vom 26. 9. 2005.
74 Friedrich Peter verstarb am 25. 9. 2005.
75 Gespräch mit Norbert Steger am 3. 10. 2008.
76 Gespräch mit Heinz-Christian Strache am 29. 1. 2009.
77 Gespräch mit Norbert Steger am 3. 10. 2008.
78 Gespräch mit Norbert Steger am 3. 10. 2008.
79 Gespräch mit Norbert Steger am 3. 10. 2008.

80 Gespräch mit Andreas Mölzer am 26. 8. 2008.
81 *Kleine Zeitung* vom 23. 4. 2005.
82 *Kurier* vom 25. 10. 2005.
83 Andreas Mölzer: Gastkommentar »Heide Schmidt lässt grüßen«, in: *Die Presse* vom 4. 4. 2006.
84 Jörg Haider: »Das eine und das andere«; in: *Die Presse* vom 6. 4. 2006.
85 Gespräch mit Peter Fichtenbauer am 24. 10. 2008.
86 Gespräch mit Heinz-Christian Strache am 29. 1. 2009.
87 Gespräch mit Peter Fichtenbauer am 24. 10. 2008.
88 *Der Standard* vom 24. 3. 2006.
89 OTS-Meldung vom 10. 4. 2005.
90 Gespräch mit Norbert Steger am 3. 10. 2008.
91 Die FPÖ verliert am 18. April 2007 in Innsbruck den Prozess gegen Riess-Passer.
92 *profil* 40/2006.
93 Gespräch mit Andreas Mölzer am 26. 8. 2008.
94 Gespräch mit Lothar Höbelt am 29. 8. 2008.
95 Gespräch mit Stefan Petzner am 25. 11. 2008.
96 Gerulf Stix in: Tiroler Jahrbuch für Politik 2008/2009; Kathrin Hämmerle, Peter Plaikner (Hg.), Wien 2008, S. 113 f.
97 Gespräch mit Heinz-Christian Strache am 3. 11. 2008.
98 Gespräch mit Heinz-Christian Strache am 3. 11. 2008.
99 Gespräch mit Otto Scrinzi am 11. 10. 2008.
100 *Die Presse* vom 20. 12. 2008.
101 *Die Presse* vom 20. 12. 2008.
102 APA-Meldung vom 21. 12. 2008.
103 Gespräch mit Heinz-Christian Strache am 3. 11. 2008.

KAPITEL 8
1 Gespräch mit Stefan Petzner am 25. 11. 2008.
2 Gespräch mit Herbert Kickl am 27. 10. 2008.
3 Gespräch mit Herbert Kickl am 27. 10. 2008.
4 *Falter* 49/2005.
5 Gespräch mit Herbert Kickl am 27. 10. 2008.
6 Gespräch mit Herbert Kickl am 27. 10. 2008.
7 Gespräch mit Herbert Kickl am 27. 10. 2008.
8 Gespräch mit Herbert Kickl am 27. 10. 2008.
9 Gespräch mit Stefan Petzner am 25. 11. 2008.

10 Gespräch mit Stefan Petzner am 25. 11. 2008.
11 Gespräch mit Herbert Kickl am 29. 1. 2009
12 Gespräch mit Herbert Kickl am 27. 10. 2008.
13 *profil* 9/2006
14 Gespräch mit Harald Vilimsky am 6. 8. 2008.
15 Gespräch mit Harald Vilimsky am 6. 8. 2008.
16 Landesgericht für Strafsachen Wien: Heinz-Christian Strache gegen Tageszeitung *Österreich*, Hauptverhandlung vom 1. 4. 2008.
17 Dokumentationsarchiv des österreichischen Widerstandes: Handbuch des österreichischen Rechtsextremismus, Wien 1993, S. 297 f.
18 Gespräch mit Harald Vilimsky am 6. 8. 2008.
19 Gespräch mit Harald Vilimsky am 6. 8. 2008.
20 Gespräch mit Herbert Scheibner am 3. 9. 2008.
21 Gespräch mit Harald Vilimsky am 6. 8. 2008.
22 Gespräch mit Norbert Hofer am 9. 10. 2008.
23 http://www.norberthofer.at/stammbaum/stammbaum.pdf.
24 Gespräch mit Norbert Hofer am 9. 10. 2008.
25 Gespräch mit Norbert Hofer am 9. 10. 2008.
26 Gespräch mit Norbert Hofer am 9. 10. 2008.
27 *Falter* 47/2005.
28 Gespräch mit Harald Stefan am 6. 11. 2008.
29 Gespräch mit Harald Stefan am 6. 11. 2008.
30 Gespräch mit Harald Stefan am 6. 11. 2008.
31 *News* 48/1996.
32 *News* 48/1996.
33 Gespräch mit Harald Stefan am 6. 11. 2008.
34 Gespräch mit Harald Stefan am 6. 11. 2008.
35 Gespräch mit Harald Stefan am 6. 11. 2008.
36 Harald Stefan: Festrede zum Schillerkommers in der Hofburg am 11. 6. 2005.
37 Gespräch mit Harald Stefan am 6. 11. 2008.
38 *Spiegel* 41/2008.
39 Gespräch mit Harald Stefan am 6. 11. 2008.
40 Gespräch mit Johann Gudenus am 30. 7. 2008.
41 Gespräch mit Johann Gudenus am 30. 7. 2008.
42 *Falter* 15/2004.
43 *Falter* 15/2004.
44 *Falter* 15/2004.
45 OTS-Meldung vom 30. 3. 2004.
46 *Falter* 15/2004.

47 *Wiener Bezirkszeitung* 18/2003.
48 *Falter* 15/2004.
49 *Falter* 15/2004.
50 *Die Ganze Woche* 14/2005.
51 *Die Ganze Woche* 14/2005.
52 Gespräch mit Andreas Mölzer am 26. 8. 2008.
53 Andreas Mölzer, *Aula* 5/1985, S. 18 f.; zit. n. Dokumentationsarchiv des österreichischen Widerstandes (Hg.): Handbuch des österreichischen Rechtsextremismus; Wien 1993, S. 122.
54 Scharsach, Hans-Henning: Haiders Kampf; Wien 1992, S. 180.
55 APA-Meldung vom 6. 5. 2006.
56 *Identität* 2/92.
57 Der Standard-Online am 27. 1. 2005, zit. n. Umbruch der politischen Kultur in Österreich: die schwarz-blau/orange Wende 2000 und ihre Folgen. Max Preglau's Regierungs-Watch; Stand: 26. 01. 2009, http://www.uibk.ac.at/soziologie/pdf/pregl_fpoe.pdf.
58 Gespräch mit Andreas Mölzer am 26. 8. 2008.
59 *Kurier* vom 28. 2. 1992.
60 Runder Tisch in ORF 2 vom 4. 2. 1993, zit. n. APA-Meldung vom 5. 2. 1993.
61 Andreas Mölzer, *Aula* 7-8/1990, S. 6 f., zit. n. Dokumentationsarchiv des österreichischen Widerstandes (Hg.): Handbuch des österreichischen Rechtsextremismus, Wien 1993, S. 124.
62 *Kärntner Nachrichten* vom 31. 5. 1990, zit. n. Scharsach, Hans-Henning: Haider' Kampf, Wien 1992, S. 62.
63 OTS-Meldung vom 14. 9. 2007.
64 *News* 24/2005.
65 Vgl. Walter Ötsch: Haider light. Handbuch für Demagogie, Wien 2000.
66 Vgl. Hans-Henning Scharsach: Haiders Kampf, Wien 1992, S. 171 f.
67 *Die Ganze Woche* 14/2005.
68 Gespräch mit Norbert Steger am 3. 10. 2008.
69 Gespräch mit Norbert Steger am 3. 10. 2008.
70 Gespräch mit Norbert Steger am 3. 10. 2008.
71 Gespräch mit Norbert Steger am 3. 10. 2008.
72 Gespräch mit Norbert Steger am 3. 10. 2008.
73 Gespräch mit Norbert Steger am 3. 10. 2008.
74 Gespräch mit Norbert Steger am 3. 10. 2008.
75 Gespräch mit Norbert Steger am 3. 10. 2008.
76 Gespräch mit Norbert Steger am 3. 10. 2008.
77 Gespräch mit Otto Scrinzi am 11. 10. 2008.

78   Gespräch mit Otto Scrinzi am 11. 10. 2008.
79   Die demagogischen Hetztiraden Jörg Haiders, in: *Die Rheinpfalz* Nr. 27
     vom 2. 2. 2000, zit. n.: Florian Scheuring: Jörg Haider und die FPÖ,
     Facharbeit, 2000.
80   »Katakombenschulen« waren illegale Schulen, durch die während des
     Faschismus in Italien versucht wurde, einen Deutschunterricht in Südtirol
     aufrechtzuerhalten.
81   Gespräch mit Otto Scrinzi am 11. 10. 2008.
82   Gespräch mit Otto Scrinzi am 11. 10. 2008.
83   Gespräch mit Otto Scrinzi am 11. 10. 2008.
84   Gespräch mit Otto Scrinzi am 11. 10. 2008.
85   Gespräch mit Otto Scrinzi am 11. 10. 2008.

KAPITEL 9
1   *Falter* 10/2004.
2   Heinz-Christian Strache beim FPÖ-Neujahrsempfang am 18. 1. 2009 in
     Klagenfurt.
3   Gespräch mit Andreas Mölzer am 17. 1. 2009.
4   Gespräch mit Herbert Kickl am 29. 1. 2009.
5   Gespräch mit Norbert Hofer am 9. 10. 2008.
6   Gespräch mit Norbert Hofer am 9. 10. 2008.
7   Gespräch mit Norbert Hofer am 9. 10. 2008.
8   Handbuch freiheitlicher Politik, S. 7.
9   Gespräch mit Norbert Hofer am 9. 10. 2008.
10   Handbuch freiheitlicher Politik, S. 47.
11   Handbuch freiheitlicher Politik, S. 52 f.
12   Udo Landbauer, RFJ-Infobrief vom 6. 11. 2008.
13   Handbuch freiheitlicher Politik, S. 24.
14   Handbuch freiheitlicher Politik, S. 27.
15   Handbuch freiheitlicher Politik, S. 164.
16   Handbuch freiheitlicher Politik, S. 151.
17   Handbuch freiheitlicher Politik, S. 153.
18   Handbuch freiheitlicher Politik, S. 167.
19   Handbuch freiheitlicher Politik, S. 168.
20   Handbuch freiheitlicher Politik, S. 173.
21   Handbuch freiheitlicher Politik, S. 162.
22   Handbuch freiheitlicher Politik, S. 75.
23   Handbuch freiheitlicher Politik.

24 Handbuch freiheitlicher Politik, S. 76.
25 Handbuch freiheitlicher Politik, S. 80.
26 Handbuch freiheitlicher Politik, S. 77.
27 Handbuch freiheitlicher Politik, S. 17.
28 Handbuch freiheitlicher Politik, S. 13.
29 Handbuch freiheitlicher Politik, S. 172.
30 Gespräch mit Andreas Mölzer am 17. 1. 2009.
31 Handbuch freiheitlicher Politik, S. 129.
32 *Der Standard* vom 14. 7. 2008.
33 Handbuch freiheitlicher Politik, S. 17.
34 Handbuch freiheitlicher Politik, S. 23.
35 Handbuch freiheitlicher Politik, S. 19.
36 Handbuch freiheitlicher Politik, S. 161.
37 Handbuch freiheitlicher Politik, S. 162.
38 Handbuch freiheitlicher Politik, S. 26 f.
39 Handbuch freiheitlicher Politik, S. 32 f.
40 Gespräch mit Norbert Hofer am 9. 10. 2008.
41 Gespräch mit Norbert Hofer am 9. 10. 2008.
42 Handbuch freiheitlicher Politik, S. 136.
43 Handbuch freiheitlicher Politik, S. 137.
44 Handbuch freiheitlicher Politik, S. 143.
45 Handbuch freiheitlicher Politik, S. 143.
46 Handbuch freiheitlicher Politik, S. 157.
47 Handbuch freiheitlicher Politik, S. 157.
48 Gespräch mit Heinz-Christian Strache am 27. 11. 2008.
49 Gespräch mit Herbert Kickl am 27. 10. 2008.
50 Gespräch mit Heinz-Christian Strache am 27. 11. 2008.
51 Gespräch mit Heinz-Christian Strache am 27. 11. 2008.
52 Gespräch mit Heinz-Christian Strache am 27. 11. 2008.
53 Handbuch freiheitlicher Politik, S. 93.
54 Handbuch freiheitlicher Politik, S. 95.
55 Gespräch mit Andreas Mölzer am 26. 8. 2008.
56 Gespräch mit Otto Scrinzi am 11. 10. 2008.
57 Gespräch mit Heinz-Christian Strache am 27. 11. 2008.

KAPITEL 10
1 OTS-Meldung vom 15. 11. 2005
2 *Frankfurter Allgemeine Zeitung* vom 22. 11. 2005.

3   OTS-Meldung vom 14. 11. 2005.
4   Siehe *Format* 32/2002.
5   *Neue Kärntner Tageszeitung* vom 10. 12. 2004.
6   Gespräch mit Otto Scrinzi am 11. 10. 2008.
7   *Tiroler Tageszeitung* vom 4. 12. 2004.
8   Franz Schönhuber: Europas Patrioten – Woher, wohin? Die Eurorechte: Chance oder Illusion?, Berg 2000, S. 133.
9   OTS-Meldung vom 17. 1. 2007.
10 Südtirol Online vom 11. 11. 2008.
11 Andreas Mölzer: Geschichte gemeinsam aufarbeiten – bestehende Grenzen respektieren, http://www.andreas-moelzer.at/index.php?id=212 vom 1. 1. 2009.
12 Ring Freiheitlicher Studenten: Der Ring 24, Wintersemester 2006/2007.
13 Gespräch mit John Gudenus am 3. 11. 2008.
14 Spiegel Online vom 14. 11. 2007.
15 APA-Meldung vom 12. 11. 2007.
16 Pressemitteilung der Republikaner vom 12. 6. 2008.
17 *Junge Freiheit* vom 1. 2. 2008.
18 *Junge Freiheit* vom 1. 2. 2008.
19 *Zeit für Protest.* Parteizeitung der Republikaner 10/2007.
20 *News* 11/2006.
21 OTS-Meldung vom 17. 12. 2005.
22 *Junge Freiheit* 43/2004.
23 Siehe http://www.pro-koeln-online.de/artikel4/demo-strache.htm vom 16. 6. 2007.
24 *Kölner Stadtanzeiger* vom 29. 7. 2008.
25 Gespräch mit Johann Gudenus am 5. 11. 2008.
26 Gespräch mit Johann Gudenus am 5. 11. 2008.
27 http://www.pro-koeln-online.de/artikel08/141208_kongress.htm vom 14. 12. 2008.
28 ORF-Sommergespräch vom 23. 8. 2005.
29 *News* 6/2009.
30 *Neue Zürcher Zeitung* vom 23. 9. 2005.
31 *Die Presse* vom 19. 2. 2008.
32 *Kleine Zeitung* vom 6. 5. 2008.
33 Gespräch mit Norbert Steger am 3. 10. 2008.
34 Telefonisches Gespräch mit Heinz-Christian Strache am 18. 12. 2008.
35 Gespräch mit Heinz-Christian Strache am 29. 1. 2009.
36 Gespräch mit Heinz-Christian Strache am 29. 1. 2009.
37 Gespräch mit Johann Gudenus am 5. 11. 2008.

38 Gespräch mit Johann Gudenus am 5. 11. 2008.
39 OTS-Meldung vom 10. 9. 2008.
40 OTS-Meldung vom 16. 12. 2008.
41 *Falter* 52/2008.
42 APA-Meldung vom 26 . 9. 2007.
43 www.europeannationalfront.org.
44 *Junge Freiheit* 41/2007.
45 Brief von Dieter Stein an Andreas Mölzer, veröffentlicht als Presseaussendung vom 27. 9. 2007.
46 Gespräch mit Andreas Mölzer am 18. 1. 2009.
47 Gespräch mit Andreas Mölzer am 18. 1. 2009.
48 Gespräch mit Andreas Mölzer am 18. 1. 2009.
49 Gespräch mit Heinz-Christian Strache am 29. 1. 2009.
50 APA-Meldung vom 3. 2. 2009.
51 *News* 31/2002.
52 *Der Standard* vom 27. 6. 2005.
53 *Frankfurter Allgemeine Zeitung* vom 27. 6. 2005.
54 *Falter* 50/2006.
55 *Falter* 50/2006.
56 *Frankfurter Allgemeine Zeitung* vom 27. 6. 2005.
57 APA-Meldung vom 21. 4. 2008.
58 *Neue Zürcher Zeitung* vom 24. 8. 2005.
59 *Falter* 50/2006.
60 Amnesty International's Human Rights Concerns in the EU Accession Countries vom 1. 10. 2005, AI Index EUR 02/001/2005.
61 *Süddeutsche Zeitung* vom 29. 5. 2002, zitiert nach Chloé Lachauer: Die dunkle Seite Europas. Rechtsextreme auf dem Weg zum politischen Akteur?; Marburg 2005, S. 19.
62 Chloé Lachauer: Die dunkle Seite Europas, Marburg 2005, S. 32.
63 Bundesministerium des Inneren: Verfassungsschutzbericht 2007, S. 51.
64 Vgl. Chloé Lachauer: Die dunkle Seite Europas. Marburg 2005, S. 33 f.
65 *Junge Freiheit* vom 1. 2. 2008.
66 Siehe *Junge Freiheit:* Pressemitteilung vom 27. 9. 2007, http://www.jf-archiv.de/archiv07/200739092167.htm vom 20. 12. 2008.
67 Die Republikaner: Bundesparteiprogramm, S. 14.
68 Die Republikaner: Bundesparteiprogramm, S. 15.
69 Die Republikaner: Bundesparteiprogramm, S. 16.
70 Vgl. Rainer Fromm: Am rechten Rand. Lexikon des Rechtsradikalismus. Marburg 1993, S. 151 ff.

71 Bundesministerium für Inneres: Verfassungsschutzbericht 2007, S. 52.
72 Bundesministerium für Inneres: Verfassungsschutzbericht 2007, S. 52.
73 Bundesministerium für Inneres: Verfassungsschutzbericht 2007, S. 51.
74 NPD: Warum wir nicht nach Auschwitz fahren. Presseaussendung vom
    10. 1. 2006, http://npd.de/index.php?sek=0&pfad_id=7&cmsint_
    id=1&detail=256 vom 11. 12. 2007.
75 Siehe *Junge Freiheit:* Pressemitteilung vom 27. 9. 2007, http://www.jf-
    archiv.de/archiv07/200739092167.htm vom 20. 12. 2008.
76 Siehe Bürgerbewegung Pro Köln: 6 Punkte pro Köln, www.pro-koeln-
    online.de/stamm/programm.htm vom 28. 12. 2008.
77 Steffen Vogel: Aufmarsch der Retter des Abendlandes. In Telepolis vom
    19. 9. 2008, www.heise.de/tp/r4/artikel/28/28763/1.html vom
    29. 12. 2008.
78 Bundesministerium für Inneres: Verfassungsschutzbericht 2007, S. 123.
79 *Die Zeit* 24/2002.
80 *Junge Freiheit* vom 1. 2. 2008.
81 Bruno Gollnisch in *Zur Zeit* 46/05.
82 *Die Presse* vom 29. 2. 2008.
83 *Der Standard* vom 28. 2. 2008.
84 APA-Meldung vom 10. 3. 2008.
85 Dolomiten vom 16. 2. 2006.
86 Chloé Lachauer: Die dunkle Seite Europas. Rechtsextreme auf dem Weg
    zum politischen Akteur?; Marburg 2005, S. 61.
87 *Der Standard* vom 12. 9. 2000.
88 *Die Presse* vom 7. 9. 2000.
89 http://www.europeannationalfront.org/?m=200711 vom 28. 12. 2008.
90 Siehe *Neue Freie Zeitung* vom 16. 10. 2008.
91 APA-Meldung vom 5. 10. 2008.
92 OTS-Meldung vom 31. 10. 2008.
93 APA-Meldung vom 11. 11. 2007.
94 Spiegel Online vom 10. 3. 2006.
95 Südtirol Online vom 11. 11. 2008.
96 Chloé Lachauer: Die dunkle Seite Europas, Marburg 2005, S. 60.
97 Spiegel Online vom 17. 9. 2008.
98 *Süddeutsche Zeitung* vom 4. 5. 2008.
99 BBC vom 18. 2. 2006.
100 OTS-Meldung vom 4. 11. 2008.
101 http://www.auswaertiges-amt.de/diplo/de/Laenderinformationen/01-
    Laender/Kroatien.html vom 11. 12. 2008.

102 *Neue Zürcher Zeitung* vom 25. 11. 2003.
103 Heinz-Christian Strache: »Patrioten aller europäischen Völker, vereinigt Euch!«; in: *Die Aula* 7-8/2008.
104 *Süddeutsche Zeitung* vom 28. 3. 2008.
105 *Süddeutsche Zeitung* vom 28. 3. 2008.
106 *Der Standard* vom 24. 11. 2006.
107 Vgl. Anton Maegerle: Osteuropäische Rechtsextremisten – Bündnispartner für bundesdeutsche Gleichgesinnte; in: Netzwerk für Osteuropa-Berichterstattung n-ost: Rechtsextremismus und Antisemitismus in Osteuropa; Berlin, Jänner 2008.
108 Konrad-Adenauer-Stiftung: Die Partei »Einiges Russland«, http://www.kas.de/proj/home/pub/49/1/year-2005/dokument_id-7299/index.html vom 1. 1. 2009.
109 Vgl. u. a. Focus Online vom 9. 12. 2007, www.focus.de/politik/ausland/tid-8257/russland-wahl_aid_228810.html.
110 Tagesschau vom 3. 12. 2007, http://www.tagesschau.de/ausland/russlandwahl28.html vom 1. 1. 2009.
111 OTS-Meldung vom 11. 9. 2008.
112 OTS-Meldung vom 16. 12. 2008.
113 *Der Spiegel* vom 2. 10. 2007.
114 *Der Spiegel* vom 2. 10. 2007.
115 *Der Standard* vom 9. 5. 2008.
116 *Die Presse* vom 19. 2. 2008.
117 ZDF-Tagesschau vom 7. 11. 2007.
118 ZDF-Tagesschau vom 7. 11. 2007.
119 *Süddeutsche Zeitung* vom 29. 7. 2008.
120 *Spiegel* 19/2008.
121 *Tagesanzeiger* vom 21. 10. 2008.
122 *Kleine Zeitung* vom 6. 5. 2008.

KAPITEL 11
1 Name den Autorinnen bekannt.
2 Udo Landbauer: Protokoll der Vorfälle vom 22. und 23. 4. 2005, Wiener Neustadt, 26. 4. 2005.
3 Namen den Autorinnen bekannt.
4 Udo Landbauer: Protokoll der Vorfälle vom 22. und 23. 4. 2005, Wiener Neustadt, 26. 4. 2005.
5 APA-Meldung vom 12. 8. 2006.

6   Daniel Pichler/Thomas Maran: Israelis im Vernichtungskrieg gegen die Palästinenser!, veröffentlicht auf www.rfj-tirol.at.
7   APA-Meldung vom 26. 1. 2009.
8   *Oberösterreichische Nachrichten* vom 20. 6. 2008.
9   Mitschnitt der Gemeinderatssitzung, veröffentlicht auf http://www. im-salzkammergut.at/salzkammergut/alle_themen/artikel-lesen/ frmArticleID/5038/ vom 5. 1. 2009.
10 RFJ OÖ: »Ausländer« bald drittstärkste Partei! http://ooe.rfj.at/2007/08/20/ rfj-wimmer-%E2%80%9Eauslander%E2%80%9C-bald-drittstarkste-partei-in-osterreich/ vom 1. 1. 2009.
11 Rechtsgutachten von o. Univ. Prof. DDr. Heinz Mayer über die »Arbeitsgemeinschaft für demokratische Politik« (AfP) und den »Bund freier Jugend« (BfJ) vom 3. 2. 2005. Das Gutachten wurde im Auftrag der Welser Initiative gegen Faschismus (Antifa) und des Mauthausen-Komitees Österreich (MKÖ) erstellt. Siehe http://www.doew.at/frames. php?/projekte/rechts/organisation/afp_gutacht.html.
12 Bundesministerium für Inneres: Verfassungsschutzbericht 2007, S. 41 f.
13 Bundesministerium für Inneres: Verfassungsschutzbericht 2008, S. 22.
14 APA-Meldung vom 7. 5. 2008.
15 APA-Meldung vom 5. 11. 2008.
16 Gespräch mit Lutz Weinzinger am 10. 12. 2008.
17 Gespräch mit Lutz Weinzinger vom 10. 12. 2008.
18 Siehe http://www.rfj-stmk.at/module/events_berichte/detailed. php3?nr=304 vom 16. 2. 2009.
19 *Die Umwelt* 2/2008.
20 Fotodokumentation im Besitz der Autorinnen.
21 *Oberösterreichische Nachrichten* vom 24. 2. 2007.
22 Mail von Martin Graf vom 23. 12. 2008.
23 *Format* 21/2000.
24 *Falter* 18/2002.
25 *Falter* 18/2002.
26 Dokumentationsarchiv des österreichischen Widerstandes: Neues von ganz rechts – Mai 2002.
27 Deutsches Kolleg: Karikaturen des Rassenkampfes, http://www.deutsches-kolleg.org/erklaerungen/karikatraka.pdf.
28 *Falter* 4/2003.
29 Brief von Marcus Vetter an Johann Gudenus vom 13. 9. 2007.
30 ORF-Diskussionssendung »Im Zentrum« vom 25. 1. 2009.
31 *profil* 6/2009.

32 Heribert Schiedel, Klaus Zellhofer: Personal für die Dritte Republik, in: Wolfgang Purtscheller (Hg.): Die Rechte in Bewegung, Wien 1995, S. 54.

33 *Der Olympe* 1/1993, S. 12, zitiert nach Wolfgang Purtscheller (Hg.): Die Rechte in Bewegung, Wien 1995, S. 54.

34 APA-Meldung vom 13. 6. 2003.

35 APA-Meldung vom 13. 6. 2003.

36 APA-Meldung vom 13. 6. 2003.

37 Vgl. Entschließungsantrag der Abgeordneten Hainbuchner, Kurzmann, Graf betreffend vollinhaltliche Unterstützung und Umsetzung der »Triester Erklärung« durch die österreichische Bundesregierung vom 10. 12. 2008.

38 *Salzburger Nachrichten* vom 12. 2. 2009.

39 *Falter* 43/2008.

40 Dokumentationsarchiv des österreichischen Widerstandes: Handbuch des österreichischen Rechtsextremismus, S. 110.

41 Bundesministerium für Inneres: Verfassungsschutzbericht 2007, S. 50.

42 Programm der 43. Politischen Akademie der AfP vom 17. bis 19. 10. 2008 in Offenhausen.

43 Dokumentationsarchiv des österreichischen Widerstands: Neues von ganz rechts, November 2002, http://www.doew.at/frames.php?/projekte/rechts/chronik/2002_11/fpoe.html vom 11. 11. 2008.

44 *Der Spiegel* 6/2008.

45 *Der Spiegel* 20/2008.

46 *Falter* 43/2008.

47 AfP: Kommentare zum Zeitgeschehen 459/9/2008.

48 *Kurier* vom 21. 11. 2008

49 *Tangente* 1/2007.

50 APA-Meldung vom 1. 12. 2008.

51 RFJ Steiermark: Hannes Amesbauer neuer RFJ-Landesobmann. www.rfj-stmk.at/index2.php vom 22. 12. 2008.

52 APA-Meldung vom 22. 1. 2009.

53 APA-Meldung vom 13. 1. 2008.

54 *Österreich* vom 25. 1. 2009.

55 *Die Presse* vom 23. 1. 2009.

56 *Falter* 5/2007.

57 *Falter* 47/2007.

58 ORF-Report vom 7. 11. 2006.

59 *Oberösterreichische Nachrichten* vom 9. 11. 2006.

60 Landesamt Baden-Württemberg: Theorie- und Strategiebildung im

deutschen Rechtsextremismus, http://www.verfassungsschutz-bw.de/
rechts/rechts_sonst_strat.html vom 5. 1. 2009.
61 *Deutsche Stimme* 5/2007.
62 *Deutsche Stimme* 5/2007.
63 APA-Meldung vom 11. 11. 2007.
64 Rede von Lutz Weinzinger am 9. 11. 2008.
65 Gespräch mit Heinz-Christian Strache am 27. 11. 2008.

KAPITEL 12
1   Gespräch mit Andreas Mölzer am 26. 8. 2008.
2   Vgl. Robert Anton Wilson: Das Lexikon der Verschwörungstheorien;
    Frankfurt/Main 2000, S. 375, zit. n. Walter Ötsch, Haider light, Wien
    2000, S. 207.
3   *Die Presse* vom 25. 4. 2005.
4   *Die Presse* vom 5. 3. 2006.
5   Gespräch mit Jörg Haider am 2. 10. 2008.
6   Gespräch mit Andreas Mölzer am 26. 8. 2008.
7   *Die Presse* vom 12. 8. 2006.
8   Gespräch mit Ewald Stadler am 28. 8. 2008.
9   Gespräch mit Ewald Stadler am 28. 8. 2008.
10 Gespräch mit Norbert Steger am 3. 10. 2008.
11 Gespräch mit Norbert Steger am 3. 10. 2008.
12 Gespräch mit Lothar Höbelt am 29. 8. 2008.
13 Gespräch mit Andreas Mölzer am 26. 8. 2008.
14 Gespräch mit Dieter Böhmdorfer am 29. 9. 2008.
15 Gespräch mit Dieter Böhmdorfer am 29. 9. 2008.
16 Gespräch mit Otto Scrinzi am 11. 10. 2008.
17 *Kleine Zeitung* vom 3. 3. 2000.
18 Gespräch mit Lothar Höbelt am 8. 1. 2009.
19 Berndt Ender: Der Jörg-Haider-Faktor und das Ende der Blauen, Wien
    2004, S.16.
20 Gespräch mit Lothar Höbelt am 8. Jänner 2009.

DOKUMENTE

NAME: STRACHE Heinz - Christian

ADRESSE: ▓▓▓▓▓▓▓▓▓▓ 1030 WIEN

LANDESGRUPPE: WIEN

DATUM: 3. Sept. 2002

Nach dem tragischen Hochwasser-Schadensereignis vom August diesen Jahres hat die österreichische Bundesregierung ihre politischen Prioritäten neu gereiht: Die von der Bundesregierung beabsichtigte Verschiebung der bereits fixierten Steuerreform entspricht nicht der Beschlusslage des letzten FPÖ-Bundesparteitages.

Der/die unterzeichnete Delegierte zum FPÖ-Bundesparteitag stellt daher unter Hinweis auf § 10 Abs. 5 des Bundesorganisationsstatut (Satzungen der Freiheitlichen Partei Österreichs - FPÖ) das Verlangen, einen außerordentlichen Bundesparteitag der FPÖ unter Wahrung der satzungsmäßigen Fristen zu den nachfolgend genannten Verhandlungsgegenständen unter dem Parteitagsmotto „Steuerreform vor Abfangjäger" einzuberufen:

- Bekräftigung des Beschlusses des letzten ordentlichen Bundesparteitages vom 9. Juni 2002 über eine erste Etappe der Steuerreform bereits im Jahre 2003 (gemäß Leitantrag des Bundesparteivorstandes beschlossen);

- Neubeurteilung der Abfangjäger-Anschaffung unter dem Aspekt des Vorranges einer gerechten Steuerreform;

- Schaffung eines österreichischen Hilfsfonds aus den Mitteln der Reserven der Österreichischen Nationalbank für die Hochwasseropfer.

UNTERSCHRIFT:

An den
„Club der Freunde Jörg Haiders"
p.A. Harald Fischl

Parkring 10
Eingang Liebenbergg. 7, Stiege 1/5
1010 Wien

Beitrittsantrag

Ich beantrage hiermit meinen Beitritt als unterstützendes Mitglied zum Verein „Club der Freunde Jörg Haiders", kurz "Club Jörg" genannt und verpflichte mich zur Zahlung des Jahres-Mitgliedsbeitrages in Höhe von Euro 12,--.

Name: _STRACHE   HEINZ-CHRISTIAN_

Beruf (Position): _ZAHNTECHNIKER_

Firma Institution: _CARE PARTNERS GMBH_

Privatadresse: ███████████ _2345 BRUNN_

Firmenadresse: ███████████ _1030 WIEN GEBIRG_

Telefon (privat): ███████████ Firma / Handy: ███████████

e-mail ███████████

Ort, Datum: _2. April 2003_ Unterschrift: _[Unterschrift]_

Über die Annahme der Beitrittsanträge entscheidet der Vereinsvorstand in der konstituierenden Sitzung des Vereines. Die Aufnahmeverständigung an die Antragsteller ergeht schriftlich. Erlagschein liegt bei.

Eidesstattliche Erklärung

*Ich, gefertigter **Mag. Johann Gudenus**, geb. 20.7.1976, 1040 Wien,* ███████
███████ *erkläre hiermit in Kenntnis der Bedeutung einer Eidesstattlichen
Erklärung, an Eidesstatt, dass sich die in der Folge angeführten Begebenheiten am
22. Dezember 2006 zugetragen haben:*

Über Initiative des Herrn Mag. Robert Stelzl fand am Freitag, dem 22.12.2006, etwa
um 12.00 Uhr ein Treffen mit den Herren Mag. Ewald Stadler und Mag. Robert Stelzl
in einem Chinesischen Restaurant in 1030 Wien statt, weil diese mit mir etwas
dringend besprechen wollten.

Die beiden forderten mich auf, Herrn Heinz-Christian Strache auszurichten, dass bis
15.00 Uhr desselben Tages eine OTS-Erklärung von Heinz-Christian Strache mit
dem sinngemäßen Inhalt – „HC Strache erklärt, dass er die aktuelle Situation noch
einmal überdacht hätte und die Freiheitliche Akademie doch als förderungswürdig
von Seiten der FPÖ für 2007 erklärt" – herausgegeben werden sollte.

Darüber hinaus, so forderten die Herren Mag. Ewald Stadler und Mag. Robert Stelzl,
solle Herr Heinz-Christian Strache bis zum folgenden Tag bei der Sitzung der
Freiheitlichen Akademie eine diesbezügliche schriftliche, von ihm unterfertigte, an
das Bundeskanzleramt gerichtete Erklärung vorlegen.

Sollten diese beiden Forderungen nicht erfüllt werden, so würden ab den Feiertagen
bzw. im neuen Jahr Fotos, auf denen Herr Heinz-Christian Strache im Alter von 18
Jahren in Kärnten mit anderen Mitgliedern des Österreichischen Pennälerrings im
Rahmen eines „Gotcha-Spiels" zu sehen sei, über die Medien lanciert werden:

Das könnte Herrn Strache politisch das Genick brechen.

Als Beleg zeigten sie mir dann ein paar Fotos, wo offenbar Herr Heinz-Christian
Strache und andere jugendliche Personen mit „Gotchaspielzeug" zu sehen waren.
Genau diese Fotos tauchten in der Folge dann auch in den Medien auf.

Die Herren Mag. Ewald Stadler und Mag. Robert Stelzl bekräftigten nochmals ihre
Ankündigung, diese Unterlagen und Behauptungen gezielt in den
Weihnachtsfeiertagen und im neuen Jahr 2007 den diversen Medien zu zu spielen,
um Herrn Heinz-Christian Strache massiv zu schaden und diesen in der Folge
dadurch zum Rücktritt zu bewegen, falls er nicht auf die vorangeführten Forderungen
eingehen würde.

Wien, am 28.1.2009

B.R.Zl.: 73/2009

Die Echtheit der Unterschrift von Herrn **Magister Johann GUDENUS**, 1040 Wien, ██████████████ wird hiermit bestätigt. --
Die Gebühr ist entrichtet. --
Wien, am achtundzwanzigsten Januar Zweitausendneun (28.1.2009) --------------------

ÖFFENTLICHER NOTAR

Marcus Vetter

1220 Wien

Mag. Johann Gudenus

1090 Wien

Wien am 13.09 2007

Werter Bundesobmann, lieber Joschi!

Hoher Bundesvorstand!

Mit größter Verwunderung nehme ich Deine neue „StraCHE - FPÖ-VOTA EL PARTIDO DE LIBERTAD"- Kampagne zur Kenntnis.

Zum Ersten ist es mehr als befremdlich, daß diese jüngste Aktion des Ringes Freiheitlicher Jugend ausgerechnet die Ikone der revolutionären Linken der 70er Jahre, Ernesto "Che" Guevara (1928-67) bemüht. Man mag zu Che Guevara stehen wie man will. Die einen sehen in ihm einen Helden, die anderen einen Verbrecher. Fest steht jedoch die Tatsache, daß der kommunistische Agitator seinen Idealen treu blieb bis zu seinem Tod (eine Eigenschaft übrigens, welche nur sehr wenige politische Persönlichkeiten besitzen). Trotz seiner Asthmaerkrankung und einer Knieverletzung blieb er nicht im Revolutionsbüro in Havanna sitzen, sondern kämpfte sich im bolivianischen Urwald durch, bis er im Feuer der Regierungstruppen fiel. Gerade uns, die wir den Respekt vor den Toten stets einfordern, ich erinnere an dieser Stelle an unseren hochverehrten Fliegerhelden Walter Nowotny, steht es folglich nicht an, die Totenruhe, sei es auch die eines politisch Andersdenkenden, anzutasten. Im Übrigen hat die bolivianische Regierung "Che" Guevara schon für tot erklärt, es ist also nicht notwendig, daß dies der RFJ noch einmal tut. Doch ist mir auch der Sinn Deiner Kampagne nicht ganz klar. Beabsichtigst Du, unserem Parteiobmann ein ähnliches Schicksal, wie jenes von Guevara zu bereiten? Soll Heinz-Christian Strache demnächst vom Bundesheer im Wienerwald gestellt werden, leicht verwahrlost mit struppigem Bart? Und gibt es am Ende einen heimlichen Fidel Castro, der die Position eines "Maximo Lider" auf Lebenszeit in der Partei anstrebt?

Aber nun Spaß bei Seite denn viel gefährlicher ist eine andere Sache! Es ist ganz klar festzuhalten, daß es einer freiheitlichen Jugendorganisation weder geziemt noch würdig ist auf ewig gestrige, ausgelutschte kommunistische Symbolik zurückzugreifen und zu denken, daß damit, wie Du in einer Presseaussendung behauptest die „Jugend" erreicht würde.

Lieber Joschi, Du irrst, wenn Du glaubst, daß die Jugend, die wir brauchen und die wir für unsere freiheitliche Bewegung und unsere Ideale gewinnen wollen auf solch eine billige Masche hereinfällt.

Eine derartig laue Anbiederungskampagne an die politische Linke und an den ohnehin schwindenden Zeitgeist ist eindeutig der falsche Weg. Gerade jetzt, da sich unser Bundesparteiobmann ständig mit öden Geschichten und Bildern aus dem Märchenbuch des Paradelinken Fellner und eines sattsam bekannten Bilderverteilers, Denunzianten und sich antifaschistisch gerierenden Laienpriesters nebst seinen Jüngern konfrontiert sieht.

Wir müssen uns darüber im Klaren sein, daß wir vor der Faschismuskeule der Hetzschreiber des periodischen Druckwerkes, daß den Namen unserer Heimat täglich auf das neue missbraucht, niemals zurückweichen dürfen. Gerade jetzt, da uns der Wind ins Gesicht bläst heißt die Parole eindeutig „Flagge zeigen und Farben bekennen!"

Linke Symbolik oder wie Du es bezeichnen magst „freakiges" Nachaußentreten passt niemals zu unserem Weltbild.

Anbiederung beim politischen Gegner ist erbärmlich und wird auch vom Gegner so empfunden. Mutig für seine Sache einzutreten und für seine Gesinnung einzustehen wird vor allem von der Jugend honoriert. Du selbst gibst ja als Deinen Lebensgrundsatz „Nur tote Fische schwimmen mit dem Strom" an. So fordere ich Dich hiermit auf, Deinen Grundsätzen auch treu zu bleiben und auch danach zu handeln. Oder schwimmst auch Du bereits stromabwärts?

Zuwendung hin zum herrschenden Zeitgeist heißt, wie die Vertreter anderer Parteien am Life-Ball „herumzuhüpfen", sich der „Seitenblicke – und Bussi Bussi Gesellschaft" anzudienen und die gewaltigen Herausforderungen unserer Tage zu negieren, links liegen zu lassen und so zu tun als ob man nichts tun könnte.

Aber diesen Weg wollen wir nicht gehen sonst hätten wir uns nicht im April 2005 für die FPÖ und unseren Obmann Heinz-Christian Strache entschieden sondern wären wohl nach Kärnten in den Schoß des dortigen Landeshauptmanns gefallen.

Ich rege einen sinnvolleren und zukunftsorientierten Umgang mit unserer ohnehin knappen Finanz und Zeit und Energiereserven an.

Die Parole des Ring Freiheitlicher Jugend muß auch weiterhin lauten: Zukunft statt Zeitgeist!

Mit freiheitlichem Gruß und der Dir gebührenden Hochachtung

Marcus Vetter e.h.

Protokoll der Vorfälle vom 22. und 23. April 2005

Am 22. April um 17 30 Uhr fuhr ein Reisebus vom Wiener RFJ Keller zum Bundesparteitag Richtung Salzburg.

Auf der Höhe Sattledt wurde vom Wiener RFJ Landesobmann ███████████████ und drei seiner Begleiter in einer für das gesamte Fahrzeuginnere vernehmbaren Lautstärke das Horst W. Lied angestimmt.

Bei der Übernachtung in der Herberge „ Jugendgästehaus Salzburg", Josef – Preis Allee 18 geschah folgendes: Um 3 Uhr morgens kam ███████████████ mit seinen drei Begleitern, ███████████████████████ betrunken und laut gröhlend in sein Zimmer 208. Neuerlich wurde das Horst W. Lied gesungen, die Stimme Oberlechners war eindeutig erkennbar.
Hierauf wurde ██████████ von Udo Landbauer und ██████████ zur Ruhe gemahnt, was aber nur kurzzeitigen Erfolg zeigte.
Nach kurzer Beruhigung drang ██████████ mit zwei seiner Begleiter in ein 30m entferntes Zimmer welches von einer Gruppe deutscher Jugendlicher belegt war, ein, drehte das Licht auf und begann herumzubrüllen und zu randalieren.
Schließlich gelang es ████████████████ und ████████████ sie zu beruhigen und zum Verlassen des fremden Zimmers zu bringen.

Nachdem sie sich wieder auf ihrer Unterkunft befanden, verschütteten die Genannten in dieser Getränke und weigerten sich das Rauchverbot zu beachten.

Während des Parteitages am 24.04.05 wurde Hr. Amhof Nikolaus von einem Beamten des Staatsschutzes auf das Verhalten der Gruppe um ██████████ angesprochen: Aussehen (Frisur und Abzeichen) sowie gefallene Äußerungen lassen es zu, die Personen eindeutig der rechtsextremen Szene zuzuordnen. Der RFJ solle solchen Personen keinen Raum geben.

Die genannten Vorfälle schädigen das Ansehen unserer Organisation in unerträglicher Art und Weise.
Ich beantrage daher, die Personen ████████████████████████ aus dem Ring Freiheitlicher Jugend auszuschließen, sowie eine Weiterleitung dieses Schreibens an

- das Bundesgericht des RFJ
- das Parteigericht der FPÖ
- den Bundesobmann der FPÖ
- die Bezirksleitung der FPÖ Floridsdorf
- den Landesparteivorstand der FPÖ Wien

Udo Landbauer
Landesjugendobmann, NÖ

LITERATUR

Brehl, Thomas: Bewegte Zeiten, http://www.kds-im-netz.de/schriften/brehl_bio.htm.

Busch, Thomas; Fasching, Rosina; Pillwein, Christian: Im rechten Licht. Ermittlungen in Sachen Haider-FPÖ; Linz 1991.

Dokumentationsarchiv des österreichischen Widerstandes: Handbuch des österreichischen Rechtsextremismus; Wien 1993.

Fromm, Rainer: Am rechten Rand. Lexikon des Rechtsradikalismus; Marburg 1993.

FPÖ: Programm der Freiheitlichen Partei Österreichs, beschlossen am außerordentlichen Bundesparteitag im Design Center Linz am 30. Oktober 1997.

FPÖ: Handbuch freiheitlicher Politik. Ein Leitfaden für Führungsfunktionäre und Mandatsträger der Freiheitlichen Partei Österreichs; Wien 2008.

Lachauer, Chloé: Die dunkle Seite Europas. Rechtsextreme auf dem Weg zum politischen Akteur?; Marburg 2005.

Mölzer, Andreas: Neue Männer braucht das Land. Heinz-Christian Strache im Gespräch mit Andreas Mölzer; Wien 2006.

Mölzer, Andreas (Hg.): Vogelfrei – Beiträge zur Radikalismusdebatte, »Zur-Zeit«-Edition, Band 9; Wien 2007.

Osterhof, Andrè: Die Euro-Rechte; Münster 1997.

Ötsch, Walter: Haider light. Handbuch für Demagogie; Czernin Verlag, Wien 2000.

Purtscheller, Wolfgang (Hg.): Die Rechte in Bewegung. Seilschaften und Vernetzungen der »Neuen Rechten«; Wien 1995.

Schiedel, Heribert: Der rechte Rand. Extremistische Gesinnungen in unserer Gesellschaft; Wien 2007.

Schönhuber, Franz: Europas Patrioten – Woher, wohin? Die Eurorechte: Chance oder Illusion?; Berg 2000.

REGISTER

Bildnachweis: